D1669923

Schnellübersicht
Novell NetWare 4.1

Michael Scholz
Harald Lauer

Markt&Technik
Buch- und Software-
Verlag GmbH

SCHNELL-
ÜBERSICHT

Novell NetWare 4.1
Novell NetWare 4.1
Novell NetWare 4.1
Novell NetWare 4.1
Novell NetWare 4.1
Novell NetWare 4.1
Novell NetWare 4.1
Novell NetWare 4.1
Novell NetWare 4.1
Novell NetWare 4.1
Novell NetWare 4.1

Die Deutsche Bibliothek - CIP-Einheitsaufnahme

Scholz, Michael:
Novell NetWare 4.1 / Michael Scholz ; Harald Lauer. – Haar bei München : Markt
und Technik, Buch- und Software-Verl., 1996
   (Schnellübersicht)
   ISBN 3-87791-755-0
NE: Lauer, Harald

10   9   8   7   6   5   4   3   2   1

99   98   97   96

ISBN 3-87791-755-0

© 1996 by Markt&Technik Buch- und Software-Verlag GmbH,
Hans-Pinsel-Straße 9b, D-85540 Haar bei München/Germany
Alle Rechte vorbehalten
Einbandgestaltung: Grafikdesign Heinz H. Rauner, München
Druck: Schoder Druck, Gersthofen
Dieses Produkt wurde mit Desktop-Publishing-Programmen erstellt
und auf chlorfrei gebleichtem Papier gedruckt
Printed in Germany

Was finden Sie in dieser Schnellübersicht?

Tabellenübersicht 6

Inhaltsverzeichnis 7

Vorwort 10

Arbeiten mit der Schnellübersicht Novell NetWare 4.1 11

Kapitel 1-10 ab Seite 13

Stichwortverzeichnis 342

Inhaltsverzeichnis ausklappbar hintere Umschlagseite

Tips für die Schnellübersicht:

■ **Lesen Sie das Kapitel »Arbeiten mit der Schnellübersicht »Novell NetWare 4.1«.**
Sie finden hier eine ausführliche Anleitung zum effektiven Einsatz der Schnellübersicht.

■ **Lassen Sie die Schnellübersicht offen aufliegen.**
Das handliche Buch findet immer einen freien Platz.

■ **Klappen Sie das Inhaltsverzeichnis aus.**
Sie finden hier schnell das richtige Kapitel.

■ **Suchen Sie ein Kapitel nach den Registermarken.**
Die Nummern auf den Marken ermöglichen ein schnelles Auffinden.

■ **Nutzen Sie die Verweise für weitere Informationen.**
In jedem Kapitel sind umfangreiche Verweise, mit deren Hilfe weitere Beschreibungen gefunden werden können.

Tabellenübersicht

Nachfolgend finden Sie eine Auflistung der Tabellen, die in dieser Schnell-übersicht enthalten sind.

Übersicht aller Tabellen

Tabelle	Bezeichnung	Seite
Tabelle 4.1:	Speicherbedarf Betriebssystem	145
Tabelle 4.2:	Speicherbedarf Datenträger	145
Tabelle 4.3:	Speicherbedarf von NLMs	146

Inhaltsverzeichnis

Was finden Sie in dieser Schnellübersicht? 5

Tabellenübersicht 6

Vorwort 10

Arbeiten mit der Schnellübersicht Novell NetWare 4.1 11

1	**Grundlagen**	13
1.1	Novell-Netzwerk Grundlagen	13
1.2	Netzwerk-Technologien	17
1.3	Der NetWare-Server	30
1.4	Überblick NetWare 4.1	35

2	**Der Arbeitsplatz**	44
2.1	Installation für DOS & Windows	44
2.2	Konfigurationsdateien	47
2.3	VLM.EXE und *.VLM's	53
2.4	NET.CFG Einstellungen	57
2.5	Remote Boot	73
2.6	Anmelden unter DOS und Windows	77

3	**NDS**	81
3.1	Einführung in die NDS	81
3.2	Aufbau der NDS	82
3.3	Zum Verständnis des NDS-Kontexts	91
3.4	NDS-Werkzeuge CX und NLIST	92
3.5	Angabe der NDS-Pfadnamen	97
3.6	Einstellung des Kontexts auf der Arbeitsstation	99
3.7	Benutzung des NDS-Verwalterwerkzeugs zur NDS-Abfrage	100
3.8	Entfernen der NDS von einem Server	104
3.9	Löschen eines Serverobjekts aus der Datenbank	105

| 3.10 | Importieren von Benutzerdaten in die Datenbank | 106 |
| 3.11 | Partitions-Manager | 111 |

4	**Serverinstallation**	115
4.1	Allgemeines	115
4.2	Hardware-Voraussetzungen	116
4.3	Berechnung der Speicheranforderungen	145

5	**Serverwartung**	147
5.1	RCONSOLE.EXE	147
5.2	Die Fernkonsole (Rconsole)	149
5.3	Datenträgerwartung	157
5.4	Allgemeine Verwaltungsaufgaben	173
5.5	Fileserver-Kommandos	184
5.6	NLMs	186

6	**Netzadministration**	210
6.1	Allgemeines	210
6.2	Objektverwaltung	211
6.3	NDS-Strukturobjekte	217
6.4	Verwalten von Benutzern	220
6.5	Verwalten des Dateisystems	226
6.6	Rechte	235
6.7	Dienstprogramme	242

7	**Anmeldeskripten**	266
7.1	Allgemeines	266
7.2	Arten von Anmeldeskripten	267
7.3	Bearbeitung von Anmeldeskripten	269
7.4	Syntax von Anmeldeskripten	271
7.5	Kommandos von Anmeldeskripten	272

8	**Drucken im Netz**	279
8.1	Allgemeines	279
8.2	Druckobjekte	281

8.3	Das Modul PSERVER.NLM	293
8.4	NPRINTER	295
8.5	Drucken unter DOS und Windows	298

9	**NETSYNC**	**304**
9.1	Installationsvoraussetzungen	305
9.2	Installationsvorgang	306
9.3	Bindery-Kontext	311
9.4	Funktionalität von NETSYNC	312
9.5	Objekt-Synchronisation	313
9.6	Netsync-Module	315
9.7	Verwaltung	317

10	**Troubleshooting**	**319**
10.1	Vorbeugende Maßnahmen – Backup	319
10.2	Das Sicherungsprogramm SBACKUP	320
10.3	Arbeiten mit SBACKUP	322
10.4	Fehleranalyse	324
10.5	Reparieren der NDS-Datenbank mit DSREPAIR	327
10.6	DSMERGE	333
10.7	NDS-Fehlermeldungen	335

| | **Stichwortverzeichnis** | **342** |

Vorwort

Mit zunehmender Leistungsfähigkeit von Personalcomputern und Software wird es für den Anwender immer schwieriger, eine Übersicht über alle Funktionen der eingesetzten Software zu behalten.

In den meisten Fällen wird nur ein Teil der angebotenen Möglichkeiten genutzt, mit denen er sich im Laufe der Zeit zurechtfindet. Einführende Schulungen können nur die wichtigsten Funktionen vermitteln.

So bleibt sowohl für neue Anwender als auch für solche, die schon einige Erfahrungen mit der eingesetzten Software haben, ein Informationsdefizit. Beide möchten bisher unbekannte oder wenig genutzte Funktionen schnell und unkompliziert nachschlagen können.

■ Für diese Anwendergruppen ist die Reihe »Schnellübersicht«. Die Beschreibungen sind problemorientiert aufgebaut, und miteinander verwandte Themen sind auch in räumlicher Nähe zueinander zu finden.

■ Alle Informationen werden so vermittelt, wie sie bei der praktischen Arbeit benötigt werden.

■ Eine Übersicht auf der Titelseite gibt einen schnellen Überblick darüber, welche Themenkreise wo zu finden sind.

■ Ein ausklappbares Inhaltsverzeichnis erleichtert das Auffinden der Lösungen zu einem bestimmten Problem.

■ Ein einheitlicher Aufbau der Kapitel erleichtert die schnelle Erkennung und Umsetzung der benötigten Informationen.

■ Zahlreiche Querverweise erschließen den Zugriff auf weiterführende Informationen.

■ Das handliche Format vermeidet Platzprobleme am Arbeitsplatz.

■ Alle Bücher sind nach einheitlichen Prinzipien gegliedert. So finden Sie sich in weiteren Schnellübersichten für andere Softwareprodukte sofort zurecht.

Wir wünschen Ihnen viel Erfolg mit der Schnellübersicht Novell NetWare 4.1.

Das Autorenteam

Arbeiten mit der Schnellübersicht Novell NetWare 4.1

Beachten Sie die folgenden Tips zum Arbeiten mit der Schnell-übersicht. Damit können Sie diesen handlichen Helfer effektiv einsetzen und Informationen schnell finden.

Tips

- **Stellen Sie alle Ihre Schnellübersichten in unmittelbare Nähe Ihrer Tastatur.** So können Sie jederzeit beim Auftreten eines Problems schnell zum richtigen Buch greifen und nachschlagen.
- **Klappen Sie das Inhaltsverzeichnis aus.** In diesem kompakten ausklappbaren Inhaltsverzeichnis finden Sie schnell das richtige Kapitel zu jedem Problem.
- **Lassen Sie die Schnellübersicht offen an Ihrem Arbeitsplatz liegen.** Das handliche Buch findet immer einen freien Platz. Jetzt haben Sie beim Auftreten eines weiteren Problems Ihre Schnellübersicht sofort griffbereit und müssen nur noch das richtige Kapitel aufschlagen.

So schlagen Sie ein Problem nach

- **Suchen Sie im Inhaltsverzeichnis nach Ihrem Problem.** Suchen Sie hier nach dem entsprechenden Kapitel, in dem Ihr Problem beschrieben sein könnte. In der Auflistung der Unterthemen finden Sie sofort das richtige Kapitel mit Kapitel- und Seitennummer.
- **Schlagen Sie das gewünschte Kapitel auf.** Die Registermarken mit Kapitelnummern ermöglichen Ihnen ein schnelles Auffinden.

So schlagen Sie einen Begriff nach

- **Suchen Sie im Stichwortverzeichnis nach dem Begriff.** Das Stichwortverzeichnis finden Sie am Ende des Buches.

Typischer Aufbau eines Kapitels

■ **Kapitelbeschreibung:** Nach der Überschrift folgt eine kurze Beschreibung des Kapitels.

■ **Beschreibung der Ausführung:** Unter der Überschrift »Ausführung« finden Sie eine Beschreibung zur Ausführung des angegebenen Problems. Unter den meisten Ausführungspunkten folgt in kleinerer Schrift eine Erläuterung zu dieser speziellen Ausführung. Falls Sie schon Erfahrungen mit der Software haben, können Sie diese Erläuterungen überspringen.

■ **Anmerkungen:** In den darauffolgenden Anmerkungen sind Tips und Spezialitäten zu dem vorhergehenden Ausführungspunkt gesammelt. Falls es sich für Sie um eine neue Programmfunktion handelt, sollten Sie diese Anmerkungen durchlesen, andernfalls können Sie sie kurz überfliegen. Sie finden hier immer Tips, die Ihnen die weitere Arbeit mit dem Programm erleichtern.

■ **Fehler:** Wo notwendig, finden Sie unter dieser Überschrift Hinweise zu Fehlermöglichkeiten und zur Abhilfe.

■ **(→ x.x):** Bei jeder Erwähnung eines Punktes, zu dem Sie nähere Erläuterungen in einem anderen Kapitel nachschlagen können, finden Sie einen entsprechenden Verweis.

Wenn Sie all diese Tips beachten, wird das handliche Buch ein nützlicher Helfer bei Ihrer Arbeit mit Novell NetWare 4.1 sein.

1 Grundlagen

1.1 Novell-Netzwerk Grundlagen

1.1.1 Warum Netzwerke verwenden ?

Der PC erobert die Geschäftswelt. War er von IBM auch ursprünglich nur als persönlicher Computer (PC=Personal Computer) gedacht, so hat die Gegenwart dem PC eine weitaus wichtigere Rolle zugedacht. Der PC kann inzwischen als universelle Plattform zur Computerkommunikation verwendet werden, was für einen professionellen Einsatz auch unerläßlich ist. Fast immer, wenn mehr als ein PC verwendet wird, ist es notwendig, daß diese PC's miteinander kommunizieren können. Größtenteils wird diese Kommunikation über eine Vernetzung realisiert.

Was ist ein Netzwerk?

Unter einem Netzwerk versteht man die Verbindung mehrerer PC's untereinander, so daß jeder PC auch auf Ressourcen zugreifen kann, die nicht lokal vorhanden sind. Realisiert wird diese Verbindung durch Hardwarekomponenten, wie Netzwerkkarten und durch Softwarekomponenten, wie Netzwerkkartentreiber und das Netzwerkbetriebssystem.

Welche Arten von Netzwerken gibt es?

Es sind zwei Arten von Netzwerken zu unterscheiden – Peer to Peer-Netzwerke und Client-Server-Netzwerke. Ein typischer Vertreter für Peer to Peer-Netzwerke ist Windows für Workgroups, für ein Client-Server-Netzwerk Novell NetWare 4.1.

■ Alle weiteren Erläuterungen beziehen sich auf Novell NetWare 4.1 und somit auf Client-Server-Netzwerke.

Welche Vorteile bietet ein Netzwerk?

■ Daten sind nur einmal vorhanden, können aber von allen Arbeitsplätzen aus bearbeitet werden.

■ Programme müssen nur einmal installiert werden und können von allen Anwendern gemeinsam genutzt werden.

■ Ein Update eines Programms muß nur einmal auf dem Fileserver durchgeführt werden und nicht x-mal auf allen Arbeitsplätzen.

■ NetWare-Fileserver bieten Schutzfunktionen, die z. B. Datenbereiche voneinander trennen oder Programme vor Virenbefall schützen können.

■ Ein NetWare-Fileserver kann vor Hardwareausfall geschützt werden, indem z. B. die Festplatten gespiegelt werden (doppelt vorhanden sind).

■ Ressourcen wie Drucker oder CD-ROM können von allen Anwendern gemeinsam genutzt werden.

■ Eine zentrale Datensicherung kann alle Daten und Programme auf dem Fileserver und auch auf den Arbeitsplätzen sichern.

1.1.2 Administration durch einen Supervisor

Ein großer Vorteil eines Client-Server-Netzwerkes liegt darin, daß es zentral gewartet werden kann. Dies ist die Aufgabe des Supervisors. Der Supervisor besitzt im Netzwerk umfassende Rechte, um seinen Aufgaben nachkommen zu können. Eine Ausnahme stellen WANs (Wide Area Networks) dar, die aufgrund ihrer Größe und ihrer räumlichen Ausdehnung nicht nur von einer, sondern von mehreren Personen administriert werden müssen. In diesem Fall ist es denkbar, daß ein Supervisor nur mit bestimmten, seinem Bereich entsprechenden Rechten ausgestattet wird.

Aufgaben des Supervisors

■ Organisation des Netzwerkes (Verzeichnis- und Rechtestruktur).

■ Benutzerverwaltung (Benutzer einrichten, anpassen und ändern).

- Einrichtung und Kontrolle der Datensicherung.
- Installation von Programmen und Updates.
- Einbinden von neuen Arbeitsplätzen.
- Kontrolle der Fileserverhardware über LOG-Dateien, etc.
- Konfiguration von Netzwerkdruckern und anderen gemeinsam genutzten Ressourcen.
- Ansprechpartner für Probleme, Änderungswünsche, etc.

1.1.3 Prinzipieller Aufbau eines Novell-Netzwerkes

- Es gibt einen oder mehrere Fileserver.
- Der Fileserver ist ein PC, der aber mit einer leistungsfähigen CPU, Netzwerkkarten, großen Festplatten und viel Arbeitsspeicher ausgestattet ist.
- Auf dem Fileserver muß ein entsprechendes Novell Netzwerk-Betriebssytem installiert sein – NetWare 3.x oder NetWare 4.x.
- Je nach verwendeter NetWare-Version können bis zu 1000 Arbeitsplätze über einen Fileserver betrieben werden.
- Ein Arbeitsplatz ist ein normaler PC, der nicht unbedingt eine Festplatte, aber immer eine Netzwerkkarte benötigt.
- Jeder Arbeitsplatz benötigt ein Betriebssystem, einen passenden Netzwerkkartentreiber und eine Software, die die Anbindung an den Fileserver ermöglicht, die sogenannte Client Software.

1.1.4 Die Organisation des Netzwerkes

Rechte- und Verzeichnisstruktur

Da der Fileserver als große gemeinsame Festplatte genutzt wird, ist es unbedingt notwendig, den Zugriff der einzelnen Anwender auf das absolut notwendige zu beschränken. Hier gilt generell die Regel »so viel wie nötig, so wenig wie möglich«. NetWare unterstützt eine differenzierte Rechtevergabe durch den Einsatz von Trustee-Rechten. Ein Trustee-Recht ist eine bestimmte Kombination von Einzelrechten (Lesen, Lesen und Schreiben, etc.), die für jeden User individuell für jedes Verzeichnis oder sogar jede Datei festgelegt werden kann. Damit die Rechtevergabe nicht zu unübersichtlich wird, sollte die Verzeichnisstruktur eine effektive Rechtevergabe unterstützen.

Es gelten folgende Regeln:

■ Jedes Programm sollte in einem eigenen Verzeichnis liegen.

■ Anwender sollten nur Zugriffsrechte auf Programme haben, mit denen sie arbeiten.

■ Auf Programme, und nach Möglichkeit auch auf Programmkonfigurationsdateien sollten nur Leserechte vergeben werden. Das bietet

◆ Schutz vor Löschen des Programms

◆ Schutz vor Virenbefall

◆ Schutz vor Umkonfiguration

■ Für jeden Anwender sollte ein »Home-Directory« angelegt werden, in dem nur der jeweilige Anwender Zugriffsrechte hat.

■ Für jedes Anwendungsprogramm sollte ein Verzeichnis existieren, in dem gemeinsam genutzte Dateien liegen. Nur wer mit dem dazugehörigen Progamm arbeitet, darf hier Zugriffsrechte haben.

■ Spezielle Dateien, wie z. B. Formatvorlagen oder Adreßdateien sollten in einem separaten Verzeichnis liegen, auf das fast alle Anwender nur Leserechte haben. Nur wenige Anwender sollten berchtigt sein, diese Vorlagen zu verändern.

1.2   Netzwerk-Technologien

1.2.1 Hardware für Fileserver und Arbeitsplätze

Hardware-Anforderungen für den Fileserver

An einen Fileserver werden folgende Anforderungen gestellt:

■ Zuverlässigkeit

■ Ausreichende Performance

■ Die Performance eines Fileservers darf nicht auf Kosten der Stabilität gehen.

◆ Falls ein Fileserver nicht stabil läuft, zeigt sich dies meistens schon am Anfang. Wer also sichergehen will, sollte einen neuen Server erst einmal im Probebetrieb durchtesten. Generell sollten aber nur Standardkomponenten verwendet werden, die durch Ihre große Verbreitung gewährleisten, daß entsprechender Support und Treiber verfügbar sind.

Die Performance eines Fileservers wird durch folgende Komponenten bestimmt:

■ CPU-Typ und Taktfrequenz

◆ Der Einfluß der CPU wird oft überschätzt. Alle Serverkomponenten sollten aufeinander abgestimmt sein, eine schnelle CPU macht aber noch keinen schnellen Fileserver.

◆ Zum jetzigen Zeitpunkt sind z. B. Intel-CPUs ab Pentium 90 empfehlenswert.

■ Größe des Arbeitsspeichers

◆ NetWare 4.1 nutzt den verfügbaren Arbeitsspeicher immer voll aus, deshalb ist ein Maximum an Arbeitsspeicher anzuraten.

◆ Für die Größe des Arbeitsspeichers kann grob folgende Regel verwendet werden: Pro GB nutzbarer Plattenkapazität sollten 16MB Arbeitsspeicher verwendet werden.

■ Bussystem

◆ In Kombination mit Intel-CPUs gibt es folgende Bussysteme: ISA, EISA, MCA (Microchannel) und PCI.

◆ ISA- und MCA-Bussysteme sind veraltet und deshalb für einen Fileserver nicht mehr geeignet.

◆ EISA war jahrelang das beherrschende Bussystem für Server, wird aber auch durch den PCI-Bus abgelöst.

◆ PCI ist das modernste und schnellste Bussystem und ist hervorragend für Fileserver geeignet. PCI bietet hohe Übertragungsraten, automatische Konfiguration, schonenden Umgang mit Hardwareressourcen (IRQ-Sharing), Bus-Mastering (Entlastung der CPU) und interne Bridge-Funktionen. Durch diese Bridge-Funktion (PCI to PCI) lassen sich Erweiterungskarten herstellen, die z. B. mehrere Netzwerkkarten oder Festplattencontroller auf einer Steckkarte haben. Das spart Steckplätze und bietet bisher nicht zu realisierende Erweiterungsmöglichkeiten eines Fileservers.

■ Festplattencontroller

◆ Es gibt momentan zwei unterschiedliche Arten von Festplattencontrollern – IDE/EIDE und SCSI.

◆ EIDE ist der direkte Nachfolger, hat aber systembedingt keine einheitlichen Standards. Ein weiteres Problem ist die beschränkte Anzahl von Festplatten, die über EIDE verwaltet werden können. Zusammenfassend ist EIDE ein geeigneter Festplattencontrollertyp für Einzel-PC's, aber nicht für Server.

◆ SCSI ist seit vielen Jahren erprobt und zeichnet sich durch hohe Kompatibilität aus. Ein SCSI-Controller kann viele Festplatten (7 oder 15) verwalten und bietet ein schnelles, intelligentes Bussystem zum Datenaustausch zwischen Festplatte und Plattencontroller.

◆ Es gibt drei unterschiedlich leistungsfähige SCSI-Standards – SCSI I, SCSI II (Fast SCSI) und SCSI III (Wide SCSI), die mit theoretischen Übertragungsraten von 10, 20 und 40 MByte/s aufwarten können. In der Praxis hängt die maximale Übertragungsrate aber von den Festplatten und dem Bussystem ab.

◆ Um die Leistungsfähigkeit von SCSI voll nutzen zu können, muß auch der Systembus entsprechend schnell sein (PCI).

◆ Mit einem PCI-Mainboard sollten auch immer PCI-Plattencontroller verwendet werden.

■ Festplatten

◆ Die Leistungsfähigkeit des Festplattensystems (Platte und Controller) ist von großer Wichtigkeit für die Gesamtleistungsfähigkeit des Fileservers.

◆ Die Größe der Festplatte hat keinen direkten Einfluß auf die Performance des Fileservers. Eine Plattenkapazität von 1GB sollte generell als Mindestgröße betrachtet werden.

◆ Zwischen einzelnen Festplattentypen gibt es oft große Geschwindigkeitsunterschiede. Angaben zur Geschwindigkeit sind die mittlere Zugriffszeit und die Übertragungsrate einer Festplatte. Intern wird die Leistungsfähigkeit durch die Umdrehungsgeschwindigkeit, Anzahl der Sektoren pro Spur, Größe des internen Plattencaches und die Anzahl der gleichzeitig lesenden/schreibenden Köpfe bestimmt. Allgemein läßt sich sagen, daß Leistung ihren Preis hat.

■ Netzwerkkarten

◆ Unabhängig von der Netzwerktopologie sollte die Netzwerkkarte im Server keine ISA-Karte sein, sondern das Bussystem voll ausnutzen können (PCI).

◆ Drei unterschiedliche Netzwerktopologien kommen momentan in Betracht: Ethernet, Token Ring und diverse 100 Mbit/s -Lösungen (FDDI, Fast Ethernet, VG Anylan).

◆ Die Netzwerktopologie bestimmt, welche Netzwerkkarten im Fileserver und in den Arbeitsplätzen verwendet werden müssen.

◆ Eine Steigerung der Netzwerkübertragungsrate läßt sich durch den Einsatz mehrerer Netzwerkkarten in einem Fileserver erreichen (Segmentierung).

■ **Zusammenfassung:** Die Leistungsfähigkeit eines Filerservers wird durch mehrere Komponenten bestimmt. Eine besonders schnelle Komponente wirkt sich kaum positiv aus, eine besonders langsame Komponente kann aber zum Flaschenhals des gesamten Netzwerkes werden. Prinzipiell sollte an der HU-Ausstattung, insbesondere an der Qualität der verwendeten Komponenten nicht gespart werden.

Die Hardware der Arbeitsplätze

Fast jeder handelsübliche PC kann an einen NetWare-4.1-Fileserver angebunden werden, wenn er mit einer passenden Netzwerkkarte ausgestattet ist.

Wie leistungsfähig der Arbeitsplatz sein muß, hängt von den Programmen ab, die auf diesem PC laufen sollen (z. B. DOS, Windows, CAD). Generell verhält sich ein Abeitsplatz wie ein Einzel-PC mit einer entfernten Festplatte (der Fileserver). Die Ausführungsgeschwindigkeit von Programmen hängt also vom Arbeitsplatz ab, das Lesen/Schreiben von Programmen und Daten von der Geschwindigkeit des Fileservers und der Netzwerkkarte.

An einen NetWare-4.1-Server lassen sich außer DOS/Windows-PC's auch OS/2 und Macintosh-Rechner anschließen.

1.2.2 Netzwerkstandards

Für die Netzwerkverkabelung finden momentan mehrere Standards Anwendung. Die häufigsten Standards sind zur Zeit
- Ethernet
- Token Ring
- FDDI
- und zunehmend 100 Mbit/s Ethernet-Varianten

Ethernet ist die momentan am weitesten verbreitete Netzwerktopologie.

Was wird durch Standards festgelegt ?

- Die Kabeltopologie – Anordnung der Kabel, z. B.
    - Bus
    - Ring
    - Stern
- Die verwendeten Kabeltypen, z. B.
    - STP/UTP (Twisted Pair)

- ◆ RG 58
- ◆ IBM Typ 1
- ■ Die Segmentkabellängen, z. B.
  - ◆ 185 m bei Thin Ethernet
  - ◆ 400 m bei Token Ring
- ■ Die maximale Anzahl Repeater (Verstärker), z. B.
  - ◆ Kommunikation über maximal vier Repeater bei Thin Ethernet
- ■ Die maximale Anzahl Arbeitsplätze pro Segment, z. B.
  - ◆ 30 bei Thin Ethernet
- ■ Die Art und Weise, wie Daten auf dem Kabel übertragen werden, z. B.
  - ◆ CSMA/CD bei Ethernet
  - ◆ Timed Token Passing bei FDDI
- ■ Welche Daten außer den Nutzdaten in einem Datenpaket enthalten sind, bei Ethernet die sogenannten Frame Types
  - ◆ Ethernet II
  - ◆ Ethernet IEEE 802.3
  - ◆ Ethernet IEEE 802.2
  - ◆ Ethernet Snap
- ■ Welche Steckertypen verwendet werden, z. B:
  - ◆ BNC bei Thin Ethernet
  - ◆ RJ 45 bei 10Base T

1.2.3 Ethernet

Ethernet zeichnet sich durch eine nominale Übertragungsrate von 10 Mbit/s aus, praktisch werden aber nur ca. 700 Kbyte/s erreicht. Bei entsprechender Belastung des Segments (Kabelstrang) kann dieser Wert noch weiter absinken.

Sehr wichtig ist auch, daß bei einer Ethernet-Verkabelung keine offenen Kabelenden vorhanden sein dürfen. So muß ein Ethernet-Bussegment immer an beiden Enden mit jeweils einem 50 Ohm Abschlußwiderstand (Terminator) abgeschlossen sein. Fehlt dieser, oder wurde innerhalb des Segments der Bus durch eine offene Kabelverbindung aufgetrennt, ist das ganze Segment lahmgelegt. Aus diesem Grund wird Ethernet auch zunehmend in einer Stern-Struktur verkabelt, wo dieses Problem nicht auftreten kann.

Ethernet Frame Types

Obwohl Ethernet schon seit Jahrzehnten verwendet wird, gibt es immer noch unterschiedliche Standards (Frame Types), die nicht zueinander kompatibel sind. Ethernet-Datenpakete können sich an einigen wenigen Stellen unterscheiden. Momentan gibt es vier unterschiedliche Arten von Datenpaketen. Die Art und Weise, wie eine Netzwerkkarte ein Paket aufbaut, wird als Frame Type oder auch Ethertype bezeichnet. Obwohl ein NetWare-4.1-Fileserver gleichzeitig alle vier Standards verstehen kann, trifft dies nicht auf alle PC's zu, die angeschlossen werden können. Aus diesem Grund ist es unbedingt notwendig, über die möglicherweise vorkommenden Frame Types informiert zu sein.

Übersicht: Ethernet Frame Types

■ Ethernet II
  ◆ Weitverbreitet in der Unix-Welt.
■ Ethernet IEEE 802.3
  ◆ Der IEEE 802.3-Standard wurde von Novell bis NetWare 3.11 als Default-Frame Type verwendet.
■ Ethernet IEEE 802.2
  ◆ Neuerer Standard, findet bei NetWare 3.12 und 4.1 als Defaulteinstellung Anwendung.
■ Ethernet SNAP
  ◆ Gebräuchlich in der Macintosh-Welt.

Ethernet-Verkabelung

Ethernet kann auf drei unterschiedliche Arten verkabelt werden. Diese sind:
  ◆ 10 Base 5
  ◆ 10 Base 2
  ◆ 10 Base T

10 Base 5

- Wird auch als Thick Ethernet bezeichnet
- Bus-Topologie
- Segmentlänge maximal 500m
- Maximal 100 PC's pro Segment
- PC's können nicht direkt angeschlossen werden, sondern durch ein maximal 50 m langes Transceiverkabel. Dieses Anschlußkabel wird am Segment mit Hilfe eines Transceivers angeschlossen.
- Als Kabel wird der Typ RG-11 (Impedanz 50 Ohm) verwendet.
- Findet nur noch wenig Anwendung, da unhandlich (dickes Kabel) und teuer (Kabel, Transceiver).

10 Base 2

- Auch Thin Ethernet oder Cheapernet genannt
- Bus-Topologie
- Segmentlänge maximal 300m (bei Ethernet II) oder 185m (bei 802.3, 802.2 und SNAP)
- Maximal 30 PC's pro Segment
- PC's können direkt angeschlossen werden, da der Transceiver in die Netzwerkkarte integriert ist.
- Als Kabel wird der Typ RG-58 (–Koax Impedanz 50 Ohm) verwendet.
- Sehr weit verbreitet, da einfach zu installieren und billig.
- Maximal vier Repeater zwischen aktiven Stationen

10 Base T

- Wird auch als Twisted Pair-Verkabelung bezeichnet
- Stern-Topologie
- Keine eigentlichen Segmente, da alle PC's mit Hilfe von maximal 100 m langen Stichleitungen an Hubs (Mischung aus Multiport-Repeater und Transceiver) angeschlossen werden.
- Die maximale Anzahl PC's pro Hub hängt vom Typ des Hubs ab (z. B. 8 oder 16 Anschlüsse). Mehrere Hubs können untereinander gekoppelt werden.

- Für 10 Base T werden unterschiedliche Kabeltypen verwendet. So gibt es abgeschirmte (STP – Shielded Twisted Pair) und unabgeschirmte (UTP – Unshielded Twisted Pair) Kabeltypen.
- Verbreitet sich zusehends, da die Fehlersuche einfach ist (Sterntopologie) und Netzwerk-Management-Soft- und Hardware eingesetzt werden kann.
- Bei einer entsprechenden Verkabelung (Kategorie 5) stellt das eine 100 M/Bit-taugliche Grundverkabelung dar.

Das Übertragungsprotokoll CSMA/CD

Für Ethernet wird generell das Übertragungsprotokoll **CSMA/CD** verwendet. Dieses Protokoll ist nicht kollisionsfrei und auch nicht deterministisch.

Ausführung: Ablauf einer Paketübertragung mit CSMA/CD-Protokoll

Zwei Stationen (Netzwerkkarten) wollen gleichzeitig ein Datenpaket übertragen.

1. Jede Station muß zuerst prüfen, ob die Leitung frei ist (**CS – Carrier Sense**).
2. Falls diese Prüfung quasi gleichzeitig erfolgt, erscheint die Leitung bei beiden Stationen frei zu sein.
3. Beide Stationen senden gleichzeitig ihre Datenpakete (**MA – Multiple Access**).
4. Da bei Ethernet immer nur ein Datenpaket gleichzeitig übertragen werden kann, liegt jetzt ein irregulärer Zustand vor – die Kollision.
5. Wenn beide Stationen diese Kollision erkannt haben (**CD – Collision Detection**) wird die Übertragung abgebrochen.
6. Nach dem Abbruch der Übertragung läuft auf jeder der beiden Netzwerkkarten ein Zufallszeitgenerator an. Diese zeitliche Entkoppelung verhindert eine ständige Kollision (Deadlock).
7. Nach Ablauf des Zufallszeitgenerators wird die Übertragung erneut gestartet (ab Punkt 1.).

Anmerkungen

■ Da nicht geregelt ist, welche Station zu welchem Zeitpunkt senden darf, kommt es mit steigender Netzbelastung auch zu immer häufigeren Kollisionen.

■ Jede Kollision ist verschenkte Übertragungszeit, der Datendurchsatz sinkt also.

■ Falls die Kollisionen so stark ansteigen, daß der normale Netzwerkbetrieb beeinträchtigt wird, kann durch den Einsatz mehrerer Netzwerkkarten im Fileserver eine Lasttrennung und damit eine Reduzierung der Kollisionen erreicht werden.

■ Da die Übertragung nach dem Motto »so lange versuchen, bis es geht« vor sich geht, gibt es keine garantierten Antwortzeiten. Diese Art der Datenübertragung wird auch als nicht deterministisch (nicht bestimmbar) bezeichnet.

Aufgaben eines Repeaters

■ Ein Repeater ist ein Verstärker, der die Signalpegel auf der Netzwerkleitung anhebt.

■ Ein Repeater verbindet mehrere Kabelsegmente miteinander. Dadurch werden größere Leitungslängen möglich.

■ Da aber nicht nur die Datensignalpegel, sondern auch die Störgeräusche verstärkt werden, lassen sich nicht beliebig viele Repeater in einem Netzwerk einsetzen.

■ Für Ethernet gilt, daß zwei miteinander kommunizierende Stationen über maximal vier Repeater verbunden sein dürfen.

■ Neben den klassischen Repeatern mit zwei Anschlüssen gibt es auch Multiport-Repeater mit 8 oder 16 Anschlüssen.

■ Da ein Repeater kein intelligentes Bauteil ist, werden alle Datenpakete weitergereicht. Der Einsatz eines Repeaters bewirkt also keine Lasttrennung, sondern nur eine Erweiterung der maximalen Verkabelungslänge.

Netzwerk-Technologien

Übersicht: Ethernet Spezifikation

	10 Base 2 Thin Ethernet	10 Base 5 Thick Ethernet	10 Base T Twisted Pair
Topologie	Bus	Bus	Stern
Kabeltyp	RG 58	RG 11	unterschiedlich
Stecker	BNC	N-Serie	RJ 45
Wellenwiderstand Kabel	50 Ohm	50 Ohm	unterschiedlich
Segmentlänge	185 m oder 300 m (Ethernet II)	500 m	–
Max. Länge Stichleitung	0 m	50 m	100 m (Hub – PC)
Min. Abstand zwischen 2 Anschlüssen	3 m zwischen T-Stücken	3 m zwischen Transceivern	–
Max. Anzahl Stationen pro Segment	30	100	–
Max. Anzahl Repeater zwischen kommunizierenden Stationen	4	4	4

1.2.4 Token Ring

Über Token Ring

Token Ring ist eine relativ komplizierte, aber auch leistungsfähige Netzwerktechnologie. IBM hat Token Ring auch unter dem Aspekt entwickelt, nicht nur PC's, sondern auch Computer aus der mittleren Datentechnik und Großrechner miteinander zu verbinden.

Übertragungsgeschwindigkeit

Für Token Ring gibt es zwei unterschiedliche Übertragungsgeschwindigkeiten, 4 Mbit/s oder 16 Mbit/s. Falls mit der höheren Geschwindigkeit gearbeitet werden soll, ist es notwendig, daß alle Netzwerkkarten 16 Mbit/s unterstützen, sonst sind nur 4 Mbit/s möglich.

Topologie

Intern ist Token Ring als Ring aufgebaut, nach außen hin erscheint eine Token Ring-Verkabelung aber eher als Sterntopologie.

Zur Planung einer Verkabelung gibt es keine einfachen Standards wie bei Ethernet. Genaue Erläuterungen und Tabellen finden sich im **IBM Token Ring Introduction and Planning Guide** sowie im **IBM Token Ring Installation Guide**.

Übertragungsprotokoll

Token Ring verwendet als Übertragungsprotokoll das gleichnamige Token Ring-Protokoll, das sowohl kollisionsfrei als auch deterministisch arbeitet. Daraus ergibt sich, daß die Übertragungsrate von 4 oder 16 Mbit/s stets konstant bleibt, unabhängig davon, wie hoch die Netzwerkbelastung ist.

Verbindung über MAUs (Ringleitungsverteiler)

Der Anschluß von Token Ring-Arbeitsplätzen erfolgt über Adapterkabel, die in einer MAU (Multistation Access Unit) zusammengeführt werden. An eine MAU können normalerweise acht Arbeitsplätze angeschlossen werden, bei Bedarf können mehrere MAUs miteinander verbunden werden. MAUs werden oft in Schaltkästen, den sogenannten Verteilern ähnen eingebaut. Die Verbindung mehrerer MAUs untereinander erfolgt über eine Verkabelung zwischen zwei speziellen Anschlüssen, **Ring In** und **Ring Out**. Diese Verbindungen werden alle zusammen als Hauptring bezeichnet. Der Hauptring wird erweitert durch die Adapterkabel, die nach außen hin sternförmig von der MAU wegführen, intern aber als Schleife den Hauptring nur erweitern. Ein Adapterkabel beinhaltet also eine Verbindung zur Netzwerkkarte und eine Verbindung zurück zur MAU.

Abschätzung der erlaubten Kabellängen

- ■ Der Hauptring darf eine maximale Länge von 400 m aufweisen.
- ■ Sind 400 m nicht ausreichend, müssen Repeater verwendet werden.

■ Die maximale Länge der Adapterkabel beträgt höchstens 100 m, dieser Wert kann aber auch niedriger sein.

■ Die maximale Länge der Adapterkabel berechnet sich folgendermaßen:

    400 m (maximale Länge des Hauptrings)
-   tatsächliche Länge des Hauptrings
+   kürzeste MAU-MAU Verbindung
-   Anzahl der MAUs * 30 m
-   Anzahl der Verteilerrahmen * 15 m
=   längste Kabelstrecke MAU-PC

Beispiel: Zur Abschätzung der erlaubten Kabellängen

■ Drei MAUs sind über zwei 125 m lange und ein 50 m langes Kabel miteinander verbunden. Keine MAU ist in einem Verteilerrahmen eingebaut.

■ Berechnung:

    400 m (maximale Länge des Hauptrings)
-   300 m (tatsächliche Länge des Hauptrings)
+   50 m (kürzeste MAU-MAU Verbindung)
-   90 m (Anzahl der MAUs * 30 m)
-   0 m (Anzahl der Verteilerrahmen * 15 m)
=   60 m (längste Kabelstrecke MAU-PC)

Ausführung: Ablauf einer Paketübertragung mit Token Ring-Protokoll

1. Eine oder mehrere Stationen wollen Datenpakete versenden.
2. Dazu wird eine Berechtigung benötigt, das Token (engl. Token=Pfand). Unter einem Token ist ein kleines Datenpaket zu verstehen, das ständig im Ring kreist. Für die Datenübertragung werden die Nutzdaten an das Token angehängt. Dieser Vorgang ist zu vergleichen mit einer Lokomotive, die mit oder ohne Güterwagen immer im Kreis herumfährt.
3. Will eine Station Daten versenden, muß sie warten, bis ein freies Token vorbeikommt.

4. An das freie Token werden die Daten angehängt und unter anderem Empfänger und Absender eingetragen.
5. Das Token mit den Nutzdaten läuft weiter im Kreis.
6. Jede Station, an der das Datenpaket vorbeikommt, prüft, ob sie der Empfänger ist.
7. Wenn das Datenpaket beim Empfänger angekommen ist, werden die Nutzdaten von der Netzwerkkarte kopiert.
8. Das Datenpaket läuft weiter im Ring und kommt irgendwann zum Absender zurück.
9. Der Absender überprüft das Datenpaket, ob der Inhalt identisch wie zum Zeitpunkt der Absendung ist. Dadurch wird sichergestellt, daß die Daten korrekt übertragen wurden.
10. Nach der Prüfung wird das komplette Datenpaket mit dem Token zerstört.
11. Der Absender erzeugt ein neues, freies Token, das aber nicht sofort von ihm wieder belegt werden kann.
12. Das freie Token kann frühestens von der nächsten Station im Ring belegt werden (Ablauf ab Punkt 3).

Anmerkungen

■ Das Token Ring-Protokoll garantiert, daß jede Station, die Daten versenden will, die gleiche Anzahl freier Token zur Verfügung hat. Diese Übertragungsweise wird als deterministisch bezeichnet.

■ Da eine Station nur Daten versenden kann, wenn sie ein freies Token zur Verfügung hat, kann es zu keinen Kollisionen kommen. Die maximale Übertragungsrate steht also immer zur Verfügung, egal wie hoch die Belastung ist. Für einzelne Stationen sinkt die Übertragungsrate aber mit steigender Belastung, da die feste Anzahl freier Token unter immer mehr Stationen aufgeteilt werden muß.

1.3 Der NetWare-Server

1.3.1 Mechanismen zur Datensicherheit

Die Novell NetWare-Versionen 3.x und 4.x bieten mehrere Schutzfunktionen gegen Datenverlust. Alle diese Vorrichtungen können aber nur vor physikalischen Fehlern wie Festplattendefekten, nicht aber vor logischen Fehlern, wie Löschen von Daten oder Fehleingaben schützen.

SFT-Stufen

■ Novell NetWare 3.x und 4.x beinhalten die **SFT**-Stufen (**S**ystem **F**ault **T**olerance) **I** und **II**, die Stufe **III** ist als Zusatzprodukt erhältlich.

■ **SFT I** ist immer automatisch aktiv. Es beinhaltet doppelte **FATs** (File Allocation Table), **Hot Fix** und **Read after Write Verification**.

◆ Unter der **FAT** ist das Inhaltsverzeichnis der Festplatte zu verstehen. Hier ist eingetragen, wo welche Dateien auf der Festplatte liegen. Falls die erste FAT beschädigt ist, greift NetWare automatisch auf die zweite FAT zurück.

◆ **HOT FIX** ist ein Vorgang, der vor einzelnen defekten Blöcken auf der Festplatte schützt. Bei der Einrichtung der NetWare-Partitionen auf der Festplatte werden zwei Bereiche erzeugt. Den eigentlichen Datenbereich, in dem später die Volumes liegen, und die **Redirection Area**, die normalerweise 2% der Plattenkapazität einnimmt. Kann im späteren Betieb auf einen Block nicht im ersten Versuch zugegriffen werden (DOS versucht ca. 20 mal zu lesen, bevor es einen Fehler meldet), wird dieser Block sofort als defekt markiert. Damit die Plattenkapazität erhalten bleibt und die Daten des defekten Blocks nicht verloren gehen, wird ein Reserveblock verwendet. Die Reserveblocks werden aus dem Bereich der Redirection Area entnommen. Dieser Vorgang des Markierens von defekten Blöcken und der Bereitstellung von Reserveblöcken wird als HOT FIX bezeichnet.

◆ Der Vorgang der **Read after Write Verification** prüft bei jedem Schreibvorgang, ob die Daten auch korrekt gespeichert wurden. Ist dies nicht der Fall, tritt sofort der HOT FIX Vorgang in Aktion.

■ **SFT II** schützt vor dem Ausfall einzelner Festplatten durch **Disk Mirroring** oder **Disk Duplexing**. Diese Mechanismen sind in den aktuellen NetWare-Versionen enthalten, werden aber nicht automatisch aktiviert, da dafür zusätzliche Hardware notwendig ist. Die Grundidee ist, daß auf jeweils zwei Festplatten die gleichen Datenbestände liegen. Dazu werden alle Lese- und Schreiboperationen nahezu gleichzeitig auf beiden Festplatten ausgeführt. Fällt eine der beiden Festplatten aus, kann mit der zweiten Festplatte weitergearbeitet werden. Der Defekt einer gespiegelten Festplatte beeinträchtigt also nicht die Funktionen des Fileservers. Wenn der Defekt beseitigt ist, gleicht der Fileserver die beiden Festplatten automatisch ab. Dieser Vorgang wird als **Remirror Prozess** bezeichnet.

◆ Unter **Disk Mirroring** wird der Betrieb von zwei gespiegelten Festplatten an einem Festplattencontroller bezeichnet. Die Nachteile sind, daß der Ausfall des Plattencontrollers beide Festplatten lahmlegt und daß die Performance etwas absinkt.

◆ Beim **Disk Duplexing** wird mit zwei Plattencontrollern gearbeitet. Hier kann also nicht nur eine Festplatte, sondern auch ein Controller ausfallen, ohne daß der Server beeinträchtigt wird.

■ **SFT III** ist die beste, aber auch teuerste Möglichkeit, einen Fileserver vor Ausfall zu schützen. Hier arbeiten zwei Fileserver synchron, was den Ausfall eines kompletten Fileservers erlaubt. Die beiden Fileserver müssen über eine schnelle, zusätzliche Netzwerkverbindung gekoppelt werden. In jedem Fileserver wird eine 100 Mbit/s schnelle MSL-Karte (Mirrored Server Link) eingebaut. Über diese Verbindung werden laufend die Datenbestände auf beiden Servern angeglichen. Dieser Vorgang wird von der SFT III-Software gesteuert.

■ Mechanismen wie Plattenspiegelung können nur ein Teil der Vorsichtsmaßnahmen sein, die vor einem Serverausfall schützen.

■ Eine **USV** (Unterbrechungsfreie Stromversorgung) mit Fileserveranbindung sollte jeden Fileserver vor Stromausfall schützen. Kurze Stromausfälle oder Stromschwankungen beeinträchtigen den Fileserver dann nicht. Bei einem längeren Stromausfall sollte die USV-Software den Fileserver rechtzeitig herunterfahren (Schließen aller Dateien, etc.) und alle Anwender davor benachrichtigen. Es kann dann zwar im Moment nicht weitergearbeitet werden, es sind aber keine Daten verloren gegangen, die eine stundenlange Rücksicherung notwendig machen.

■ Eine tägliche Datensicherung ist für jedes Netzwerk ein Muß. Falls alle wichtigen Daten auf dem Fileserver liegen, genügt es, ausschließlich den Fileserver zu sichern.

1.3.2 Mechanismen zur Performancesteigerung

Da NetWare ausschließlich als Netzwerkbetriebssystem arbeitet, ist es hochgradig darauf optimiert, schnell Daten an die Arbeitsstationen zu liefern. Dazu verwendet NetWare Funktionen, wie File Caching, Directory-Caching, Directory-Hashing und Elevator-Seeking. Richtig zur Entfaltung kommen diese Funktionen aber erst, wenn der Fileserver mit ausreichend Arbeitsspeicher ausgestattet ist.

■ **Directory Hashing**

◆ Für jeden Dateizugriff muß als erstes die genaue Position der Datei auf der Festplatte festgestellt werden. Da Fileserver teilweise sehr große Datenbestände verwalten, kann das Inhaltsverzeichnis der Festplatten auch sehr groß sein. Um den Zugriff auf diese Informationen zu beschleunigen, legt NetWare eine Hash-Tabelle an. In dieser Tabelle wird für jeden Festplatteneintrag ein eindeutiges Kürzel (Wirkungsweise ist ähnlich wie bei einem Textbaustein) hinterlegt. Soll die Position einer Datei gefunden werden, sucht NetWare in der wesentlich kleineren Hash-Tabelle, was den Suchvorgang beschleunigt.

■ **Directory Caching**

◆ Unter DOS muß für jeden Dateizugriff mindestens zweimal auf die Festplatte zugegriffen werden. Einmal auf die Verzeichnisinformation im äußeren Bereich der Festplatte und mindestens einmal auf die gesuchte Datei. NetWare hält einen Teil der Verzeichnisinformation immer im Arbeitsspeicher, wodurch meistens ein Festplattenzugriff eingespart werden kann. Die Größe des dafür reservierten Arbeitsspeichers wird durch die Anzahl der **Directory Cache Buffers** bestimmt. Eine Erhöhung dieses Wertes kann teilweise deutliche Performancesteigerungen bewirken.

■ **File Caching**

◆ NetWare arbeitet nach einem ausgeklügelten Cache-Algorithmus, um möglichst viele Plattenzugriffe einzusparen. In einem gut konfigurierten Fileserver liegt die Cache-Trefferrate bei 95%, es können also 19 von 20 Lesezugriffe aus dem Arbeitsspeicher erfolgen. Da der Zugriff auf den Arbeitsspeicher ca. um den Faktor 100 schneller erfolgt als ein Zugriff auf die Festplatte, wirkt sich ein effektives File Caching sehr stark auf die Leistungsfähigkeit eines Fileservers aus. Alle geänderten Daten müssen natürlich irgendwann auf die Festplatte zurückgeschrieben werden, doch durch den Write Cache wird dieses Problem entschärft. Der Fileserver schreibt Daten nicht sofort auf die Festplatte zurück, sondern wartet damit, bis er Zeit dazu hat. Zwischenzeitlich werden die Daten im Speicherbereich des File Cachings zwischengespeichert.

◆ NetWare nutzt stets allen verfügbaren Arbeitsspeicher. Alle Speicherbereiche, die nicht durch NetWare selbst belegt sind, werden für das File Caching verwendet.

■ **Elevator Seeking**

◆ Die Daten auf einer Festplatte liegen normalerweise über die ganze Festplatte verstreut. Da die Positionierung der Schreib-/Leseköpfe relativ zeitaufwendig ist, sinkt dadurch der Datendurchsatz. Unter DOS können Defragmentierprogramme verwendet werden, um verstreute Teile von Dateien in einem durchgehenden Bereich auf der Festplatte zusammenzufassen. Unter NetWare können aber mehrere Dateien quasi gleichzeitig angefordert werden, so daß die Defragmentierung auch nicht hilft. Deshalb sortiert NetWare mehrere gleichzeitige Dateizugriffe so um, daß die Schreib-/Leseköpfe nur möglichst kurze Strecken bewegt werden müssen. Der Begriff Elevator Seeking läßt sich frei übersetzen mit »Arbeiten wie ein Fahrstuhl«. Ein Fahrstuhl arbeitet Anfragen auch nicht in der Reihenfolge ihrer Eingabe ab, sondern so, daß er die kürzesten Wege zurücklegt.

1.3.3 Die Novell NetWare-Versionen

Die erste Novell NetWare-Version kam 1987 auf den Markt. Konkurrenzprodukte basierten damals alle auf universellen Betriebssystemen wie DOS, die dadurch natürlich in ihrer Leistungsfähigkeit an dieses Betriebssystem gebunden waren. Novell hat mit NetWare ein spezialisiertes und optimiertes Netzwerkbetriebssystem auf den Markt gebracht, was den sehr hohen Marktanteil von Novell NetWare erklärt.

Übersicht: Über die NetWare-Versionen:

Version	Prozessor	Fileserver
ShareNet (NetWare 68)	Motorola 68000	Novell 68000-FS
NetWare 86	Intel 8088, 8086 oder größer	IBM PC, XT, kompatible oder größer
NetWare 286 V2.0, V 2.1, V 2.11, V 2.12, V 2.15, V 2.2	Intel 80286 oder größer	IBM AT, kompatible oder größer
NetWare 386 V 3.0 V 3.1, V 3.11, V 3.12	Intel 80386 SX oder größer	Ab 80386 SX-Rechner
NetWare 4.0, 4.01, 4.02, 4.1	Intel 80486 oder größer	Ab 80486-Rechner

Die aktuellen NetWare-Versionen sind NetWare 3.12 und NetWare 4.1. NetWare 3.12 wird nicht mehr weiterentwickelt werden, aber noch einige Jahre auf dem Markt sein.

1.4 Überblick NetWare 4.1

1.4.1 Hardware für NetWare-4.1-Server

Als absolutes Minimum für die Arbeitsspeichergröße gelten 8 Mbyte. Sinnvolles Arbeiten ist aber erst ab 16 Mbyte möglich, besser sind 32 Mbyte und mehr. NetWare 4.1 ist auf die Intel-Architektur angepaßt, eine Pentium CPU mit mindestens 90 Mhz ist angemessen. Bei den Bussystemen hat sich PCI zum Standard entwickelt, es sollten also möglichst nur PCI-Steckkarten verwendet werden. Eine Ausnahme davon bildet die Grafikkarte, die ohne Leistungseinbußen als ISA-Typ verwendet werden kann. Sehr wichtig ist auch das Festplatten-system – hier sollten nur SCSI-Controller und -Festplatten (minde-stens 1 GB) zur Anwendung kommen.

1.4.2 Wann ist der Einsatz von NetWare 4.1 sinnvoll?

NetWare 4.1 und NetWare 3.12 stellen in weiten Bereichen gleichwer-tige Funktionen zur Verfügung. Die Entscheidung für NetWare 4.1 kann aber auf Grund der folgenden Merkmale erfolgen:

- NetWare 4.1 unterstützt bis zu 1000 aktive Benutzer pro Server, NetWare 3.12 maximal 250.
- NetWare 4.1 ist für den gleichzeitigen Betrieb von vielen Fileser-vern ausgelegt, NetWare 3.12 hat in diesem Bereich aufgrund der serverbasierten Anmeldung, Benutzerverwaltung und Rechtever-gabe Nachteile.
- NetWare 4.1 erlaubt mit nur einem Anmeldevorgang den Zugriff auf fast beliebig viele Server und die damit verbundenen Ressour-cen. Unter NetWare 3.12 muß sich der Anwender an jedem Server separat anmelden.
- NetWare 4.1 bietet neben einer englischen auch eine deutsche Bedienerführung und deutsche Menütexte. Als weitere System-sprachen werden Italienisch, Französisch und Spanisch unter-stützt. Novell bezeichnet diese Sprachunterstützung als NLS (Na-tional Language Support).
- Verwaltung des Servers teilweise durch Windows-Programme.

■ Durch das sogenannte Auditing können alle Dateizugriffe überwacht und protokolliert werden.

■ NetWare 4.1 bietet eine effektive Festplattenausnutzung durch **Kompression** und **Migration** (Auslagerung, z. B. auf WORM-Laufwerk) von längerer Zeit nicht mehr benutzten Dateien, sowie durch **Block Suballocation.**

■ NetWare 4.1 unterstützt zwei Mechanismen zur Performancesteigerung, das **Packet-Bursting** und **Large Internet Packets.** Beide Funktionen wirken sich besonders positiv bei DFÜ-Netzwerkkopplungen aus.

1.4.3 Neuerungen von NetWare 4.x

Die zentrale Neuerung von NetWare 4.x gegenüber NetWare 3.x ist sicherlich die Einführung der **NetWare Directory Services** (NDS).

Was ist NDS ?

Kurz gesagt der Nachfolger der Bindery, die bis NetWare 3.12 zum Einsatz kommt. Die Bindery ist eine Datenbank, über die alle NetWare-Objekte, wie User oder Gruppen verwaltet werden. Ein User kann also nur für einen Server gültig sein oder, anders ausgedrückt, bei 20 Servern muß ein User auch 20 mal eingerichtet werden. Das ist der Punkt, an dem Novell mit dem NDS-Konzept angesetzt hat. Auch NDS arbeitet mit einer Datenbank, die aber global ist. Es existiert für 20 Server nur eine Datenbank, über die alle systemweiten Objekte verwaltet werden. Ein User muß also nur einmal eingerichtet werden und kann mit Rechten für alle verfügbaren Ressourcen ausgestattet werden. Analog dazu ist der Anmeldevorgang nicht mehr serverbezogen, sondern systemweit.

NDS

■ Einfache Verwaltung
  ◆ Alle Objekte, wie User, Volumes oder Drucker haben eine netzwerkweite einmalige Identität. Mit einer Anmeldung stehen je nach Zugriffsrechten alle Ressourcen zur Verfügung.

- Verteilte Datenbank
  - ◆ Alle Ressourcen werden über die NetWare Directory Datenbank verwaltet.
- Verwaltungstools
  - ◆ Unter DOS steht das Utility **NETADMIN** zur Verfügung.
  - ◆ Unter OS/2 und Windows kann das grafische Utility **NWADMIN** verwendet werden.
- Der Directory Baum
  - ◆ Alle Objekte werden über eine Baumstruktur verwaltet. Am Anfang des Baumes steht das [ROOT]-Directory. Unterhalb von [ROOT] folgen die Behälter- oder Container-Objekte. Am Ende des Baumes finden sich Leaf- oder Blattobjekte. Diese Blattobjekte können z. B. User, Gruppen, Server oder Drucker sein.
- Einbindung älterer NetWare-Versionen
  - ◆ Bei Bedarf können die Bindery-Informationen von NetWare-3.1x-Servern mit über NDS verwaltet werden.
- **NETSYNC**
  - ◆ Mit Hilfe des Programms **NETSYNC** können gemischte NetWare-4.x- und 3.x-Umgebungen zentral verwaltet werden. Die Anzahl der zu verwaltenden NetWare-3.x-Server ist auf 12 beschränkt.
- **DSMERGE**
  - ◆ Mit **DSMERGE** lassen sich mehrere Directory Bäume zusammenfassen oder auch umbenennen.

Server Befehle und Utilities

- **ABORT REMIRROR**
  - ◆ Ermöglicht, den Remirror-Prozeß zu stoppen.
- **LANGUAGE**
  - ◆ Einstellung, in welcher Sprache Server-Utilities und NLMs angezeigt werden.
- **INITIALIZE SYSTEM**
  - ◆ Führt automatisch Anweisungen aus, die in der Datei *NETINFO.CFG* stehen. Dient zum Starten von Multiprotokoll Routern.
- **MIRROR STATUS**
  - ◆ Zeigt den Zustand aller gespiegelten Festplattenpartitionen an.

- **REINITIALIZE SYSTEM**
    - ◆ Führt die Datei **NETINFO.CFG** aus. Änderungen in dieser Datei werden danach sofort wirksam.
- **REMIRROR PARTITION**
    - ◆ Startet den Remirror Prozeß
- **SCAN FOR NEW DEVICES**
    - ◆ Ermöglicht neue (SCSI-) Hardware auch ohne Neustart zu entdecken.
- **CDROM**
    - ◆ CDROMs können als Lese-Volumes zur Verfügung gestellt werden.
- **DOMAIN**
    - ◆ Ermöglicht die Einrichtung geschützter Speicherbereiche für Serverprogramme (NLMs), die nicht bei NetWare 4.1 enthalten sind.
- **DSMERGE**
    - ◆ Umbenennen und Zusammenführen von Directory-Bäumen.
- **DSREPAIR**
    - ◆ Reparatur (Reorganisation) des NDS-Datenbankteils auf dem Server, auf dem dieses Programm gestartet wird.
    - ◆ Ersetzt **BINDFIX** und **BINDREST** (NetWare 3.x)
- **IPXCON**
    - ◆ Anzeige von IPX-Statistiken
- **KEYB**
    - ◆ Unterstützung nichtenglischer Tastaturen (z. B. **LOAD KEYB GERMANY**)
- **NETSYNC3**
    - ◆ Muß an NetWare-3.x-Servern geladen werden, die mit Hilfe von NetSync mitverwaltet werden.
- B **NETSYNC4**
    - ◆ Muß an NetWare-4.1-Servern geladen werden, die mit Hilfe von NetSync NetWare-3.x-Server mitverwalten.
- **NPRINTER**
    - ◆ Ermöglicht aus lokalen Druckern Netzwerkdrucker zu machen.

■ **PUPGRADE**
- ◆ Utility zum Anpassen von NetWare-3.x-Druckereinstellungen an NetWare 4.1.

■ **REMAPID**
- ◆ Wird an NetWare-3.x-Servern in einer NetSync-Umgebung geladen, um die Paßwort-Prüfung auf NetWare 4.1 anzupassen.

■ **RPL**
- ◆ Wird zum Booten von Diskless-Workstations benötigt.

■ **RTDM**
- ◆ Real Time Data Migration – ermöglicht die Datenauslagerung über den Fileserver zu bedienen.

■ **SCHDELAY**
- ◆ Mit diesem Utility lassen sich einzelne Serverprozesse mit anderen Prioritäten versehen. Dadurch lassen sich Prozesse beschleunigen und verlangsamen.

■ **SERVMAN**
- ◆ Uitilty zum Einstellen von SET-Prametern

■ **TIMESYNC**
- ◆ Dient zur Zeitsynchronisation von NetWare-4.x-Servern

Arbeitsplatzutilities

■ **AUDITCON**
- ◆ Programm zur Verwaltung der Ereignisüberwachung (Auditing).

■ **CX**
- ◆ Entspricht dem DOS-Befehl **CD** und dient zum Ändern der aktuellen Position im NDS-Verzeichnisbaum.

■ **NETADMIN**
- ◆ Dient zum Verwalten von Objekten (Anlegen von Usern, Vergabe von Rechten, etc.)
- ◆ Ersetzt **SYSCON, DSPACE, SECURITY** und **USERDEF**.

■ **NETUSER**
- ◆ Beinhaltet verschiedene Funktionen, wie Setzen von Laufwerkzuordnungen, Druckerzuweisungen oder Versenden von Nachrichten.
- ◆ Ersetzt **SESSION**

■ **NLIST**
- ◆ Anzeige von Objekten wie Usern oder Gruppen.
- ◆ Ersetzt **USERLIST** und **SLIST**

■ **NMENU**
- ◆ Neues Menüsystem, das weniger Arbeitsspeicher als die Vorgänger benötigt.

■ **NWADMIN**
- ◆ Windows-Port von NETADMIN.

■ **PARTMGR**
- ◆ Partitionsmanager – erlaubt das Verwalten von NDS-Partitionen. Dadurch können Teile der NDS-Datenbank auf mehrere Server kopiert werden.

■ **WSUPGRADE**
- ◆ Ermöglicht, die Netzwerktreiber an allen Arbeitsplätzen automatisch zu aktualisieren, ohne an jeden Arbeitsplatz gehen zu müssen.

■ **RIGHTS**
- ◆ Programm zur Rechtevergabe.
- ◆ Ersetzt **RIGHTS, GRANT, REMOVE, REVOKE, TLIST** und **ALLOW**.

■ **LOGIN**
- ◆ Dient zur Anmeldung am gesamten Netzwerk.
- ◆ Ersetzt **LOGIN** und **ATTACH**

■ **NDIR**
- ◆ Anzeige von Dateien, Verzeichnissen, Größe von Verzeichnisinhalten, etc..
- ◆ Ersetzt **NDIR, LISTDIR, CHKVOL** und **CHKDIR**.

■ **FILER**
- ◆ Utility zum Umgang mit Dateien (Dateimanager).
- ◆ Ersetzt **FILER, VOLINFO, SALVAGE** und **PURGE.**

Clients

Folgende Betriebssysteme und Dienste werden auf der Clientseite (am Arbeitsplatz) von NetWare 4.1 unterstützt:

■ DOS und Windows

■ Macintosh-OS

- OS/2
- UNIX NFS über TCP/IP
- SNMP (Simple Network Management Protocol)
- Auto-Reconnect – Wiederanbindung von Clients nach einer Unterbrechung zum Netzwerk.

Installation und Upgrade

- Die Installation erfolgt generell über ein CDROM-Laufwerk
- **MIGRATE**
  - ◆ DOS-Utility zum Kopieren und Anpassen von Netzwerkinformationen von einem NetWare-2.1x-Server auf einen NetWare-4.1-Server.
- **2XUPGRDE**
  - ◆ Server-NLM mit dem ein NetWare-2.1x- oder NetWare-3.x-Server auf NetWare 4.1 aufgerüstet werden kann.
- **EINFACHE ODER ANGEPASSTE INSTALLATION**
  - ◆ Die **Einfache Installation** erzeugt einen Server, bei dem Standardvorgaben verwendet werden.
  - ◆ Zur Installation eines komplexen Mehrserver-Systems muß die **Angepaßte Installation** verwendet werden.

Druckdienste

- Print Server, Print Queues und Drucker erscheinen unter NetWare 4.1 als eigenständige Objekte.
- Anwender drucken nicht mehr in Print Queues, sondern direkt auf einen Drucker. Der Zusammenhang zwischen Drucker, Print Server und Print Queue muß dem Anwender nicht mehr bekannt sein.
- Mit dem Serverprogramm **NPRINTER.NLM** können Druckerzuweisungen direkt am Fileserver durchgeführt werden.
- Die NetWare-4.1-Druckdienste unterstützen Druckanfragen von DOS-, Windows-, OS/2-, Macintosh- und UNIX-Clients.
- In Kombination mit NetSync unterstützt NetWare 4.1 auch die NetWare-3.x-Druckdienste.

Dateisystem

■ Dateikompression

◆ NetWare 4.1 erlaubt eine Kompression von Dateien, die längere Zeit nicht mehr benutzt waren. Das spart Plattenspeicher, verlangsamt aber den Zugriff auf komprimierte Dateien, da diese erst wieder in den Orginalzustand gebracht werden müssen.

■ Migration

◆ Sehr selten benötigte Daten können durch die Migration auf eine Jukebox (automatisches Wechselsystem) ausgelagert werden, bleiben aber scheinbar auf dem jeweiligen Volume. Ausgelagerte Dateien müssen erst wieder vom externen Speichermedium auf die Festplatte kopiert werden, was den Zugriff langsam macht.

■ Block Suballocation

◆ NetWare verwaltet Daten auf der Festplatte in Blöcken. Diese Blöcke können 4, 8, 16, 32 oder 64 Kbyte groß sein. Große Blöcke erhöhen den Plattendurchsatz, verringern aber eine effektive Plattenausnutzung, da auch eine 100 Byte große Datei stets einen ganzen Block belegt. Die Block Suballocation ermöglicht eine effektivere Ausnutzung der Festplatte. Jede Datei wird weiterhin in kompletten Blöcken abgespeichert, nur der letzte Teil der Datei wird in 512 Byte großen Portionen abgespeichert. Bei 4 Kbyte großen Blöcken wird eine 9 Kbyte große Datei zwei ganze Blöcke und zwei Teilblöcke belegen. Im Block mit dem neunten Kbyte der Datei sind jetzt noch sechs Teilblöcke à 512 Byte frei, die durch das »Ende« anderer Dateien noch ganz aufgefüllt werden können.

Paketübertragung

■ Packet Burst

◆ In Verbindung mit dem NetWare-Client **VLM** kann NetWare 4.1 das **Packet-Bursting** unterstützen. Unter NetWare 3.12, in Kombination mit der Netzwerkshell **NETX**, muß jedes Datenpaket einzeln quittiert werden. Falls Datenpakete über eine langsame DFÜ-Leitung versendet werden, sinkt durch diesen Vorgang der effektive Datendurchsatz stark ab. Falls das Packet-Bursting aktiviert ist, wird nicht mehr jedes einzelne Datenpaket quittiert, sondern 64 Datenpakete auf einmal. Die Geschwindigkeitsvorteile sind nicht nur bei DFÜ-Verbindungen, sondern auch (wenn auch in geringerem Maße) bei lokalen Netzwerkverbindungen (z. B. Ethernet) vorhanden.

■ **Large Internet Packets**

Datenpakete, die durch einen Router gehen (z. B. bei DFÜ-Netzwerkkopplungen stets der Fall), werden normalerweise in 512 Byte große Pakete zerlegt, die dann weitertransportiert werden. Die maximale Paketgröße, z.B bei Token Ring 4 Kbyte, kann nicht über einen Router hinweg verwendet werden. Bei aktivierter Funktion **Large Internet Packets** bleibt die Paketgröße erhalten, was den Datendurchsatz besonders bei DFÜ-Verbindungen steigert.

2 Der Arbeitsplatz

2.1 Installation für DOS & Windows

2.1.1 Vorbereitungen

Vor Beginn der Softwareinstallation sollte man folgende Punkte beachten:

■ Installieren der Netzwerkkarte in einen freien Steckplatz der Arbeitsstation. Dabei sind die Einstellungen für Interrupt, IO- und Memoryadressbereich zu beachten.

■ Grundvoraussetzung ist eine bootfähige DOS-Partition von mind. 5 Mbyte auf dem Server. Empfohlen wird allgemein eine Größe von ca. 15–20 Mbyte, um zukünftig genügend Platz für Treiber und Patches zu haben.

■ Der NetWare-DOS-Requester erfordert eine DOS-Version 3.1 oder höher. Installieren Sie gegebenenfalls eine neuere DOS-Version.

■ NetWare 4.1 wird auf CD-ROM ausgeliefert. Ist in dem PC, auf dem die Client-Software installiert werden soll, ein CD-ROM Laufwerk vorhanden, kann die Installation sofort beginnen.

■ Existiert bereits ein Netzwerk, kann man die NetWare-4.1-CD auf den Fileserver kopieren und von dort installieren.

■ Scheiden die beiden zuerst genannten Möglichkeiten aus, kann man mit Hilfe der CD Disketten für die Client-Installation erzeugen.

◆ Zunächst muß der Schalter für die verwendete NetWare-Sprache gesetzt werden. Das erreicht man mit dem DOS-Befehl **SET** (z. B. **SET** *NWLANGUAGE=DEUTSCH*).

◆ Bereitlegen von 5 formatierten 3,5" oder 5,25" HD-Disketten.

◆ Aufruf von **INSTALL.BAT** auf dem CD-ROM Laufwerk. Nach einigen Hinweismeldungen gelangt man zum Hauptmenü. Dort den Menüpunkt DISKETTENERSTELLUNG mit ⏎ anwählen. Im folgenden Menü den Punkt **DOS & MS WINDOWS CLIENT** für den jeweiligen Diskettentyp auswählen. Der Rest ist selbsterklärend.

◆ Ist kein Laufwerk in der Arbeitsstation vorhanden, → Kapitel 2.5 (Remote Boot) lesen.

2.1.2 Softwareinstallation

Die Installationssoftware von NetWare 4.1 läuft nicht unter Windows. Deshalb ggf. Windows verlassen.

Vor der Installation empfiehlt es sich Sicherungen der Dateien *CONFIG.SYS, AUTOEXEC.BAT WIN.INI* und *SYSTEM.INI* zu erstellen. Bei einem Upgrade von älteren NetWare-Versionen ist es hilfreich eine Dummy Installation durchzuführen. Dazu legt man unter einem Testverzeichnis ein WINDOWS-Verzeichnis mit dem Unterverzeichnis *\SYSTEM* an. Danach im Verzeichnis *WINDOWS* die, nur auf die Überschriften reduzierten, Dateien *SYSTEM.INI* und *WIN.INI* anlegen. Wird die Client-Software in dieses Windows-Verzeichnis installiert, kann man sich die gemachten Änderungen genau ansehen und so einen verhängnisvollen Versionsmischmasch vermeiden.

Ausführung: Client Software installieren

1. Auf das Stammverzeichnis des Installationsträgers gehen und INSTALL eingeben.

2. Bei Installation von CD-ROM oder Netzwerk muß man zunächst den Menüpunkt **DOS/WINDOWS-CLIENT-INSTALLATION** anwählen. Bei Installation von Diskette entfällt diese Auswahl.

3. In dem jetzt erscheinenden Menü sind einige Einstellungen vorzunehmen.

4. Einstellungen entsprechend der Menüpunkte eingeben. Soll auf dem Arbeitsplatz Windows laufen, muß unter Punkt 3 **JA** gewählt werden. Windows wird während der Installation nicht gestartet,

sondern nur die nötigen Dateien kopiert und die entsprechenden Eintragungen in der **WIN.INI** und **SYSTEM.INI** vorgenommen.

5. Mit dem fünften Menüpunkt stellt man die benutzte Netzwerkkarte ein. Ist in der Auswahlliste der gewünschte Treiber nicht vorhanden, besteht die Möglichkeit, ihn von einer vom Hersteller mitgelieferten Treiberdiskette nachzuladen.

6. Der Rest der Installation läuft vollautomatisch.

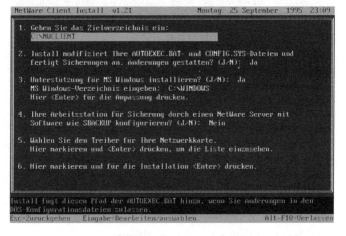

2.2 Konfigurationsdateien

Bei der Installation von NetWare 4.1 werden wichtige DOS- und Windows-Dateien erstellt bzw. modifiziert. Um bei einem Update einen Versionsmischmasch zu vermeiden, sollte man wissen was bei der Installation passiert um eventuelle alte Eintragungen löschen zu können. Neben den in diesem Unterkapitel beschriebenen Dateien wird die Datei **NET.CFG** kreiert. In dieser Datei sind so viele Einstellung zur optimalen Anpassung des Netzwerkes möglich, daß ihr ein eigenes Unterkapitel gewidmet wird (➜ 2.4).

2.2.1 CONFIG.SYS

Dieser Datei wird die Zeile LASTDRIVE=Z hinzugefügt. Im Gegensatz zur Version 3.12 wird das Login-Verzeichnis nicht durch die LAST-DRIVE-Anweisung bestimmt, sondern durch einen Eintrag in der **NET.CFG** (➜ 2.4). Die **CONFIG.SYS** sollte nach der Installation von NetWare noch hinsichtlich einer Speicheroptimierung verändert werden (➜ 2.2.4).

2.2.2 STARTNET.BAT & AUTOEXEC.BAT

Das Installationsprogramm fügt an den Anfang der **AUTOEXEC.BAT** den Aufruf @CALL LW:\NW\STARTNET.BAT ein. Es empfiehlt sich diesen Aufruf an das Ende der Datei zu setzen, bzw. den Inhalt von **STARTNET.BAT** mit aufzunehmen (hinsichtlich Speicheroptimierung (➜ 2.2.4)). Dabei ist darauf zu achten, daß entweder die kompletten Pfade eingegeben werden, oder zuvor in das entsprechende Verzeichnis gewechselt wird. Auf Wunsch kann danach noch die Login Prozedur aufgerufen werden.

In **STARTNET.BAT** werden die für den Netzwerkbetrieb benötigten Treiber installiert.

■ SET **NWLANGUAGE=Deutsch**

◆ Setzt den jeweiligen Sprachschalter.

■ **LSL.COM**
   ◆ Installiert den Link Support Layer. Dieser Treiber unterstützt die Verwendung mehrerer Protokolle auf ein und derselben Netzwerkkarte.
■ Kartentreiber
   ◆ Hardwareabhängiger Adaptertreiber. Z. B. **NE2000.COM**.
■ **IPXODI.COM**
   ◆ Das ist der Treiber für die IPX-/SPX-Protokolle, die für den Datentransport im Netzwerk zuständig sind.
■ **VLM.EXE**
   ◆ Ab NetWare 3.12 wird die DOS-Shell *NETX* durch den NetWare-DOS-Requester ersetzt. **VLM.EXE** ist ein Manager für die Virtually Loadable Modules, die je nach Anforderung geladen werden. Welche das sind, ergibt sich aus den Einstellungen in der *NET.CFG*. Eine zweite Aufgabe von **VLM.EXE** ist die Verwaltung des für VLM's benötigten Speichers (➜ 2.3).

Die in der *STARTNET.BAT* enthaltenen Treiber können mit dem Parameter *U* entladen werden.

2.2.3 WIN.INI, SYSTEM.INI & PROGMAN.INI

In der Datei *WIN.INI* wird nur ein Eintrag geändert.
■ Er bewirkt, daß beim Starten von Windows die Werkzeuge von NetWare als Symbol ausgeführt werden.
```
[windows]
load=nwpopup.exe
```

Die *SYSTEM.INI* wird unter den folgenden vier Abschnitten modifiziert.
■ Dieser Eintrag lädt die Werkzeuge von NetWare beim Start von Windows. Insbesondere Laufwerks- und Druckerzuordnungen.
```
[boot]
network.drv=netware.drv
```

■ Teilt dem Setup Programm von Windows die NetWare-Version mit.
```
[boot.description]
network.drv=Novell NetWare (v4.0)
```

■ Unter [386Enh] werden mehrere Eintragungen vorgenommen

```
[386Enh]
network=*vnetbios, vipx.386, vnetware.386
TimerCriticalSection=1000
ReflectDOSInt2A=TRUE
OverlappedIO=OFF
UniqueDOSPSP=TRUE
PSPIncrement=5
```

■ Abschließend wird noch das verwendete Netzwerk eingetragen

```
[Network]
winnet=Novell/00040000
```

In der Datei **PROGMAN.INI** wird eine weitere Programmgruppe hinzugefügt.

```
[Groups]
Groupx=c:\WINDOWS\NW.GRP
```

2.2.4 Speicheroptimierung

Das Laden der Netzwerktreiber geht natürlich auf Kosten des konventionellen DOS-Arbeitsspeichers. Insbesondere, da der NetWare-DOS-Requester bis zu 30 Kbyte mehr Arbeitsspeicher benötigt als die bis Version 3.12 verwendete DOS-Shell. **VLM.EXE** ist nicht nur ein Modul-, sondern auch ein Speichermanager und verlagert bis zu 65 Kbyte in den Extended Memory. Voraussetzung ist natürlich die Verwendung eines Extended Memory Managers wie **HIMEM.SYS**. Wird darüber hinaus ein Speichermanager eingesetzt, der die Upper Memory Area (UMA) verwalten kann (**EMM386.EXE**) können nochmals 30 Kbyte dorthin ausgelagert werden. Das Ergebnis ist, daß nur noch 4 Kbyte im konventionellen Speicher verbleiben. Dieser Rest kann mit **LOADHIGH (LH)** auch noch in die UMA verlagert werden. **HIMEM.SYS** und **EMM386.EXE** sind im Lieferumfang von DOS und WINDOWS enthalten. Verwenden Sie jeweils die neuesten Versionen, die Sie zur Verfügung haben.

Das Ergebnis sollte in etwa so aussehen

■ *CONFIG.SYS*

```
device=c:\windows\himem.sys
device=c:\windows\emm386.exe NOEMS RAM I=E000-EFFF
```

```
dos=HIGH,UMB
shell=c:\command.com /p /e:1024
buffers=16
files=100
stacks=9,256
country=049,,c:\dos\country.sys
lastdrive=Z
```

Beschreibung im Einzelnen

◆ device=c:\windows\himem.sys diese Zeile lädt den Extended Memory Manager.

◆ device=c:\windows\emm386.exe NOEMS RAM I=E000-EFFF Speichermanager zur Verwendung der UMA ohne EMS-Unterstützung und unter Einbeziehung des Speicherbereiches E000-EFFF.

◆ dos=HIGH,UMB lädt DOS teilweise in die UMA und stellt dort Speicherbereiche bereit, ohne die ein Hochladen von nachfolgenden Treibern in die UMA unmöglich ist.

◆ shell=c:\command.com /p /e:1024 lädt den DOS-Kommandozeilen-Interpreter mit einem 1024 Byte großen Speicher für Umgebungsvariablen. Der Standardwert von 160 Byte könnte für Suchpfade zu klein sein.

◆ buffers=16 reserviert Pufferspeicher für Festplattenzugriffe. Die Verwendung von **SMARTDRIVE** erlaubt kleine Werte.

◆ files=100 bestimmt die maximale Anzahl gleichzeitig geöffneter Dateien. Allein dieser Eintrag ist für den NetWare-DOS-Requester von Bedeutung. Der Wert in der **NET.CFG** hat keine Bedeutung mehr.

◆ stacks=9,256 reserviert neun STACK-Speicher a 256 Byte für Interrupt Handler.

◆ country=049,,c:\dos\country.sys lädt die deutschen Code-Seiten.

◆ lastdrive=Z: Für die bis Version 3.12 verwendete DOS-Shell hat dieser Eintrag das LOGIN-Laufwerk festgelegt (nächster Buchstabe = Login LW). Der DOS-Requester setzt jedoch auf die Netzwerkfähigkeiten von DOS auf. Das Login-Verzeichnis wird nun in der **NET.CFG** festgelegt (➔ 2.4).

■ **AUTOEXEC.BAT**

```
prompt $p$g
path=c:\;c:\dos;\c:\windows;c:\nwclient
SET TEMP=c:\dos\temp
SET TMP=c:\dos\temp
c:\windows\smartdrv 1024 1024
lh keyb gr,,c:\dos\keybord.sys
SET NWLANGUAGE=DEUTSCH
c:
cd nwclient
lh lsl.com
lh ne2000.com
lh ipxodi.com
lh vlm.exe /MX
cd \
f:
login
```

Beschreibung im Einzelnen

- ◆ prompt pg zeigt den aktuellen Pfad als Eigabeprompt an.
- ◆ path=c:\;c:\dos;\c:\windows;c:\nwclient setzt die Suchpfade.
- ◆ SET TEMP=c:\dos\temp legt fest, daß temporäre Dateien in diesem Verzeichnis abgelegt werden sollen.
- ◆ c:\windows\smartdrv 1024 1024 aktiviert den Festplatten-Cache mit einer Größe von 1024 Byte für Windows und DOS.
- ◆ lh keyb gr,,c:\dos\keybord.sys lh (oder LOADHIGH) lädt Treiber in die UMA, falls noch Platz vorhanden ist. In diesem Fall den deutschen Tastaturtreiber.
- ◆ lh vlm.exe /MX hier ist der Schalter MX von Bedeutung. Er veranlaßt den VLM-Manager Extended Memory zu verwenden.

■ Ab der Version 6.0 ist im DOS-Lieferumfang ein Speicheroptimierungsprogramm enthalten (**MEMMAKER**). Die Handhabung erfolgt nach Aufruf menügeführt. Das Programm führt mehrere Bootvorgänge durch. Deshalb empfiehlt es sich den Login-Aufruf für diese Zeit aus der **AUTOEXEC.BAT** zu entfernen. Sollte der Rechner nach der Ausführung nicht richtig funktionieren, oder ist die erzeugte Optimierung nicht wünschenswert, kann der ursprüngliche Zustand mit **MEMMAKER** */UNDO* wieder hergestellt werden.

■ Sollten die oben aufgeführten Maßnahmen nicht für genügend konventionellen DOS-Arbeitsspeicher gesorgt haben, empfiehlt es sich auf Speicherverwaltungsprogramme von anderen Anbietern zuzugreifen, wie z. B. QEMM von Quarterdeck. Dieses Programm ermöglicht es, bis zu 634 KByte freien DOS-Arbeitsspeicher zu erzeugen.

2.3 VLM.EXE und *.VLM's

Um ein NetWare-4.1-Netzwerk optimal nutzen und es überhaupt verwalten zu können, ist die Verwendung des NetWare-DOS-Requesters zwingend erforderlich. Der Grund hierfür ist, daß die Netzwerkbetriebssysteme von Novell bis zur Version 3.12 serverorientiert gearbeitet haben. Ab Version 4.0 ist NetWare ein richtiges Netzwerk-Betriebssystem, daß alle im Netz vorkommenden Ressourcen und User objektorientiert und hierarchisch in der sogenannten NDS (NetWare Directory Services) verwaltet. Diese NDS kann über mehrere Server verteilt abgelegt sein.

Die bisher verwendete DOS-Shell kennt diese Struktur nicht. Man kann sich zwar wie bisher an einem oder mehreren Servern anmelden, eine Verwaltung des Netzwerkes ist jedoch nicht möglich.

2.3.1 Vorteile des NetWare-DOS-Requesters

Neben der Erfordernis zur Netzwerkverwaltung bietet der NetWare-DOS-Requester noch einige andere Vorteile.

- Unterstützung der Memory Swapping Technologie und der Möglichkeit der Auslagerung in Extended oder Expanded Memory.
- Packet Burst und Large Internet Packets Unterstützung.
- Bessere Unterstützung von Windows.
- Abwärtskompatibel zur DOS-Shell **NETX.EXE**.

2.3.2 Aufbau des NetWare-DOS-Requesters

Der NetWare-DOS-Requester setzt sich aus mehreren Teilen zusammen:

- Dem VLM-Manager **VLM.EXE**. Dieses Programm lädt die geforderten VLMs, kontrolliert die Kommunikation mit und zwischen ihnen und fungiert darüber hinaus auch noch als Speichermanager.
- Den Virtually Loadable Modules *.VLM. Diese Module haben die unterschiedlichsten Aufgaben und werden zum Teil standardmäßig geladen.

2.3.3 Laden des NetWare-DOS-Requesters

Der VLM-Manager **VLM.EXE** wird in der *STARTNET.BAT* bzw. *AU-TOEXEC.BAT* geladen. Dabei sind einige Kommandozeilenparameter vorhanden.

- ■ */?*: Zeigt einen Hilfebildschirm an.
- ■ */U*: Entfernt VLM.EXE aus dem Speicher.
- ■ */C=[PATH\]FILENAME.EXT*: Gibt eine andere Konfigurationsdatei als NET.CFG an. Die standardmäßig verwendete Datei *NET.CFG* muß im gleichen Verzeichnis wie **VLM.EXE** liegen.
- ■ */Mx*: Gibt den zu verwendenden Speichertyp an, mit x =
  - ◆ C = Konventioneller Arbeitsspeicher.
  - ◆ X = Extended memory (XMS).
  - ◆ E = Expanded memory (EMS).
- ■ */D*: Zeigt Diagnosemeldungen an
- ■ */PS=Prefered Server*: Gibt den Server an, zu dem beim Start bevorzugt eine Verbindung hergestellt werden soll.
- ■ */PT=Prefered Tree*: Gibt den NDS-Baum an, an den beim Start bevorzugt angebunden werden soll.
- ■ */Vx*: Gibt an, in welchem Umfang Meldungen beim Start ausgegeben werden sollen, mit x =
  - ◆ 0 = Zeigt nur das Copyright und kritische Fehler an.
  - ◆ 1 = Zeigt auch Warnungen an.
  - ◆ 2 = Zeigt auch die Namen der VLM-Module an.
  - ◆ 3 = Zeigt auch die Parameter der Konfigurationsdatei an.
  - ◆ 4 = Zeigt auch Diagnosemeldungen an.

Beim Starten von **VLM.EXE** werden standardmäßig einige VLMs geladen.

- ◆ **BIND.VLM:** Dieses VLM dient der Bindery Emulation für NetWare-Versionen bis 3.12. Es kann weggelassen werden, wenn keine NetWare-3.12-Server mehr im Netz sind.
- ◆ **CONN.VLM** (Connection Table Manager): Dieses VLM kontrolliert die Verbindungen des DOS-Requesters zum Netz. Es sind bis zu 50 Verbindungen möglich. (Bei NetWare 3.12 waren maximal acht Verbindungen zu Servern möglich).

- ◆ **FIO.VLM** (File Input/Output): Diese VLM kontrolliert die Übertragung von Dateien im Netzwerk.
- ◆ **GENERAL.VLM:** In diesem Modul sind eine Vielzahl von Funktionen enthalten, auf die auch andere Module zugreifen. So z. B. die Verwaltung von Suchlaufwerken, Verbindungsinformationen, Print- und Fileserverinformationen und Maschinennamen.
- ◆ **IPXNCP.VLM** (internetwork packet exchange core program): Ersetzt **IPXODI.COM** bzw. das **IPX.COM** der DOS-Shell.
- ◆ **NDS.VLM:** Modul zur NDS-Unterstützung. Bei der Anbindung an einen 3.x-Server kann dieses Modul auch weggelassen werden und dafür **BIND.NLM** geladen werden.
- ◆ **NETX.VLM:** dient der Kompatibilität zur DOS-Shell **NETX.EXE**. Stellt für Programme, die für NetWare 3.x geschrieben wurden, die Programmierschnittstelle zur Verfügung.
- ◆ **NWP.VLM:** (Netzwerk Protokoll Multiplexer). Dieses Modul ist für Login und Logout, sowie für Broadcast-Meldungen verantwortlich.
- ◆ **PNW.VLM:** Unterstützung von Personal NetWare. Wird das Peer To Peer Netzwerk Personal NetWare nicht verwendet, muß dieses Modul nicht geladen werden.
- ◆ **PRINT.VLM:** Druckumleitung für Bindery Emulation und NDS.
- ◆ **REDIR.VLM:** DOS-Umleitung. Dieses Modul nützt die DOS-Umleitung von Laufwerken, die nicht lokal existieren (Ab DOS 3.1). Das hat allerdings Performanceverluste zur Folge.
- ◆ **SECURITY.VLM:** unterstützt erweiterte Sicherheitsmaß-nahmen. D.h. die Pakete werden doppelt mit Server und User Key verschlüsselt übertragen, was ein Abhorchen der Leitung durch Fremde unmöglich machen soll.
- ◆ **TRAN.VLM** Transport Multiplexer: Das Modul ermöglicht es mehrere Protokolle, wie IPX oder IP, auf einem Netwerkadapter laufen zu lassen.

Es besteht die Möglichkeit, die Module einzeln zu laden, nicht benötigte Module wegzulassen oder andere hinzuzunehmen. Z. B. kann man sich das Modul **BIND.EXE** sparen, wenn keine NetWare-3.x-Server im Netz vorhanden sind. Dazu muß in der ***NET.CFG*** (➔ 2.4) unter der Rubrik NetWare-DOS-Requester folgender Eintrag stehen:

```
netware dos requester
    use defaults=off
    vlm=bind.vlm
    vlm=ipxncp.vlm
    ...
```

Es müssen alle benötigten Module eingetragen werden. Sollen nur zusätzliche Module geladen werden, genügt es, sie mit vlm= in der Rubrik NetWare-DOS-Requester einzutragen. (ohne use defaults=off). Soll ein Standard-VLM nicht geladen werden, so geht das mit der Anweisung **EXCLUDE *VLM=Datei*** in der ***NET.CFG***.

Beispiele für zusätzliche VLM's

■ **AUTO.VLM** (Autoreconnect Programm) Es stellt verlorengegangene Verbindungen wieder her (z. B. wenn ein heruntergefahrener Server wieder gestartet worden ist). Die Verwendung von **AUTO.VLM** ist nur mit NetWare 4.x mit NDS-Unterstützung möglich. Zum Betrieb von **AUTO.VLM** ist es unbedingt notwendig, daß zuvor **RSA.VLM** geladen wurde.

■ **RSA.VLM** Ist für die Verwendung von **AUTO.VLM** zwingend erforderlich. RSA ist ein Zugriffs- und Verschlüsselungsschutz.

Der NetWare-DOS-Requester und seine Module können in vier Teilbereiche eingeteilt werden.

- ◆ DOS Redirection Layer
- ◆ Service Protocol Layer
- ◆ Transport Protocol Layer
- ◆ Verbindungslayer

Die VLM Module teilen sich auf in Child VLMs, das sind VLMs, die innerhalb eines Bereiches verschiedene Funktionen ausführen, und Multiplexer VLMs, die die Zuordnung zu den einzelnen Child VLMs organisieren.

2.4 NET.CFG Einstellungen

Die Datei **NET.CFG** ist die Konfigurationsdatei für den Client Arbeitsplatz. Sie enthält alle wichtigen Angaben für die geladenen Treiberprogramme LSL.COM, für die hardwareabhängigen Treiber (z. B. **NE2000.COM**), **IPXODI.COM** und den NetWare-DOS-Requester.

Aus diesem Grund ist die Datei in mehrere Gruppen aufgeteilt, unter denen die jeweiligen Parameterangaben stehen.

Die Datei **NET.CFG** muß im gleichen Verzeichnis wie der VLM-Requester stehen, es sei denn, **VLM.EXE** wird mit dem Parameter *C* aufgerufen (→ 2.3.3).

2.4.1 Erzeugen und Editieren von NET.CFG

NET.CFG wird bei der Installation generiert. Sie hat dann in etwa folgendes Aussehen (abhängig von den, während der Installation gewählten Optionen):

```
Link Driver NE2000
          PORT 340
          IRQ 5
          FRAME Ethernet_802.2
NetWare DOS Requester
          FIRST NETWORK DRIVE = F
          NETWARE PROTOCOL = NDS BIND
```

Es gibt jedoch noch vielfältige weitere Einstellungen, die von Hand in die **NET.CFG** eingetragen werden. Dafür kann jeder beliebige ASCII-Editor verwendet werden.

Dabei ist die entsprechende Syntax zu beachten:
- In jeder Zeile darf nur eine Abschnittsbezeichnung (Option) oder ein Parameter stehen.
- Abschnittsbezeichnungen beginnen in der ersten Spalte.
- Parametereingaben müssen eingerückt werden. Das kann mit ⎯ oder Leertaste ausgeführt werden. Es muß aber immer mindestens ein ⎯ oder Leertaste am Beginn der Zeile stehen. Ausnahme von dieser Regel ist der NETBIOS-Abschnitt, in dem auch die Parameter in der ersten Spalte beginnen müssen. Die Anzahl der Parameter und deren Syntax hängt vom jeweiligen Abschnitt ab.

■ Mit einem Strichpunkt am Anfang der Zeile kann ein Kommentar eingefügt, oder ein Parameter auskommentiert werden. Steht der Strichpunkt am Beginn einer Abschnittsbezeichnung wird der gesamte Abschnitt ignoriert.

■ Leere Zeilen werden ignoriert.

■ Optionen und Parameter unterscheiden nicht zwischen Groß- und Kleinschreibung, mit Ausnahme von in Anführungszeichen eingeschlossenen Texten.

■ Jede Zeile muß mit ⏎ abgeschlossen werden. Vor allen Dingen auch die letzte Zeile, da sie sonst nicht ausgewertet wird.

2.4.2 Die NET.CFG Optionen und Parameter

In diesem Abschnitt erfolgt eine Auflistung der wichtigsten *NET.CFG* Optionen und deren Parameter mit den dazugehörigen Erklärungen. Zeitangaben werden oftmals als Ticks angegeben. Auf IBM-kompatiblen Maschinen sind 18,2 Ticks eine Sekunde.

■ **LINK DRIVER Treibername**

Treibername ist der Name des Netzwerkkartentreibers z. B. NE2000. Dieser Abschnitt wird von diesem Treiber ausgewertet. Es ist darauf zu achten, daß die hier gemachten Einstellungen mit der Hardwarekonfiguration der Karte übereinstimmen. Für jede verwendete Netzwerkkarte muß ein eigener LINK DRIVER Abschnitt existieren.

◆ **ALTERNATE:** Damit kann angegeben werden, daß der Netzwerkkartentreiber eine andere Netzwerkkarte verwenden soll. Im Normalfall verwenden LANSUP und NTR200 Treiber die erste Netzwerkkarte.

Beispiel:
```
link driver lansup
    alternate
```
Voreinstellung: keine

◆ **DMA [#1 | #2] Kanalnummer:** Konfiguriert den, von der Netzwerkkarte verwendeten, DMA Kanal. Sind zwei Kanäle verfügbar muß DMA für beide Kanäle angegeben werden.

Beispiel:
```
link driver ne2000
    dma #1 3
    dma #2 4
```
Voreinstellung: *#1*

◆ **FRAME Name Adressierungsart:** Dieser Parameter gibt an, welcher Pakettyp verwendet wird. *Name* ist die Framebezeichnung und bei der Adressierungsart wird zwischen kanonischer- (LSB) und nicht-kanonischer (MSB) unterschieden (z. B. bei Token Ring).

Beispiel:
```
link driver ne2000
    frame ethernet_802.2
```
Voreinstellung: abhängig von Netzwerkkarte

◆ **IRQ [#1 | #2] IRQ-Nummer:** Bestimmt den von der Netzwerkkarte verwendeten Interrupt. Der Wert muß mit den Einstellungen der Netzwerkkarte übereinstimmen. Werden mehrere Netzwerkkarten verwendet, muß für jede ein Eintrag erfolgen.

Beispiel:
```
link driver ne2000
    irq #1  5
    irq #2  7
```
Voreinstellung: *#1*

◆ **LINK STATIONS Anzahl:** Gibt die Anzahl der gleichzeitig unterstützten Verbindungen an. Voreinstellung ist 1.

◆ **MAX FRAME SIZE Größe:** Gibt die Paketgröße in Bytes an, die maximal im Netz verwendet werden kann. Die Voreinstellung hängt dabei von der verwendeten Netzwerkkarte und der Übertragungsgeschwindigkeit ab.

◆ **MEM [#1 | #2] Anfangsadresse [Länge]:** Dieser Parameter gibt an, welcher Speicherbereich von der Netzwerkkarte verwendet wird. Diese Wert muß mit der Karteneinstellung übereinstimmen. Werden mehrere Karten verwendet, kann mit *#n* unterschieden werden. Adresse und Länge werden hexadezimal angegeben, die Länge in Paragraphen (16 Bytes).

Beispiel:
```
link driver ne2000
    mem d8000 400
```
◆ **NODE ADDRESS Adresse[Modus]:** Mit diesem Parameter kann die vom Hersteller vergebene zwölfstellige hexadezimale Hardwareadresse überschrieben werden. Ein nachgestelltes *L* kennzeichnet kanonische Adressierung, ein *M* eine nicht-kanonische.

Beispiel:
```
link driver ne2000
    node address 10000a5ba654m
```
◆ **PORT [#1 | #2] Startadresse [Anzahl Ports]:** Spezifiziert den IO Port Bereich der angegebenen Netzwerkkarte. Die Startadresse wird hexadezimal und die Anzahl der Ports dezimal angegeben.

Beispiel:
```
link driver ne2000
    port #1 320 16
    port#2 340 32
```
◆ **PROTOCOL "Name" Protokoll ID Frametyp:** Erlaubt dem Treiber andere Netzwerkprotokolle zu verwenden.

Beispiel:
```
link driver ne2000
    frame ethernet_802.2
    protocol netbios f0 ethernet_802.2
```
◆ **SAPS Anzahl:** Gibt die Anzahl der Service Access Points (SAPS) an, die der LANSUP Treiber benötigt (IBM LAN Support).
◆ **SLOT Nummer:** Gibt die Nummer des verwendeten Steckplatzes an. Dieser Eintrag ist nur bei steckplatzcodierten Systemen nötig (z. B. Microchannel).

■ **LINK SUPPORT**

Dieser Abschnitt wird vom Treiber **LSL.COM** ausgewertet. Hier sind Angaben über die verwendeten Pufferspeicher und die Anzahl der logischen Netzwerkadapter zu treffen.

◆ **BUFFER Anzahl [Puffergröße]:** Gibt die Anzahl und die jeweils benötigte Größe der Empfangspuffer an. Beispielsweise verwendet IPXODI keine, TCPIP acht Puffer à 1500 Byte. Die Gesamtgröße der Puffer, des Speicherpools und des Treiberprogrammes darf 64 KByte nicht überschreiten.

- ◆ **MAX BOARDS Anzahl:** Gibt die Anzahl der maximal möglichen logischen Adapterkarten an. Jeder verwendete Frametyp entspricht einem logischen Adapter. Die Voreinstellung ist *4*, der Maximalwert *16*.

- ◆ **MAX STACKS Anzahl:** Gibt die Anzahl der von LSL unterstützen Protokollstacks an. Jedes Protokoll benötigt mindestens einen Stack. Die Voreinstellung ist *4*, der Maximalwert *16*. Sollten nicht genügend Ressourcen vorhanden sein (Fehlermeldung), muß dieser Wert erhöht werden.

- ◆ **MEMPOOL Größe [k]:** Bezeichnet die Speichergröße, die LSL für manche Protokolle bereitstellt. *k = 1* bedeutet, daß die angegebene Größe mit 1024 multipliziert wird. **IPXODI** benutzt keinen Speicher aus dem Pool. Die Voreinstellung ist daher *0*.

■ **NETBIOS**

In diesem Abschnitt werden Einstellungen für das Protokoll **NETBIOS** getroffen. Sie definieren die Schnittstelle zwischen NETBIOS-Anwendungen und dem Netzwerk. Zu beachten ist, daß die Parameter in diesem Abschnitt nicht eingerückt werden dürfen.

- ◆ **NETBIOS COMMAND Anzahl:** Gibt an wie viele NETBIOS-Kommandos der NETBIOS-Treiber gleichzeitig verarbeiten kann. Wertebereich *4 – 250*. Die Voreinstellung ist *12*.

- ◆ **NETBIOS BROADCAST COUNT Anzahl:** Spezifiziert die Anzahl von Anfragen oder Anforderungen, die **NETBIOS** für einen von einer Anwendung verwendeten Namen benutzt. Der Wert sollte erhöht werden, wenn viele LAN-Segmente NETBIOS-Unterstützung benötigen, oder wenn eine Gateway-Verbindung nicht aufgebaut werden kann. Der Wertebereich liegt zwischen *2* und *65535*. Die Voreinstellung ist abhängig davon, ob der Parameter *INTERNET* [on | off] ein- oder ausgeschaltet ist. Bei *ein* ist er *4* bei *aus* *2*.

- ◆ **NETBIOS BROADCAST DELAY Ticks:** Gibt die Anzahl Ticks an, die zwischen Netzwerkanforderungen gewartet wird. Dieser Wert sollte erhöht werden, wenn viele Pakete verloren gehen oder das Netz stark belastet ist. Gleichzeitig sollte dann die Anzahl von **NETBIOS BROADCAST COUNT** verringert werden. Wertebereich: *18 – 65535*; Die Voreinstellung ist abhängig von **NETBIOS INTERNET** [on | off]: *on:= 36, off:=18*.

◆ **NETBIOS INTERNET [on | off]:** Ist das Netzwerk segmentiert oder wird ein Nondedicated Server verwendet, muß der Schalter auf on gesetzt werden. Ist das nicht der Fall sollte der Schalter auf off stehen, da dadurch der Durchsatz des Fileservers erhöht werden kann. Voreinstellung: *off*.

◆ **NPATCH Offset, Wert:** Mit diesem Parameter ist es möglich ein beliebiges Byte des Datensegmentes von NETBIOS.EXE zu verändern. Dabei ist Offset der Offset zum Datensegment und Wert das gewünschte neue Byte.

◆ **NETBIOS RECEIVE BUFFERS Anzahl:** Bestimmt die Anzahl der IPX Empfangspuffer, die NetBIOS verwendet. Der Wertebereich ist *4 – 20*. Die Voreinstellung ist *6*. Will man die Geschwindigkeit erhöhen, mit der NetBIOS empfangene Telegramme abarbeitet, sollte man diesen Wert erhöhen.

◆ **NETBIOS RETRY COUNT Anzahl:** Dieser Wert gibt an, wieviele Versuche gestartet werden um einen Verbindung zu einem Teilnehmer herzustellen, bevor ein Fehler erkannt wird. Dieser Wert sollte mit **NETBIOS RETRY DELAY** abgestimmt werden. Er sollte erhöht werden, wenn viele Netzwerksegmente NetBIOS-Unterstützung benötigen oder eine Gateway-Verbindung nicht zustande kommt. Der Wertebereich ist 2 – 65535. Die Voreinstellung hängt vom **INTERNET** [on | off] Schalter ab. *On: 4; off: 2*.

◆ **NETBIOS RETRY DELAY Ticks:** Gibt an welche Zeit zwischen zwei Verbindungsaufbauversuchen gewartet wird. Er sollte erhöht werden, wenn viele Netzwerksegmente NetBIOS Unterstützung benötigen oder eine Gateway-Verbindung nicht zustande kommt. Der Wertebereich ist *18 – 65535*. Die Voreinstellung hängt vom **INTERNET** [on | off] Schalter ab. *On: 36; off: 18*.

◆ **NETBIOS SESSION Anzahl:** Bestimmt die Anzahl, gleichzeitiger Verbindungen, die der NetBIOS Treiber unterstützt. Wertebereich: *4 – 250*. Voreinstellung: *32*.

◆ **NETBIOS ABORT TIMEOUT Ticks:** Gibt die Zeit an, die NetBIOS wartet bis die Verbindung abgebrochen wird, wenn keine Antwort vom Verbindungsteilnehmer erhalten wird. In großen Netzen mit asynchronen Verbindungen sollte dieser Wert erhöht werden. Voreinstellung: *540* (ungefähr 30 Sekunden).

◆ **NETBIOS LISTEN TIMEOUT Ticks:** Zeit, die NetBIOS wartet bis es eine Verbindungsanfrage abschickt, wenn vom Verbindungspartner keine Telegramme eintreffen. Wertebereich: *1 – 65535*. Voreinstellung: *108*.

◆ **NETBIOS VERIFY TIMEOUT Ticks:** Gibt an, in welchen Zeitabständen überprüft wird, ob die Verbindung noch besteht, solange *NETBIOS ABORT TIMEOUT* noch nicht abgelaufen ist. Wertebereich: *4 – 65535*. Voreinstellung: *54*.

■ **NetWare-DOS-Requester**

Dieser Abschnitt wird von VLM.EXE und den VLMs ausgewertet.

◆ **AUTO LARGE TABLE=[on | off]:** Dieser Schalter bestimmt wieviele Bytes **AUTO.VLM** für Einträge in der Bindery pro Verbindung reserviert. Werden lange Namen und Paßwörter verwendet, muß er eingeschaltet werden. *On: 178* Bytes; *off* 34 Bytes. Voreinstellung: *off*.

◆ **AUTO RECONNECT=[on | off]:** Ist dieser Schalter eingeschaltet, versucht **AUTO.VLM** verlorengegangene Verbindungen wieder herzustellen. Voreinstellung: *on*.

◆ **AUTO RETRY=Sekunden:** Bestimmt die Zeit, die AUTO.VLM wartet, bis es versucht, eine unterbrochene Verbindung wieder herzustellen. Wertebereich: *0 – 3640*; Voreinstellung: *0*.

◆ **AVERAGE NAME LENGHT=Länge:** Anhand dieser Einstellung reserviert der NetWare-DOS-Requester Speicher für die Server-Namen. Je kürzer die Server-Namen sind, desto kleiner kann dieser Wert gewählt werden. Wertebereich: *2 – 48*. Voreinstellung: *48*.

◆ **BIND RECONNECT=[on | off]:** **AUTO.VLM** stellt die Verbindung zur Bindery Emulation auf dem Server wieder her, wenn dieser Schalter auf *on* steht. Voreinstellung: *off*.

◆ **CACHE BUFFER SIZE=Größe:** Gibt die Größe der verwendeten Dateipuffer an. Wertebereich: *64* bis *4096 Bytes*. Voreinstellung: abhängig vom verwendeten Übertragungsmedium.

◆ **CACHE BUFFERS=Anzahl:** Gibt die Anzahl der verwendeten Dateipuffer an. Jeder Puffer kann genau eine Netzwerkdatei cachen. Dieser Wert ist vergleichbar mit dem DOS-Wert BUFFERS in der *CONFIG.SYS*. Wertebereich: *0 – 64*. Voreinstellung: *5*.

◆ **CACHE WRITES=[on | off]:** Dieser Schalter ermöglicht es, Schreibzugriffe auf Serverdateien lokal zu cachen. Ist er eingeschaltet, erhöht sich zwar die Performance, die Datensicherheit geht jedoch zurück. Voreinstellung: *on*.

◆ **CHECKSUM=0-3:** NetWare benutzt andere Mechanismen, um die Datenintegrität der Telegramme zu überprüfen. Es kann jedoch zusätzlich ein Checksummenverfahren verwendet werden. Dabei bedeuten

0 = keine Checksummenprüfung.

1 = Checksummenprüfung aktiv, jedoch nicht bevorzugt.

2 = Checksummenprüfung bevorzugt.

3 = Checksummenprüfung zwingend erforderlich.

Voreinstellung: *1*.

◆ **CONFIRM CRITICAL ERROR ACTION=[on | off]:** Mit diesem Schalter kann unterbunden werden, daß MS Windows Fehlermeldungen, die für den NetWare-DOS-Requester bestimmt sind, abfängt. Steht der Schalter auf *on*, erscheint eine Dialogbox mit dem betreffenden Servernamen und der Möglichkeit, die Verbindung erneut zu versuchen oder sie abzubrechen. Allerdings erfährt dann MS Windows nichts von verlorengegangenen Netzwerklaufwerken. Steht der Schalter auf *off*, kann Windows auf den aufgetretenen Fehler reagieren. Voreinstellung: *on*.

◆ **CONNECTIONS=Anzahl:** Gibt an, zu wievielen Servern gleichzeitig eine Verbindung bestehen kann. Soll Kompatibilität zu **NETX.EXE** erhalten bleiben, dürfen es maximal 8 sein. Wertebereich: *2 – 50*. Voreinstellung *8*.

◆ **DOS NAME="Name":** Enthält den Namen der DOS-Version. Dieser Eintrag kann mit der %OS-Variablen im Anmeldeskript verarbeitet werden. Der Eintrag kann maximal 5 alphanumerische Zeichen beinhalten. Voreinstellung: *MSDOS*.

◆ **EOJ=[on | off]:** Ist dieser Schalter eingeschaltet, wird ein »End Of Job« zum Server gesandt, wenn eine Netzwerkdatei geschlossen wird. Voreinstellung: *on*.

◆ **EXCLUDE VLM=Datei:** Mit diesem Parameter kann dafür gesorgt werden, daß ein Standard VLM-Modul nicht geladen wird, wenn **VLM.EXE** gestartet wird. Der Dateiname muß die Erweiterung, *VLM* und den kompletten Pfad beinhalten.

◆ **FIRST NETWORK DRIVE=Laufwerksbuchstabe:** Mit diesem Eintrag wird das Login Laufwerk festgelegt. Wertebereich: *A–Z*, wenn in der *CONFIG.SYS lastdrive* auf *Z* gesetzt ist. Voreinstellung: das erste verfügbare Laufwerk ab F:.

◆ **FORCE FIRST NETWORK DRIVE=[on | off]:** Ist dieser Schalter eingeschaltet, steht man nach dem Abmelden vom Netz wieder auf dem FIRST NETWORK DRIVE. Ansonsten auf dem Laufwerk, von dem man sich abgemeldet hat, das dann u. U. nicht mehr vorhanden ist. Voreinstellung: *off*.

◆ **HANDLE NET ERRORS=[on | off]:** Legt fest, ob ein aufgetretener Netzwerkfehler vom DOS-Fehlerinterrupt behandelt werden soll oder ob der NetWare-DOS-Requester an die Anwendung den Fehlercode *NET_RECV_ERROR* zurückgeben soll. Nicht alle Anwendungen können damit umgehen. Voreinstellung: *on*.

◆ **LARGE INTERNET PACKETS=[on | off]:** Früher war die maximale Paketgröße, die über Router und Bridges gesandt werden konnte, auf 576 Bytes begrenzt. Heute können Ethernet und Token Ring größere Pakete verarbeiten. Ist der Schalter auf *on* gestellt, wird die maximale Paketgröße verwendet, die zwischen Workstation und Server bewältigt werden kann. Voreinstellung: *on*.

◆ **LIP START SIZE=Größe:** Mit diesem Parameter wird die Large Internet Paketgröße begrenzt. Das kann bei WAN-Verbindungen notwendig sein. Wertebereich *576 – 65535*; Voreinstellung: *0* (Begrenzung ausgeschaltet).

◆ **LOAD CONN TABLE LOW=[on l off]:** Lädt die Verbindungstabelle in den konventionellen DOS-Arbeitsspeicher (*on*). Das bedeutet zwar Speicherverlust erhöht aber die Performance. *Off* lädt in die UMA. Voreinstellung: *off*.

◆ **LOAD LOW CONN=[on l off]:** Lädt den Verbindungsmanager CONN.VLM in den konventionellen DOS-Arbeitsspeicher (*on*). Das bedeutet zwar Speicherverlust erhöht aber die Performance. *Off* lädt in die UMA. Voreinstellung: *on*.

◆ **LOAD LOW IPXNCP=[on l off]:** Steht dieser Schalter auf *off*, wird der Transport Manager **IPXNCP.VLM** in den XMS- bzw. EMS- Speicher geladen (Speichergewinn/Performanceverlust). *On* lädt in den konventionellen Speicher (Speicherverlust/Performancegewinn). Voreinstellung: *on*.

◆ **LOAD LOW REDIR=[on l off]:** Bestimmt, ob das Umleitungsmodul **REDIR.VLM** in den konventionellen Speicher oder die UMA geladen wird. Dabei bedeutet konventioneller Speicher Performancegewinn. Voreinstellung: *off*.

◆ **LOCAL PRINTERS=Anzahl:** Mit dieser Einstellung kann die vom BIOS stammende maximale Anzahl angeschlossener Drucker überschrieben werden. Das BIOS genehmigt für jeden parallelen Port genau einen Drucker. Wertebereich: *0 – 9*; Voreinstellung: *3*.

◆ **LOCK DELAY=Ticks:** Bestimmt die Zeit, die der NetWare-DOS-Requester auf einen Dateizugriff wartet. Versuchen viele Anwender gleichzeitig auf ein und dieselbe Datei zuzugreifen, sollte dieser Wert erhöht werden. Dabei ist auch die Einstellung von *LOCK RETRIES* zu beachten. Wertebereich: *0 – 255*. Voreinstellung: *1*.

◆ **LOCK RETRIES=Anzahl:** Gibt an, wie oft der NetWare-DOS-Requester einen Dateizugriff versucht. Wertebereich: *0 – 255*. Voreinstellung: *1*.

◆ **LONG MACHINE TYPE="Name":** Der hier eingegebene Wert kann im Login Script über die Variable *% MACHINE* ausgewertet werden. Das ist bei der Verwendung von »Remote Boot PC's« notwendig (→ 2.5). Wertebereich: 6 Zeichen. Voreinstellung: *IBM-PC*.

◆ **MAX TASKS=Anzahl:** Bestimmt die maximale Anzahl gleichzeitig bearbeitbarer Anwendungen in einer Multitasking-Umgebung. Wertebereich: *5 – 254*. Voreinstellung: *31*.

◆ **MESSAGE LEVEL=0-4:** Gibt an, in welchem Umfang Display-Meldungen beim Laden der VLM-Module ausgegeben werden. Voreinstellung: *1*.

0 = Zeigt nur das Copyright und kritische Fehler an.

1 = Zeigt auch Warnungen an.

2 = Zeigt auch die Namen der VLM-Module an.

3 = Zeigt auch die Parameter der Konfigurationsdatei an.

4 = Zeigt auch Diagnosemeldungen an.

◆ **MESSAGE TIMEOUT=Ticks:** Dieser Parameter legt fest, wie lange eine Netzwerkmeldung ansteht, ohne daß sie der Benutzer vorher löscht. Wertebereich: *0* (wartet auf Benutzereingabe) – *10000*. Voreinstellung: *0*.

◆ **MINIMUM TIME TO NET=Millisekunden:** Überschreibt den time-to-net Wert, der durch den lokalen Router während der Verbindung festgelegt wird. Dieser Wert sollte erhöht werden, wenn der verbundene Server vom Typ NetWare 3 oder früher ist und kein Packet Burst unterstützt, oder wenn die Transferrate kleiner als 2400 Baud ist. Wertebereich *1 – 65535*. Voreinstellung: *0*.

◆ **NAME CONTEXT="Kontext":** Mit diesem Parameter kann man die aktuelle Position im NDS-Baum festlegen. Wertebereich: 256 Zeichen. Voreinstellung: NDS-Hauptverzeichnis.

◆ **NETWARE PROTOCOL=Protokolliste:** Hier kann die Reihenfolge festgelegt werden, in der die unterschiedlichen NetWare-Protokolle angewendet werden. (NDS NetWare 4.x, BIND NetWare 3.x, PNW Personal NetWare). Voreinstellung: ***NDS BIND PNW***. Soll beispielsweise das Einloggen auf einem Personal NetWare-Server beschleunigt werden, muß die Reihenfolge so aussehen:

```
netware dos requester
   netware protocol=pnw nds bind
```

◆ **NETWORK PRINTERS=Anzahl:** Bestimmt die Anzahl der Netzwerkdrucker, die mit dem Befehl **CAPTURE** durch Umleitung der LPT1 – LPT9 Ports verwendet werden können. Bei Angabe von *o* wird das Modul **PRINT.VLM** nicht geladen. Wertebereich: *o – 9*. Voreinstellung: *3*. Werden mehr als 3 Ports verwendet, muß für MS Windows in der *WIN.INI* jeder Port im Abschnitt [port] eingetragen werden.

```
[port]
LPT1:=
LPT2:=
LPT3:=
LPT4:=
LPT5:=
. . .
```

◆ **PB BUFFERS=Anzahl:** Bestimmt die Anzahl der Puffer, die bei *Packet Burst* Übertragung verwendet werden. Einstellung 0 verhindert Packet Burst. Wertebereich: *o – 10*. Voreinstellung: *3*.

◆ **PBURST READ WINDOW SIZE=Größe:** Gibt die Größe in Bytes für das Packet Burst Empfangsfenster für MS Windows an. Das Verändern der Voreinstellung auf einem Arbeitsplatz, der Pakket Burst nicht unterstützt, kann zu Netzwerkfehlern führen. Wertebereich: *3 – 128*. Voreinstellung: *16*.

◆ **PBURST WRITE WINDOW SIZE=Größe:** Gibt die Größe in Bytes für das Packet Burst Sendefenster für MS Windows an. Das Verändern der Voreinstellung auf einem Arbeitsplatz, der Pakket Burst nicht unterstützt, kann zu Netzwerkfehlern führen. Wertebereich: *3 – 128*. Voreinstellung: *10*.

◆ **PREFERRED SERVER="Server Name":** Mit diesem Parameter kann der Fileserver angegeben werden, mit dem zuerst eine Verbindung aufgebaut wird. Ist dies nicht möglich wird der Versuch bei einem beliebigen anderen Server unternommen. Diese Option ist für Bindery Services von NetWare 3.x zuständig (→ auch *PREFERRED TREE*).

◆ **PREFERRED TREE="Baumname":** Sind in einem 4.x Netzwerk mehrere NDS-Bäume vorhanden, kann mit diesem Parameter der bevorzugte Baum angegeben werden. Bei Angabe von

PREFERRED TREE und *PREFERRED SERVER* wird die Verbindung zu dem Dienst hergestellt, der zuerst antwortet.

◆ **PRINT BUFFER SIZE=Größe:** Bestimmt die Größe des Druckpuffers in Bytes. Wertebereich: *0 – 256*. Voreinstellung: *64*.

◆ **PRINT HEADER=Größe:** Gibt die Größe für die Initialisierungs-Sequenz an, die vor jedem Druckauftrag an den Drucker geschickt wird. Wertebereich: *0 – 1024* Bytes. Voreinstellung: *64*.

◆ **PRINT TAIL=Größe:** Reserviert Speicher für die Sequenz, die nach jedem Druckauftrag an den Drucker geschickt wird, um ihn zurückzusetzen. Wertebereich: *0 – 1024* Bytes. Voreinstellung: *16*.

◆ **READ ONLY COMPATIBILITY=[on | off]:** Dieser Parameter ermöglicht die Kompatibilität zu NetWare-Versionen vor 2.1. In diesen Versionen war es möglich, eine schreibgeschützte Datei mit einem Schreib-/Lese-Zugriff zu öffnen, obwohl jeder Schreibzugriff einen Fehler produzierte. Voreinstellung: *off*.

◆ **SEARCH MODE=0-7:** Mit diesem Parameter kann angegeben werden, wie der NetWare-DOS-Requester nach einer ausführbaren Datei sucht. Voreinstellung: *1*.

0: Es werden die voreingestellten Suchlaufwerke verwendet.

1: Ist in der Dateiangabe ein Pfad enthalten wird in diesem Pfad gesucht. Ansonsten nur in den Suchpfaden.

2: Es wird nur das aktuelle oder das angegebene Verzeichnis durchsucht.

3: Ist ein Pfad angegeben, wird nur das aktuelle Verzeichnis durchsucht. Wenn nicht, und das Programm schreibgeschützte Dateien öffnet, wird erst das aktuelle und dann die Suchverzeichnisse abgearbeitet.

4: Reserviert.

5: Es werden, unabhängig von einer Pfadangabe, das aktuelle Verzeichnis und die Suchpfade durchsucht.

6: Reserviert.

7: Öffnet das Programm schreibgeschützte Dateien, werden das aktuelle Verzeichnis und die Suchpfade durchsucht. Und zwar unabhängig von einer etwaigen Pfadangabe.

NET.CFG Einstellungen

◆ **SET STATION TIME=[on | off]:** Ist dieser Schalter gesetzt, wird die Uhrzeit der Arbeitsstation mit der desjenigen Servers synchronisiert, zu dem die erste Verbindung hergestellt wird. Voreinstellung: *on*.

◆ **SHORT MACHINE TYPE="Name":** Vergleichbar mit *LONG MACHINE TYP*. Kann über die Variable *%SMACHINE* im Anmeldeskript ausgewertet werden. Name kann maximal 4 Zeichen lang sein. Voreinstellung: *IBM*.

◆ **SHOW DOTS=[on | off]:** Ermöglicht die Anzeige von übergeordneten Verzeichnissen mit . oder .., wie es beispielsweise der Dateimanager von MS Windows verwendet. Voreinstellung: *on*.

◆ **SIGNATUR LEVEL=0-3:** Legt den Sicherheitslevel für das Signaturverfahren bei der Paketübertragung fest. Ist der Wert *0*, funktioniert *AUTO RECONNECT* nicht.

   0: kein Signaturverfahren. *SECURITY.VLM* wird nicht geladen.
   1: Signatur verwendet, aber nicht bevorzugt.
   2: Signatur bevorzugt.
   3: Signatur zwingend erforderlich.
   Voreinstellung: *1*.

◆ **TRUE COMMIT=[on | off]:** Schaltet ein zusätzliches Datensicherungsverfahren ein. Sollte verwendet werden, wenn kritische Daten übertragen werden. Voreinstellung: *off*.

◆ **USE DEFAULTS=[on | off]:** Mit diesem Schalter kann das standardmäßige laden von VLM-Modulen unterbunden werden. Die VLMs können dann mit *VLM=* geladen werden. Vorsicht: ist dieser Schalter auf *on* und wird versucht ein Standard-VLM erneut zu laden, wird ein Fehler produziert. Voreinstellung: *on*.

◆ **VLM=Datei:** Mit diesem Parametereintrag können VLM-Module von Hand geladen werden. Es empfiehlt sich vorher den Schalter *USE DEFAULTS* auf *off* zu stellen. Danach müssen dann alle benötigten Standard VLMs und zusätzliche VLMs eingetragen werden. *Datei* muß den kompletten Pfad und die Erweiterung *.VLM* enthalten.

◆ **WORKGROUP NET=Netzadresse** der Workgroup: Dieser Parameter sollte nur bei der Verwendung von Personal NetWare eingesetzt werden. Man kann hier die Netzwerkadresse der Arbeitsgruppe angeben mit der man Verbindung aufnehmen will. Das sichert die Verbindung zu Arbeitsgruppen, die in einem anderen Netzsegment liegen.

■ **PROTOCOL Protokollname**
Für jedes unterstützte Protokoll ist ein eigener Abschnitt anzulegen. Dieser wird dann von den jeweiligen Protokolltreibern ausgewertet. Im Falle von NetWare ist das **IPXODI.COM** und die Protokollnamen sind *IPX* und *SPX*. In diesem Abschnitt werden deshalb nur die Parameter von *PROTOCOL IPX* und *PROTOCOL SPX* beschrieben. Ein Beispiel für ein anderes Protokoll wäre z. B. *TCPIP*.

■ **PROTOCOL IPX**
◆ *BIND Kartentreiber [#Nummer]*: Normalerweise bindet sich **IPXODI** an den ersten logischen Kartentreiber, der im PC gefunden wird. Mit diesem Parameter kann explizit angegeben werden, an welche logische Netzwerkadapter sich **IPXODI** anbinden soll. Die Nummer des logischen Kartentreibers wird bei dessen Start ausgegeben.

Beispiel:
```
protocol ipx
    bind ne2000 #1 #2
```

◆ **INT64 [on I off]**: Dieser Schalter ermöglicht es Anwendungen, auf die IPX-Dienste über den *Interrupt 64* zuzugreifen. Der Parameter wird zur Kompatibilität mit älteren NetWare-Versionen verwendet. Voreinstellung: *on*.

◆ **INT7a [on I off]**: Dieser Schalter ermöglicht es Anwendungen, auf die IPX-Dienste über den *Interrupt 7a* zuzugreifen. Der Parameter wird zur Kompatibilität mit älteren NetWare-Versionen verwendet. Voreinstellung: *on*.

◆ **IPATCH Offset Wert**: Mit diesem Parameter ist es möglich ein beliebiges Byte von **IPXODI.COM** zu verändern. Dabei ist *Offset* der Offset zum Programmanfang im Arbeitsspeicher und *Wert* das gewünschte neue Byte.

◆ **IPX PACKET SIZE LIMIT Größe**: Verkleinert die maximal mögliche Paketgröße. Diese ist abhängig vom verwendeten Netzwerkadapter und kann bis zu 16 Kbyte groß sein. Der dafür benötigte Speicher fehlt dann jedoch anderen Anwendungen und kann aus diesem Grund reduziert werden. Dieser Parameter wird noch nicht von allen Netzwerkadaptern unterstützt. Voreinstellung (in Bytes): abhängig vom Netzadapter.

◆ **IPX RETRY COUNT Anzahl:** Dieser Wert legt fest, wie oft ein verlorengegangenes Paket wiederholt wird, bevor ein Fehler erkannt wird. Der Wert sollte erhöht werden, wenn im Netz viele Pakete verlorengehen. Voreinstellung: *20*.

◆ **IPX SOCKETS Anzahl:** Bestimmt die Anzahl gleichzeitig geöffneter IPX Socket Dienste. Voreinstellung: *20*.

■ **PROTOCOL SPX**

◆ **MINIMUM SPX RETRIES Anzahl:** Dieser Wert bestimmt die minimale Anzahl von Anfragen, bevor ein Verbindungsfehler erkannt wird. Anwendungen, die SPX-Dienste benutzen, können diesen Wert erhöhen, aber nicht verkleinern. Wertebereich: *0–255*. Voreinstellung: *20*.

◆ **SPX ABORT TIMEOUT Ticks:** Gibt die Zeitspanne an, die **SPX** nach einer Anfrage ohne Antwort wartet, bevor es die Verbindung abbricht. Voreinstellung: *540*.

◆ **SPX CONNECTIONS Anzahl:** Gibt die maximale Anzahl von gleichzeitig bestehenden SPX-Verbindungen an. Sollte erhöht werden, wenn auf der Workstation **PSERVER** oder **RPRINTER** läuft. Voreinstellung: *15*.

◆ **SPX LISTEN TIMEOUT Ticks:** Empfängt das SPX-Protokoll für eine gewisse Zeit keine Pakete von der Gegenseite, sendet es ein Telegramm ab, das nachfragt, ob die Verbindung noch besteht. Dies wird solange wiederholt, bis entweder eine Verbindung zustande kommt, oder die hier eingestellte Zeit abgelaufen ist. Voreinstellung: *108*.

◆ **SPX VERIFY TIMEOUT:** Dieser Wert gibt an, in welchen Zeitabständen **SPX** bei der Gegenseite anfragt, ob eine Verbindung noch besteht. Voreinstellung: *54*.

2.5 Remote Boot

Unter dem Begriff »Remote Boot« versteht man die Möglichkeit, Arbeitsplatzstationen, die weder Festplatten- noch Diskettenlaufwerke besitzen, in das Novell-Netzwerk zu integrieren.

Die Vorteile dieses Vorgehens bestehen zum einen in einer gewissen Kostenersparnis, zum anderen in einer höheren Datensicherheit. Diese wird dadurch erreicht, daß die Anmeldeprozeduren von NetWare zum Start der Arbeitsstation erforderlich sind. Auch kann kein Anwender eigenmächtig Daten und Programme von Diskette einlesen und so, wenn auch ungewollt, Computerviren verbreiten. Auch bei vorhandener Festplatte bietet der Remote Boot den Vorteil, daß der Anwender seine Netzwerkeinstellungen nicht selbständig verändern kann.

»Remote Boot« funktioniert über ein PROM auf der Netzwerkkarte. In diesem Speicherbaustein befindet sich ein Programm, daß eine Verbindung zum Fileserver herstellt. Die Netzwerktreiber sind in diesem PROM nicht enthalten. Das Programm holt sich diese Dateien vielmehr aus einer sogenannten »Boot-Image-Datei«. Diese Datei ist das Abbild einer Startdiskette.

2.5.1 Hardwareinstallation

Die meisten Netzwerkkarten besitzen die Möglichkeit ein Boot-PROM darauf zu installieren, das in der Regel allerdings nicht im Lieferumfang enthalten ist und separat bestellt werden muß.

In der Bedienungsanleitung der Karte finden sich die Jumper-Einstellungen, die nötig sind um das Boot-PROM zu aktivieren und die gewünschte Speichergröße und Anfangsadresse zu wählen. Manche Karten besitzen die Möglichkeit diese Einstellungen über Software vorzunehmen. Existiert in der Arbeitsstation kein Laufwerk, nutzt das allerdings wenig.

Beim Einsetzen des Boot-PROMS ist auf die richtige Polarität zu achten, da es ansonsten zerstört werden kann.

2.5.2 Boot Image Datei

Die »Boot Image Datei« ist das Abbild einer Startdiskette.

- Auf einer Arbeitsstation mit Diskettenlaufwerk erzeugt man eine bootfähige Diskette mit *CONFIG.SYS*, *AUTOEXEC.BAT* und allen zum Netzwerkbetrieb nötigen Treibern.
- Mit Hilfe des Programms **DOSGEN** kann man nun aus dieser Diskette eine Boot Image Datei erzeugen.
  Syntax: **DOSGEN Laufwerk [Pfad:\]Dateiname**
  Beispiel: **DOSGEN B: F:\LOGIN\BOOT1.SYS**
- Die Voreinstellung ist *A*: für die Quell-Laufwerksbezeichnung und *NET$DOS.SYS* für den Dateinamen. Kommen im Netz unterschiedliche Konfigurationen vor, müssen jedoch unterschiedliche Namen für die Boot Image Dateien erzeugt werden.
- **DOSGEN** liegt im Verzeichnis *SYS:SYSTEM* und erzeugt die Boot Image Datei ohne besondere Pfadangabe im aktuellen Verzeichnis. Man muß sich daher beim Aufruf im Verzeichnis *SYS:LOGIN* befinden, da das Boot-PROM die Boot Image Datei dort sucht. Es muß also eine Suchpfadangabe für *SYS:SYSTEM* existieren.
- Bei Verwendung von DOS ab Version 5.0 ist es nötig, die Boot Image Datei anzupassen (zu patchen). Diese Aufgabe übernimmt das Programm **RPLFIX.COM**.
  Aufruf: **PLFIX.COM Dateiname**

2.5.3 Unterschiedliche Konfigurationen

Kommen im Netz Arbeitsplätze mit unterschiedlichen Konfigurationen vor (Eintragungen in der *CONFIG.SYS* etc.), so sind einige Vorkehrungen zu treffen.

- Für jede Konfiguration wird eine eigene Boot Image Datei benötigt. Das erreicht man durch die Angabe eines Dateinamens beim Aufruf von DOSGEN, oder durch nachträgliches Umbenennen der Datei *NET$DOS.SYS*.
- Die Zuordnung, welches Boot-PROM auf welche Boot Image Datei zugreift erfolgt in der Datei *BOOTCONF.SYS* durch die Eintragung:
  `0xNetzwerkadresse;0xKnotenadresse=Abbilddatei`

Beispiel:
```
0x2;0x0123affe4567=BOOT1.SYS
0x2;0x0123abba4567=BOOT2.SYS
...
```

- Bei der Knotenadresse können die Platzhalter *?* und *** analog zu DOS verwendet werden.
- Gibt man bei der Abbilddatei mehrere, durch Leerzeichen getrennte Dateien an, wird der Benutzer beim Start gefragt, welche verwendet werden soll.

2.5.4 Unterbrechungsfreies Booten

Nach dem Aufruf des NetWare-DOS-Requesters oder NetWare-Shell verliert die Remote Boot Arbeitsstation die Verbindung zum virtuellen Laufwerk A:.

- Damit *AUTOEXEC.BAT* oder *STARTNET.BAT* vollständig durchlaufen, ist es nötig, die jeweilige Batchdatei in das Verzeichnis *SYS:LOGIN* zu kopieren. Zusätzlich muß der Anwender unmittelbar nach dem Aufruf des Requesters in das Login-Verzeichnis gestellt werden. DOS bemerkt den Unterschied nicht, solange beide Dateien von der aktuellen Zeile an identisch sind.
- Existieren mehrere Konfigurationen, können natürlich nicht mehrere unterschiedliche *AUTOEXC.BAT*-Dateien im Login-Verzeichnis existieren. Deshalb muß in der *AUTOEXEC.BAT* der jeweiligen Abbilddateien der Aufruf einer anderen Batchdatei erfolgen. Diese können dann unterschiedliche Namen besitzen und müssen ebenfalls in das Login-Verzeichnis kopiert werden.
- Es ist wichtig, daß Boot Image Dateien, die von mehreren Arbeitsstationen verwendet werden, das Dateiattribut *shareable* besitzen. Schaltet sonst ein Anwender seinen Rechner vor dem Login ab, bleibt die Datei geöffnet und andere Anwender können sich nicht mehr im Netz anmelden. Die Datei *BOOTCONF.SYS* muß ebenfalls *shareable* gesetzt werden.

2.5.5 Servereinstellungen

Auch auf dem Fileserver müssen einige Einstellungen vorgenommen werden, damit das Starten von Arbeitsstationen über *Remote Boot* funktioniert.

■ Das Modul **RPL.NLM** muß auf dem Fileserver geladen werden und mit der entsprechenden Netzwerkkarte verbunden werden.
```
load ne2000 int=5 Port=320 frame=ethernet.802.2
load rpl
bind ipx to ne2000
bind rpl to ne2000
```
■ Sind mehrere Server im Netzwerk vorhanden, ist nicht eindeutig festgelegt, mit welchem die Arbeitsstation nach dem Einschalten Verbindung aufnimmt. Das hängt davon ab, welcher Server zuerst antwortet. Eine Möglichkeit dieses Problem zu beseitigen, besteht darin, die Boot Image Dateien auf allen Servern einzurichten. Mit der Einstellung *preferred server* in der **NET.CFG** schaltet der NetWare-DOS-Requester dann zum gewünschten Server um. Eine andere Möglichkeit ist, nur einem Server zu erlauben, auf Verbindungsanfragen zum nächstbesten Server zu reagieren. Das geht mit dem SET-Parameter *Reply To Get Nearest Server*. Dieser Schalter muß auf allen Servern, außer dem mit den Boot Image Dateien, auf *off* gestellt werden.

2.6 Anmelden unter DOS und Windows

Das Anmelden unter NetWare 4.x ist gegenüber früheren NetWare-Versionen wesentlich komfortabler geworden. Mußte man sich früher an jedem gewünschten Server einzeln anmelden, so meldet man sich jetzt am Netzwerk an. Dies wird durch die NetWare Directory Services, kurz NDS, ermöglicht.

Die NDS ist eine objektorientierte Datenbank, die alle Anwender und Ressourcen hierarchisch verwaltet. Diese Datenbank kann auf mehrere Server verteilt abgelegt sein und in Kopien vorliegen, so daß der Ausfall eines Servers nicht automatisch zum Erliegen des Gesamtnetzes führt.

2.6.1 Der Kontext

Unter dem Kontext versteht man die Position in der NDS-Datenbank. Die NDS weist eine Baumstruktur auf. Jeder Benutzer hat einen festen Kontext in dieser Struktur. Dieser wird auch Namenskontext genannt.

Das Anmeldeprogramm muß also wissen, wo sich das Benutzerobjekt befindet. Ansonsten beginnt es beim Root zu suchen und muß alle Organisationen und Organisationseinheiten durchkämmen, bis es das richtige Objekt gefunden hat. Das kann bei großen Netzen lange dauern. Außerdem kann es bei gleichen Anwendernamen zu Verwechslungen kommen.

Dazu übergibt man dem Loginprogramm die Kontextbezeichnung mit folgender Syntax:

Anwendername.Organisationseinheit.Organisation.Land

Bei kleinen Netzen können Organisationseinheit und Land wegfallen. Eine zweite Möglichkeit den Kontext mitzuteilen, ist eine Einstellung in der *NET.CFG*. Unter der Option **NetWare DOS Requester** kann man mit dem Parameter **name context="Kontextname"** den entsprechenden Kontext festlegen.

2.6.2 Anmelden unter DOS

Nach dem Starten des NetWare-DOS-Requesters muß man auf das erste Netzwerkverzeichnis wechseln. (Wird in der *NET.CFG* angegeben).

■ Zum Anmelden an einen Server mit einer Bindery-Emulation oder einem NetWare-2.x- oder 3.x-Server gibt man folgendes an: **login Servername\Benutzername /b**. Der Schalter */b* teilt dem Anmeldeprogramm mit, daß man sich in einer Bindery anmelden möchte. Danach wird, falls vorhanden, ein Paßwort angefordert. Ist in der *NET.CFG* der *preferred server* angegeben, muß er beim Login nicht extra angegeben werden.

■ Der Aufruf des Logins zum Anmelden an ein NetWare-4.x-Programm sieht folgendermaßen aus: **login Servername\Kontextbezeichnung**. Will man sich an keinen bestimmten Server anmelden, kann man den Servernamen weglassen. Ist in der *NET.CFG* der Namenskontext festgelegt worden, genügt die Angabe des Anwendernamens. Gibt man nur **login** ein, fordert das Programm den Anwendernamen an. In allen Fällen muß dann, falls eingerichtet, noch ein Paßwort eingegeben werden.

■ Laufwerkszuweisungen und Suchpfade werden im Anmeldeskript oder von der Kommandozeile mit Hilfe des Befehls **map** festgelegt. Mehrere map Befehle können natürlich auch über eine Batchdatei ausgeführt werden.

■ Mit **map /?** erhält man einen Hilfebildschirm mit der genauen Syntax und Beispielen für den map Befehl.

2.6.3 Anmelden unter Windows

Hat man bei der Client Installation in der Abfrage, ob Windows Unterstützung installiert werden soll, ja angegeben, wird die Programmgruppe *NetWare Tools* erzeugt. Darin findet man das Programm **NWUSER** unter der Bezeichnung *NetWare User Tools*. Dieses Programm ermöglicht es, komfortabel die Anwenderzugriffe auf das Netz zu konfigurieren. Es wird auch dann gestartet, wenn ein Anwender über den Dateimanager eine Laufwerkszuweisung machen möchte oder einen Netzwerkdrucker verbinden möchte.

Am oberen Rand des Fensters befindet sich eine Symbolleiste, die im folgenden erklärt wird.

■ Das rechte Fragezeichensymbol ruft eine Hilfefunktion auf. Die angebotene Hilfestellung bezieht sich dabei immer auf das zuvor durch Anklicken gewählte Dienstprogramm.

■ Durch Anklicken des linken Symbols (*Tür*) wird das Programm verlassen.

■ Die zweite Schaltfläche (*Laufwerkssymbole*) ermöglicht Laufwerkszuordnungen. Das entspricht einem **MAP ROOT**. Diese Zuordnungen können dauerhaft gesetzt werden. Das heißt, sie werden beim nächsten Windows Start wieder aktiviert.

■ Mit dem nächsten Symbol (*Drucker*) kann man Druckumleitungen auf Netzwerkdrucker konfigurieren.

■ Über die nächste Schaltfläche (*Server*-Symbol) kann man sich Informationen über die verbundenen Fileserver holen. Man kann jedoch auch sein Paßwort ändern und auf die Netzwerkressourcen zugreifen.

■ Das Symbol mit dem *Notizblatt* ermöglicht es, Nachrichten an andere Anwender oder Benutzergruppen zu versenden.

■ Die nächste Schaltfläche (*Schlüssel* etc.) führt zu Einstellungen für den Betrieb von NetWare 4.1 unter Windows. Es kann ausgewählt werden, ob die gemachten Laufwerks- und Druckerzuordnungen beim nächsten Windows Start wieder hergestellt werden sollen. Ohne diese Einstellung sind die zuvor gewählten permanenten Zuordnungen hinfällig. Außerdem können Angaben zum Nachrichtenempfang und der Ressourcendarstellung getroffen werden. Desweiteren können die Druckmanager-Anzeigeoptionen verändert werden. Es kann auch ein Hotkey für den Aufruf von **NWUSER** definiert werden. Wichtig ist schließlich noch die Möglichkeit festzulegen, ob Zuordnungen global, d.h. für DOS und Windows gültig sein sollen, oder ob für jede DOS-Box eigene Zuordnungen existieren sollen.

■ Mit den beiden nächsten Schaltflächen *1, 2* kann man eigene Anwendungen in die NWUSER-Oberfläche einbinden.

3 NDS

3.1 Einführung in die NDS

Wurden in einem NetWare-3.1x-Netzwerk Ressourcen immer lokal auf den jeweiligen Servern innerhalb der Bindery definiert, so stellen die NetWare Directory Services unter NetWare 4.x eine netzwerkweite, zentrale Verwaltung aller Ressourcen zur Verfügung. Zum einen sind die Informationen über die innerhalb des Netzwerks zur Verfügung stehenden Ressourcen nicht mehr nur auf einen Punkt beschränkt, sondern auf mehrere Server verteilt. Zum anderen sind diese Informationen netzwerkweit, also serverübergreifend gültig. Neben einer größeren Ausfallsicherheit bringt dies auch eine Vereinfachung der Verwaltung mit sich, da Ressourcen, wie z. B. User Accounts, nicht mehr lokal auf jedem Server eingerichtet werden müssen, sondern nur noch einmal zentral eingerichtet werden. Ein weiterer Vorzug liegt in der Adressierung der NDS: Durch die Trennung von Objektnamen und physikalischer Ressource, die mit diesem Namen verbunden ist, wird das Verschieben oder Auswechseln physikalischer Ressourcen wesentlich vereinfacht, da z. B. Anmeldeskripten oder Datenträgernamen in so einem Fall nicht geändert werden müssen.

3.2 Aufbau der NDS

3.2.1 NDS-Struktur

Die NDS-Struktur entspricht von ihrer Logik her einem hierarchischen Baum. Ausgehend von einem Stamm (dem **Root-Objekt**), gehen verschiedene Äste (Organisationseinheiten) aus, an denen als kleinste Bestandteile sogenannte »Blätter« hängen. In der NDS-Terminologie spricht man bei diesen Objekten von Behälter- oder Containerobjekten und Leaf- oder Blattobjekten.

Das Äquivalent zum Stamm eines Baums ist in der NDS das Root-Objekt, das bei der Installation von NetWare 4.1 automatisch generiert wird, und den Namen des NDS-Baums besitzt. Es definiert den Ursprung eines sogenannten NDS-Baums, an dem andere Behälterobjekte (Äste) befestigt sind, die wiederum Blattobjekte enthalten.

■ Für **NDS-Bäume** gilt:

♦ Ein NDS-Baum kann immer nur einen einzigen Stamm besitzen, der Root genannt wird.

♦ Der Zweig eines NDS-Baums besteht aus einem Behälterobjekt und allen darunterliegenden Objekten.

♦ Ein NDS-Baum ist in seiner Ausdehnung nicht beschränkt.

■ Für das **Root-Objekt** gilt:

♦ Das Root-Objekt kann pro Baum nur einmal existieren.

♦ Das Objekt [ROOT] kann nicht verschoben, gelöscht oder umbenannt werden.

♦ Das Objekt [Root] kann nur die Objekte Land, Organisation und Alias enthalten.

Behälterobjekte

Bei einem NDS-Behälterobjekt (Containerobjekt) handelt es sich um ein Objekt, das weitere Objekte beinhalten kann. Bei einem Behälterobjekt handelt es sich lediglich um ein logisches Objekt innerhalb des NDS-Baums, das jedoch keiner physikalischen Ressource entspricht. Behälterobjekte dienen also

■ zur Organisation der NDS-Datenbank,

- zur logischen Gruppierung von Objekten,
- zur Zuweisung von gemeinsamen Rechten für alle Teilnehmer innerhalb dieser Gruppe.

Blattobjekte

Blattobjekte sind die kleinsten Einheiten innerhalb des NDS-Baums und definieren physische Einheiten, also z. B. Drucker oder Datenträger. Blattobjekte
- sind Endpunkte innerhalb des NDS-Baums
- können keine weiteren Objekte aufnehmen
- können nur innerhalb eines Behälterobjekts existieren
- können nicht innerhalb des Behälterobjekts Root existieren

3.2.2 Objektbenennung

Für Objektnamen gelten folgende Konventionen:
- max. 64 Zeichen.
- Können alle alphanumerischen Zeichen, Leerzeichen, Bindestriche, Unterstriche und Klammern enthalten.
- Falls Leerzeichen enthalten sind, muß der Objektname in " " eingeschlossen werden, damit die Objektnamen in Anmeldeskripten und anderen Namen eindeutig identifiziert werden können.
- Die Namen dürfen keine eckigen Klammern sowie %-Zeichen enthalten.
- Objektnamen müssen innerhalb des Behälters, in dem sie sich befinden, einmalig sein. Dabei spielt es keine Rolle, ob die Objekte von einem anderen Typ sind.
- Die Objektnamen sind unabhängig von Groß- und Kleinschreibung, werden jedoch in der Art und Weise angezeigt, wie sie eingegeben wurden.
- Nur Blattobjekte können umbenannt werden.

3.2.3 Klassifizierung von Behälterobjekten

NDS unterscheidet 3 Arten von Behälterobjekten:
- ◆ Land-(Country-)Objekt
- ◆ Organisationsobjekt
- ◆ Organisationseinheitsobjekt

Das Behälterobjekt Root

Das Behälterobjekt Root ist ein spezielles Behälterobjekt, in dem alle anderen Behälterobjekte aufgeführt werden. Das Root-Objekt selber kann keine Blattobjekte aufnehmen und nur Objekte des Typs **Land**, **Alias** und **Organisation** beinhalten.

Das Behälterobjekt Land

Das Objekt Land ist in der X.500 Spezifikation definiert und nur aus diesem Grunde in der NDS-Struktur vorhanden. Für das Objekt Land gelten folgende Regeln:

- Land-Objekte können nur direkt unterhalb des Root-Objekts angesiedelt sein.
- Das Objekt Land kann nur Organisationsobjekte oder Aliasobjekte enthalten
- Der Name des Objekts Land darf aus maximal 2 Zeichen bestehen.
- Es können im Prinzip beliebige Zeichen verwendet werden, es wird jedoch empfohlen, daß der Name den CCITT Empfehlungen für Länderkürzel entspricht (DE = Deutschland, UK = United Kingdom usw.).

Das Objekt Organisation

Das Organisationsobjekt stellt die oberste Einheit innerhalb eines Verzeichnisbaums dar und repräsentiert z. B. den Namen der Unternehmung.

- Innerhalb eines Verzeichnisbaums muß mindestens ein Organisationsobjekt definiert sein, welches entweder direkt unter dem Root-Objekt oder aber unter dem Land-Objekt aufgehängt ist.
- Das Organisationsobjekt kann sowohl Behälter-, wie auch Blattobjekte aufnehmen, jedoch keine weiteren Organisationsobjekte.

Das Objekt Organisationseinheit

Das Objekt Organisationseinheit dient der Unterteilung des NDS-Baums in logische Einheiten und entspricht, wie der Name schon sagt, der Abteilung eines Unternehmens.

Ein Objekt vom Typ Organisationseinheit kann Blatt-, Alias- und andere Organisationseinheitsobjekte aufnehmen, jedoch keine Objekte vom Typ Organisation oder Land.

Attributtypen

Die X.500 Spezifikation sieht vor, daß jedes Namensobjekt einen Qualifier zugewiesen bekommt, aus dem die Art des Objekts hervorgeht. Diese Qualifier werden Attribute genannt.

Bei diesen Attributen wird unterschieden, ob es sich bei den Objekten um Behälterobjekte oder aber um Blattobjekte handelt.

Für NDS-Objekte sind in dieser Konvention folgende Attribute vorgesehen:

Objektklasse	Attribut	Beispiel
Root-Objekt	-	-
Land Objekt	C	C=DE
Organisation	O	O=BCM
Organisationseinheit	OU	OU=SALES
Blattobjekte	CN	CN=NW4C_SYS

Auf die Bedeutung der Attribute wird im Rahmen der Adressierung noch näher eingegangen.

3.2.4 Blattobjekttypen

Im Gegensatz zu Behälterobjekten, die lediglich logische Zusammenhänge darstellen, repräsentieren die Blattobjekte physikalische Ressourcen innerhalb des Netzwerks.

Um Objekte nach bestimmten Eigenschaften definieren zu können, sind innerhalb der NDS bestimmte Objektklassen definiert. Eine Objektklasse ist dadurch gekennzeichnet, daß alle Objekte dieser Klasse bestimmte Eigenschaften besitzen, die einzelnen Klassen untereinander jedoch nicht kompatibel sind.

NDS kennt folgende Klassen für Blattobjekte:

- ◆ AFP Server
- ◆ Alias

- ◆ Computer
- ◆ Verzeichniszuordnungsobjekte
- ◆ Gruppe
- ◆ NetWare-Server
- ◆ Organisatorische Funktion
- ◆ Druckserver
- ◆ Drucker
- ◆ Drucker-Warteschlange
- ◆ Profil
- ◆ Benutzer
- ◆ Datenträger
- ◆ Bindery-Objekt
- ◆ Bindery-Warteschlange
- ◆ Verteilungsliste
- ◆ Nachrichtenleitweggruppe
- ◆ Externe Einheit
- ◆ Nachrichtenserver
- ◆ Unbekannt

Übersicht: Blattobjekttypen

■ AFP-Serverobjekt
Das AFP-Serverobjekt wird derzeit nur zu Informationszwecken
genutzt, besitzt aber sonst keine besonderen Funktionen innerhalb des NDS.

■ Alias-Objekte
Alias-Objekte dienen der Vereinfachung der Adressierung innerhalb des NDS. Aufgrund der hierarchischen Struktur und der unbegrenzten Anzahl von ineinander verschachtelten Organisati-
onseinheitsobjekten kann es dazu kommen, daß die Adressierung, um ein Objekt zu erreichen, schnell sehr komplex wird. Alias-Objekte dienen dazu, die Pfadangabe innerhalb eines NDS-
Namens zu verkürzen, indem ein Aliasname für ein beliebiges Objekt innerhalb des NDS-Baums definiert wird.

Beispiel: Alias Name:

Thies Aliased, Object: thies.hq.anc

In diesem Fall ist es nach der Definition des Alias nicht mehr erforderlich, sich unter der Benutzerkennung .thies.hq.anc anzumelden, es genügt, sich unter der Kennung Thies ohne Angabe des Kontextes im Netzwerk anzumelden.

Aliase können nur auf Objekte verweisen, die in der NDS-Hierarchie tiefer angesiedelt sind als das Alias-Objekt selbst.

Es muß bei den Aliasen unterschieden werden, in welchem Behälterobjekt der Alias definiert wird:

- ◆ Wird ein Aliasobjekt innerhalb des Organisationsobjekts definiert, kann der Alias lediglich auf ein anderes Objekt innerhalb des gleichen Behälters verweisen oder aber auf eine Organisationseinheit, die in einem untergeordneten Abschnitt des NDS-Baums liegt.

- ◆ Wird ein Aliasobjekt innerhalb eines Organisationseinheitobjekts definiert, kann das Alias auf jedes Objekt innerhalb des gesamten NDS-Baums verweisen.

■ Computer-Objekte

Ein Computer-Objekt dient dazu, alle Computer die keine Server sind, im NDS-Baum darzustellen. Dieses sind z. B. Arbeitsstationen, Router oder andere Geräte, die über eine Netzwerkadresse identifiziert werden.

■ Verzeichniszuordnungsobjekte

Verzeichniszuordnungsobjekte stellen eine Referenz auf ein bestimmtes Datenträgerobjekt dar, entsprechen also einer Aliasfunktion für Verzeichniszuordnungen.

Die wesentliche Anwendung für ein Verzeichniszuordnungsobjekt liegt in den Anmeldeskripten, weil Datenbereiche in andere Bereiche oder auf andere Server verschoben werden können, ohne daß die Anmeldeskripten modifiziert werden müßten.

■ Gruppenobjekte

Das Gruppenobjekt dient der Zusammenfassung mehrerer Benutzer in einer Gruppe, um diese leichter verwalten zu können (Rechtevergabe, Anmeldeskripts).

■ NetWare-Server-Objekt
Stellt einen NetWare-Server dar. Hier handelt es sich um ein Objekt, das die NCP (NetWare Core Protocol)-Services zur Verfügung stellt.

■ Objekt Organisatorische Funktion
Stellt eine Position dar, die bestimmte Aufgaben innerhalb des Netzwerks übernimmt (z. B. Backup, Anlegen von Benutzern). Diese Position kann von jedem Benutzer ausgefüllt werden, dem diese Rolle zugeordnet wurde.

■ Druckserverobjekt
Das Druckserverobjekt repräsentiert die NetWare-Druckdienste, die zur Kontrolle dienen, ob die entsprechenden Drucker in das Netzwerk integriert werden können.

■ Druckerobjekt
Ein Druckerobjekt stellt einen Netzwerkdrucker dar, der an einer beliebigen Stelle im Netzwerk eingebunden sein kann. Unter NetWare 4 werden Druckaufträge normalerweise nicht mehr an eine Queue gesendet, sondern direkt an einen Drucker. Für das Senden von Druckaufträgen an Drucker gelten einige Restriktionen:
◆ Der Benutzer muß als Benutzer aller Druckerwarteschlangen eingetragen sein, die mit dem Druckerobjekt verbunden sind.
◆ Der Benutzer muß Browse-Rechte auf allen dem Drucker zugeordneten Druckerwarteschlangen besitzen.
◆ Es muß eine Standarddruckerwarteschlange für das Objekt festgelegt sein.

■ Druckerwarteschlangenobjekt
Ein Druckerwarteschlangenobjekt ist aus Kompatibilitätsgründen zu NetWare 3 weiter vorhanden. Damit ein Benutzer Aufträge in der Druckerwarteschlange plazieren kann, muß er Schreibrechte auf den entsprechenden Drucker besitzen.

■ Profilobjekt
Das Profilobjekt ist eine Eigenschaft des Benutzerobjekts und wird dann ausgeführt, wenn sich das entsprechende Benutzerobjekt im Netzwerk anmeldet.

Neben diesem Profilobjekt existieren noch andere Anmelde-skripttypen unter NetWare 4, nämlich das Systemanmeldeskript sowie das persönliche Anmeldeskript. Diese Anmeldeskripttypen existieren jedoch als Eigenschaften der Organisationseinheit bzw. des Benutzerobjekts und existieren nicht als eigenständige Objekte. Ein Profilobjekt hingegen existiert als völlig eigenständiges Objekt und kann dadurch auch von Benutzern, die in anderen Organisationseinheiten definiert sind, genutzt werden.

■ Benutzerobjekt

Das Benutzerobjekt repräsentiert einen Benutzer unter NetWare 4. Ist ein Benutzer definiert, kann er auf alle Objekte zugreifen, auf die ihm innerhalb der Verzeichnisstruktur Rechte zugewiesen wurden, der Benutzer ist also nicht mehr auf einen speziellen Ser-ver beschränkt.

Ein besonderes Objekt ist der Benutzer *USER_TEMPLATE* (Benut-zerschablone) innerhalb einer Organisationseinheit. Innerhalb dieses Objekts können Sie bestimmte Standardeigenschaften festlegen, die für jeden Benutzer gelten sollen. Beim Anlegen ei-nes Benutzers können Sie diesen Benutzer als Vorlage verwen-den, wodurch der neuangelegte Benutzer auf jeden Fall all die Rechte und Eigenschaften erhält, die für das Benutzerobjekt *USER_TEMPLATE* definiert wurden.

■ Datenträgerobjekt

Das Datenträgerobjekt repräsentiert einen NetWare-Volume-Na-men innerhalb des Netzwerks. Der Name des Datenträgerobjekts leitet sich bei der Installation aus dem Fileservernamen sowie aus dem Namen eines korrespondieren den physikalischen Volumes ab.

Es ist aber jederzeit möglich, einem Datenträgerobjekt ein ande-res physikalisches Volume zuzuordnen, so daß der Name eines Datenträgerobjekts nicht unbedingt etwas über dessen physikali-sche Lage im Netzwerk aussagt.

■ Binderyobjekt
Ein Binderyobjekt repräsentiert eine Netzwerkressource, die bei der Migration oder einem Upgrade eines NetWare-3-Servers nicht in ein NetWare-4-Objekt umgesetzt werden konnte. Diese Ressourcen können von einem NetWare-4-Server nicht verwaltet werden. Wenn Sie versuchen, sich ein Ressource vom Typ Bindery-Objekt anzuschauen, erhalten Sie eine Fehlermeldung, die besagt, daß auf diese Ressource nicht zugegriffen werden kann.

■ Objekt Bindery Warteschlange
Das Bindery Warteschlangenobjekt dient zur Abbildung einer NetWare-3.x-Druckerwarteschlange unter NetWare 4.x. Wie auch ein Bindery-Objekt, kann auch eine NetWare-3.x-Warteschlange von einem NetWare-4-Server aus nicht modifiziert werden. Änderungen z. B. der Zugriffsrechte auf eine NetWare-3.1x-Warteschlange können Sie auf dem NetWare-Server nicht ermitteln.

■ Unbekannte Objekte
Ein Objekt besitzt dann den Typ eines unbekannten Objekts, wenn ein Objekt z. B. umbenannt wird und Objekte oder Aliasnamen existieren, die mit dem Namen des alten, nicht mehr existierenden Objekts verbunden sind. Unter **NWADMIN** erkennen Sie unbekannte Objekte an dem Fragezeichen *?* vor dem Objektnamen.

3.3 Zum Verständnis des NDS-Kontexts

Wenn man sich innerhalb des NDS-Baums bewegt, bewegt man sich natürlich immer in verschiedenen Ästen des Baums. Die aktuelle Position innerhalb des NDS-Baums, also der Ast, auf dem man sich gerade befindet, wird als der NDS-Kontext bezeichnet.

Für diesen Kontext gilt folgendes:

■ Die Position eines Objekts im NDS-Baum wird durch seinen Kontext bestimmt.

■ Der aktuelle Kontext ist die aktuelle Position einer angeschlossenen Arbeitsstation in einem NDS-Baum.

■ Der Kontext kann niemals als Blattobjekt angegeben werden, sondern nimmt immer Bezug auf den Behälter, in dem das Objekt definiert ist.

3.4 NDS-Werkzeuge CX und NLIST

3.4.1 CX – Wechseln des aktuellen Kontexts

Mit Hilfe des CX-Programms kann der Anwender seinen aktuellen Kontext wechseln.

Ausführung: Aktuellen Kontext wechseln

Aufruf:

CX *<neuer Kontext>* /*Optionen*

Der Kontext kann sowohl relativ wie auch absolut angegeben werden.

Relative Adressierung:

- **CX .:** Eine Verzeichnisebene nach oben wechseln.
- **CX ..:** Eine Verzeichnisebene nach unten wechseln.

Absolute Adressierung:

- **CX .ou=hq.o=anc:** In den Behälter **anc** wechseln.
- **CX .europe.anc.hq:** In den Behälter **Europe** wechseln.

Optionen:

- **(ohne Parameter):** Aktueller Kontext.
- **/R:** Wechseln in den Root Kontext.
- **/T:** Anzeigen der NDS-Strukur relativ zum darunterliegenden Verzeichnis.
- **/T /A:** Anzeigen aller Objekte in den Behältern, die unterhalb der aktuellen Struktur liegen.
- **/C:** Ausgabe ohne Unterbrechung anzeigen.
- **/?:** Hilfebildschirm anzeigen.

3.4.2 NLIST

Mit dem Programm **NLIST** können Informationen über die NDS-Objekte im aktuellen Kontext angezeigt werden.

Ausführung: NLIST aufrufen

> **NLIST** *Klassentyp* [*Eigenschaftssuchoption*] [*Anzeigeoption*]
> [*Basisoption*]

- **Klassentyp** kann jedes Blattobjekt sein, jedoch kein Behälterobjekt (→ 9.2).
- **Eigenschaftssuchoption** definiert eine Eigenschaft, die das gewünschte Objekt erfüllen muß (z. B. *Name = MICHAEL* oder *STADT = MÜNCHEN*). Die Liste der Eigenschaften ergibt sich natürlich aus dem aktuellen Objekt.

Beispiele:

◆ Ausgabe von **NLIST** * ⏎

```
              Aktueller Kontext: anc
Partieller Name          Objektklasse
NWSERVER                 Alias
SERVER                   NetWare Server
hq                       Organisatorische Einheit
Admin                    Benutzer
SERVER_SYS               Datenträger
SERVER_DATA              Datenträger
SERVER_NW410DEMO_A       Datenträger
Insgesamt wurden 7 Objekte in diesem Kontext gefun-
den.
Es wurden insgesamt 7 Objekte gefunden.
```

◆ Ausgabe von **NLIST USER** im *Kontext ANC* ⏎
F:\PUBLIC⋯⟩nlist user

```
Objektklasse: Benutzer
Aktueller Kontext: anc
Benutzername   = Der Name des Benutzers
Dea            = Anmeldung deaktiviert
Anm Vfl        = Das Ablaufdatum für Anmeldungen;
                 0, falls kein Verfalldatum
Pwt            = Ja, falls Paßwort erforderlich
Pwt Vfl        = Das Ablaufdatum des Paßworts;
                 0, falls kein Ablaufdatum
Eind           = Ja, falls eindeutige Paßwörter
                 erforderlich sind
Min            = Die minimale Paßwortlänge;
                 0, falls kein Minimum
Benutzername   Dea   Anm Vfl Pwt Pwt Vfl Eind Min
Admin          Nein 0.00.00 Nein 0.00.00 Nein 0
In diesem Kontext wurde ein Benutzer-Objekt gefun-
den.
Ein Benutzer-Objekt wurde gefunden.
```

◆ **NLIST server = anc:** Ermitteln der Detailinformationen zum Serverobjekt mit dem Namen SERVER.
◆ **nlist server = .o=anc.ou=munic.o=anc:** Ermitteln der Detailinformationen zum aktuellen Objekt Server.
◆ Ermitteln eines Server-Objekts unter Angabe einer bestimmten Eigenschaft:

NLIST *SERVER WHERE NAME EQ SERVER* /D

```
Objektklasse: Server
Aktueller Kontext: Advanced Network Consulting
        Server: SERVER
            Name: SERVER
            Objekt-Trustees (ACL):
                Subjekt: [Public]
                Eigenschaft: Nachrichten-Server
                Eigensch.rechte: [ R ]
            Objekt-Trustees (ACL):
                Subjekt: SERVER
                Eigenschaft: [Objektrechte]
                Eintragsrechte: [  S]
            Objekt-Trustees (ACL):
                Subjekt: Admin
                Eigenschaft: Nachrichten-Server
                Eigensch.rechte: [  S]
            DS Revision: 489
            Standort: München
            Nachrichten-Server: SERVER_MSG
            Netzwerkadresse:
                IPX/SPX-Netzwerkadresse
                Netzwerk: 31107EBD
                Knoten: 1
                Socket: 451
            Objektklasse: NetWare Server
            Objektklasse: Server
            Objektklasse: Spitze
            Revision: 57
            Sicherheit gleicht: SERVER_MSG
            Sicherheit gleicht: MHS_ROUTING_GROUP
            Status: 2
            Version: Novell NetWare 4.10[DS]
In diesem Kontext wurde ein Server-Objekt gefunden.
Ein Server-Objekt wurde gefunden.
```

Eigenschaftsoperatoren bei NLIST

Die Eigenschaftssuchoptionen dienen dazu, das gesuchte Objekt hinsichtlich der Ausprägung einer Eigenschaft einzugrenzen. Als Suchoption kann dabei jede Eigenschaft des Objekts eingesetzt werden. Zusätzlich kann die Eigenschaft durch die sogenannten Eigenschaftsoperatoren weiter eingegrenzt werden, was letztendlich einem Vergleichsoperator entspricht.

Bei der Verwendung von Eigenschaftsoperatoren ist zu berücksichtigen, daß die Operatoren eigenschaftsspezifisch sind. Beispielsweise sind für die Eigenschaft Backlink beim Server-Objekt nur die Operatoren *vorhanden* und *nicht vorhanden* gültige Operatoren, während für die Eigenschaft Name die Operatoren *gleich, ungleich, größer* oder *kleiner* definiert sind. Von Novell sind folgende Eigenschaftsoperatoren definiert:

EQ	: EQUAL	gleich
NE	: NOT EQUAL	ungleich
EXISTS	:	Eigenschaft vorhanden
NOT EXISTS		Eigenschaft nicht vorhanden
LE	: LOWER OR EQUAL	Kleiner oder Gleich
GT	: GREATER	Größer
LT	: Lower Than	Kleiner
GE	: Greater or equal	Größer oder gleich

Eine vollständige Auflistung der Operatoren finden Sie, wenn Sie das Kommando **NLIST** */? R* eingeben.

Beispiele zur Verwendung von Eigenschaftsoperatoren:

◆ **NLIST** *Benutzer WHERE Abteilung EQ EDV*
◆ **NLIST** *Benutzer WHERE Location EQ München*
◆ **NLIST** *Server WHERE Backlink Exists*

3.5 Angabe der NDS-Pfadnamen

Der Kontext eines Objekts oder anders ausgedrückt, die Position eines NDS-Objekts innerhalb des NDS-Baums, wird durch seinen Pfad angegeben, d.h dadurch, wie das Objekt, ausgehend vom Root-Objekt, erreichbar ist.

Der Pfad wird hierbei in umgekehrter Reihenfolge angegeben, das heißt, das Blattobjekt steht in der linksstehenden Position, während das Root-Objekt ganz rechts innerhalb der NDS-Pfadangabe auftaucht. Die einzelnen Äste (Behälterobjekte), die auf dem Weg zum Objekt liegen, werden in der Pfadangabe durch einen Punkt voneinander getrennt.

Hinweis:

Das Root-Objekt wird niemals explizit angegeben, da es immer vorhanden ist.

Beispiel:

Der Benutzer *Michael* ist in der Organisationseinheit *HQ* angelegt, die wiederum innerhalb der Organisation *ANC* definiert ist.
Somit ergibt sich für den Benutzer Michael folgende NDS-Pfadangabe:

> .CN=Michael.Ou=HQ. O=ANC

Da immer nur ein Blattobjekt vorhanden sein kann und wiederum auch nur eine Organisation, ist eine alternative Schreibweise zulässig, bei der davon ausgegangen wird, daß der am weitesten links stehende Name das zu adressierende Blattobjekt bezeichnet und das am weitesten rechts stehende Objekt die Organisation.
Somit ist auch folgende NDS-Pfadangabe zulässig:

> *Michael.hq.anc*

Diese Art der Adressierung wird als vollständige Adressierung bezeichnet, da alle Komponenten des NDS-Pfads aufgeführt sind.

3.5.1 Relativer Name

Im Gegensatz dazu steht die Adressierung über einen relativen Namen. Bei dieser Art der Adressierung wird bei der Ermittlung des Pfadnamens immer der aktuelle Kontext vorausgesetzt, von dem aus der Pfad zu dem gesuchten NDS-Objekt angegeben wird. Wie beim CX-Befehl, so kann auch in einer relativen Pfadangabe der Punkt (.) zur Adressierung einer höheren NDS-Ebene eingesetzt werden. Hierbei sind folgende Regeln zu beachten:

- Die Auswertung des Namens erfolgt von rechts nach links.
- Ein Punkt am Ende eines relativen Namens entspricht dem Kommando **CX .**, bevor die Auswertung der Pfadangabe erfolgt.
- Zwei Punkte am Ende eines relativen Namens bedeuten, daß zuerst der Befehl **CX ..** ausgeführt, bevor die Pfadangabe ausgewertet wird.
- Ein Punkt am Anfang eines relativen Namens bedeutet, daß die Adressierung relativ zur Root erfolgt (vergleichbar mit dem Befehl CR /R).

Beispiel:

Aktueller Kontext: HQ.ANC

> CX
>
> *hq.anc*

- ◆ **CX *HQ.*:** Wechselt zuerst in das darüberliegende Verzeichnis und dann zurück in das Verzeichnis *HQ*.
- ◆ **CX *HQ.ANC..*:** Wechselt zuerst zurück zum Root und dann zwei Verzeichnisstufen tiefer, in das Verzeichnis *HQ.ANC* zurück.
- ◆ **CX *.HQ.ANC*:** Wechselt zuerst in das Verzeichnis *HQ.ANC* zurück und erst dann in das Verzeichnis.

3.6 Einstellung des Kontexts auf der Arbeitsstation

Der Kontext, in dem sich ein Anwender nach dem Laden der Datei **VLM.EXE** befindet, kann in der Konfigurationsdatei **NET.CFG** eingestellt werden über die Parameter **Preferred Tree** und **Name Kontext** eingestellt werden. Der Parameter **Preferred Tree** definiert den Baum, in dem sich der User anmelden will, während durch den Parameter **Name Kontext** sofort in den angegebenen Kontext innerhalb der NDS gewechselt wird.

Auszug aus der Datei **NET.CFG**:

```
NetWare DOS Requestor
        NetWare Protocols = " NDS BIND"
        Name Context = ".cn =.admin.ou=anc"
        Preferred Tree = " anc"
```

3.7 Benutzung des NDS-Verwalterwerkzeugs zur NDS-Abfrage

Das Dienstprogramm, das von Novell zur Verwaltung und Abfrage des NDS-Baumes zur Verfügung gestellt wird, ist das Programm **NETADMIN**. **NETADMIN** wird bei der Installation in das Verzeichnis *SYS:/PUBLIC* auf dem NetWare-Server kopiert und durch den Aufruf von **NETADMIN** gestartet.

Ausführung: NETADMIN starten und benutzen

Nach dem Start liefert Ihnen **NETADMIN** folgendes Menü:

```
NETADMIN 4.55              Dienstag, 22. Februar 1996
    Kontext : Advanced Network Consulting
    Anmeldename: Admin.Advanced Network Consulting
              Objekte verwalten
              Dem Suchmuster entsprechend verwalten
              Kontext wechseln
              Suche
```

Durch Auswahl von **KONTEXT WECHSELN** können Sie in den aktuellen Kontext wechseln, durch Auswahl von **OBJEKTE VERWALTEN** gelangen Sie in das Menü zur Identifikation der entsprechenden Objekte. Sie erhalten dann eine Liste, die ungefähr so aussehen könnte:

```
     ..
*(Überordnung)
+anc                    (Organisatorische Einheit)
Admin                   (Benutzer)
MHS_ROUTING_GROUP       (Nachrichtenleitweggruppe)
SERVER                  (NetWare Server)
SERVER_DATA             (Datenträger)
SERVER_MSG              (Nachrichtenserver)
SERVER_SYS              (Datenträger)
SERVER_PROG             (Datenträger)
```

In der letzten Zeile sehen Sie die jeweilige Tastenkombination, die Sie eingeben müssen, um das Eigenschaftsfenster des ausgewählten Objektes zu erhalten. Soll ein Containerobjekt untersucht werden, drücken Sie ⒡⒑⒪, bei einem Behälterobjekt ⏎.

Das Kontextmenü sieht für jedes Objekt folgendermaßen aus:

```
Eigenschaften dieses Objekts anzeigen oder bearbeiten
Umbenennen
Verschieben
Löschen
Rechte zu Verzeichnissen/Dateien anzeigen/bearbeiten
Trustees für dieses Objekts anzeigen/bearbeiten
```

Die angezeigten Eigenschaften sind abhängig von der Klasse des Objekts, das Sie ausgewählt haben. Ob Sie eine Eigenschaft modifizieren können, hängt von den Eigenschaftsrechten ab, die Sie für die einzelnen Eigenschaften besitzen. Ein Umbennen ist nur dann möglich, wenn das Objekt nicht Ihr eigenes Objekt ist und Sie das Schreibrecht auf dieses Objekt besitzen.

Bestätigen Sie in der Dialogbox **ALTEN NAMEN ERHALTEN** mit **JA**, wird ein Alias generiert, der auf den neuen Namen zeigt. Dadurch kann verhindert werden, daß Programme oder Konfigurationsdateien Fehlermeldungen aufgrund eines nicht mehr existierenden Objekts produzieren.

- Die Option **VERSCHIEBEN** ermöglicht das Verschieben des Objektes in einen anderen Behälter, sofern Sie Schreibrechte in dem Container besitzen.

- Mit der Option **LÖSCHEN** entfernen Sie das Objekt aus dem aktuellen Behälter, vorausgesetzt, Sie besitzen das Löschrecht in dem Behälter.

Anmerkungen

- Das Serverobjekt kann von **NETADMIN** aus nicht gelöscht werden, da **NETADMIN** keine Informationen über Partitionen oder Reproduktionen besitzt, die auf dem angegebenen Serverobjekt beste-

Benutzung des NDS-Verwalterwerkzeugs zur NDS-Abfrage

hen. Ein Serverobjekt kann aus diesem Grund nur durch den Partitions-Manager gelöscht werden.

■ Mit **DEM SUCHMUSTER ENTSPRECHEND VERWALTEN** aktivieren Sie einen Filter, der es ermöglicht, daß Ihnen in den folgenden Auswahlschirmen nur die Objekte angezeigt werden, die dem Filterkriterium entsprechen.

```
Objektname eingeben  : *
Objektklasse         : Benutzer
Alias-Klasse anzei-  : Nein
gen
```

■ Bestätigen Sie oben eingegebene Maske mit der ⌨F10-Taste, erhalten Sie die Liste aller Benutzerobjekte im aktuellen Kontext. Bewegen Sie sich dann weiter im NDS-Baum, stellen Sie fest, daß Ihnen jeweils nur Objekte der Klasse Benutzer angezeigt werden.

■ **SUCHEN** findet bestimmte Objekte in der Struktur des NDS-Baums. Haben Sie diesen Menüpunkt ausgewählt, erscheint folgendes Fenster:

```
Kontext:
Suchtiefe: Alle Behälter in allen Unterbäumen
Klasse: /Alle Klassen /
Eigenschaft:
Operator:
Wert:
```

■ Der **KONTEXT** wird durch Drücken von ⌨ eingestellt, wobei Sie sich in den folgenden Bildschirmen dann mit Hilfe der ⌨Einfg-Taste im NDS-Baum bewegen können (Browsen). Bedenken Sie, daß Sie nur die Objekte angezeigt bekommen, auf die Sie zumindest das Browse-Recht besitzen!

■ Die **SUCHTIEFE** gibt an, ob nur im aktuellen Kontext oder aber auch in den darunterliegenden Behälterobjekten gesucht werden soll (entspricht dem Parameter /S des NLIST-Kommandos unter DOS).

- Der Auswahlpunkt **KLASSE** definiert die Objektklasse, nach der gesucht werden soll.
  - ◆ Die Auswahl kann dann durch die Selektion weiterer Eigenschaften selektiert werden.
- Die zur Verfügung stehenden *Operatoren* richten sich nach der gesuchten Eigenschaft, beispielsweise stehen bei der Eigenschaft *Name* die Operatoren *gleich*, *nicht gleich*, *nicht vorhanden* oder *vorhanden* zur Verfügung, während bei der Eigenschaft *Backlink* lediglich die Operatoren *vorhanden* und *nicht vorhanden* zur Verfügung stehen. Als letzter Punkt ist dann noch der Vergleichswert für die Eigenschaft einzugeben.
- Ein komplett ausgefüllter Bildschirm sieht dann z. B. folgendermaßen aus:

```
Kontext           anc.
Suchtiefe         Alle Behälter in allen Unterbäumen
Klasse            Computer
Eigenschaften     Name
Operator          Gleich
Wert:             Server
```

- Als Suchergebnis erhält man dann folgende Informationen:

```
Anzahl gefundener Objekte : 1
SERVER.munich.hq.europe          (NetWare Server)
```

- Mit ⊟ können die Eigenschaften dann angezeigt oder modifiziert werden.

3.8 Entfernen der NDS von einem Server

Wollen Sie die Verzeichnisdienste wieder aus dem Server entfernen, geschieht dieses mit Hilfe des INSTALL-Programmes, das an der Konsole des Fileservers geladen wird.

Unter dem Menüpunkt **Verzeichnisdienste** wählen Sie die Option **Verzeichnisdienste von diesem Server entfernen** aus.

Ist dieser der einzige NetWare-4-Server innerhalb des NDS-Baums, gibt es keine Probleme bei der Deinstallation. Sie haben nach der Deinstallation allerdings keinen Server mehr zur Verfügung, auch keinen NetWare-3.x-Server.

Ist der Server in einen NDS-Baum integriert, sind folgende Aspekte zu beachten:

- Der Server sollte kein primärer Zeitserver sein, da in diesem Fall alle Server die Ihre Zeit von diesem Server beziehen, aus der Zeitsynchronisation geraten.
- Sind in den **TIMESYNC**-Konfigurations-Dateien anderer Server noch Referenzen auf diesen Server vorhanden, müssen sie entfernt werden.
- Der Server darf nicht der Server sein, auf dem die Root-Partition installiert ist.
- Der Server, auf dem Sie die Verzeichnisdienste deinstallieren wollen, darf keine Partition des NDS-Baums besitzen.
- Sollte auf dem Server die Root-Partition des NDS-Baums liegen, muß diese mit Hilfe des Partitions-Managers auf einen anderen Server verschoben werden.
- Sollte der Server Besitzer der Hauptreproduktion sein, muß diese ebenfalls mit Hilfe des Partitions-Managers verschoben werden.
- Im Anschluß an diese Operationen sind dann mit Hilfe von **DSREPAIR** alle Reproduktionen auf allen Servern zu synchronisieren, um Inkonsistenzen innerhalb der NDS zu vermeiden.

3.9 Löschen eines Serverobjekts aus der Datenbank

Soll ein Serverobjekt aus der NDS-Datenbank gelöscht werden, so kann dies nur mit Hilfe des Partitions-Managers geschehen. Da ein Server eine oder mehrere Partitionen bzw. Reproduktionen der NDS-Datenbank enthalten kann, soll verhindert werden, daß die NDS-Datenbank versehentlich zerstört bzw. inkonsistent wird. Um ein Serverobjekt zu löschen, sind folgende Maßnahmen zu treffen:

- Der Server darf nicht hochgefahren sein.
- Falls der Server die Root-Partition enthält, muß diese zuvor auf einen anderen Rechner verschoben werden.
- Enthält das Serverobjekt eine Hauptreproduktion einer Partition, muß diese zuvor auf einen anderen Server verlagert werden.
- Andere Reproduktionstypen müssen gelöscht oder aber ebenfalls verschoben worden sein.

Wurde das Serverobjekt erfolgreich gelöscht, ist das Programm **DSREPAIR** aufzurufen, um Objekte auf nicht mehr existierende Referenzen zu diesem Server zu untersuchen. Als Beispiel seien hier die Datenträgerobjekte genannt, die auch nach dem Löschen des Objekts noch auf nicht mehr existierende physikalische Volumes verweisen. Ein anderes Beispiel sind Aliase, die ebenfalls nicht modifiziert werden.

3.10 Importieren von Benutzerdaten in die Datenbank

Da es sehr aufwendig ist, eine größere Anzahl von Benutzern mittels der Verwaltungsprogramme **NETADMIN** oder **NWADMIN** anzulegen, stellt Novell das Programm **UIMPORT** zur Verfügung.

UIMPORT ermöglicht das Importieren von Benutzerobjekten in Form von ASCII-Dateien, die Sie durch die Exportfunktion Ihres Datenbanksystems erzeugen können. Nahezu alle Standard-Datenbanksysteme stellen eine solche Funktion zur Verfügung.

UIMPORT befindet sich im Verzeichnis *SYS:PUBLIC* und erwartet zwei Parameter:

1. Den Dateinamen einer Steuerdatei, die das Format der Eingabedatei bestimmt.
2. Einen Dateinamen der Eingabedatei, die die einzulesenden Daten verwaltet.

3.10.1 IMPORTDATEI

Diese Datei besteht aus 2 Sektionen, nämlich der Sektion mit dem Namen IMPORTSTEUERUNG sowie der Sektion mit dem Namen FELDER. Innerhalb der Sektion IMPORTSTEUERUNG werden globale Parameter definiert, die die Arbeitsweise von UIMPORT festlegen und das Format der Eingabedatei festlegen. Innerhalb der Sektion FELDER wird durch die Angabe von Feldnamen festgelegt, welche Eigenschaften in die NDS-Datenbank übernommen werden.

Im Folgenden finden Sie die Schlüsselworte, die für die einzelnen Abschnitte zulässig sind, sowie deren Bedeutung:

- IMPORTSTEUERUNG
  - ◆ STAMMVERZEICHNIS ERSTELLEN = N
  - ◆ MAILBOX-VERZEICHNISSE LÖSCHEN = N
  - ◆ NAME CONTEXT = (Kein Standardwert)
  - ◆ EIGENSCHAFT LÖSCHEN = (Kein Standardwert)
  - ◆ STAMMVERZEICHNISPFAD = (Kein Standardwert)
  - ◆ STAMMVERZEICHNISDATENTRÄGER = (Kein Standardwert)

- ◆ IMPORTMODUS = B
- ◆ MAX. VERZEICHNISNEUVERSUCHE – NAMENSKONTEXT = "ANC" (Standard ist der aktuelle Kontext)
- ◆ QUOTE = "" – Ausmaskieren zur Erkennung von Leerzeichen sowie zur Behandlung von Sonderzeichen.
- ◆ ERSATZWERT=N – Definiert, ob der angegebene Name OK ist.
- ◆ SEPARATOR = , – Definiert das Steuerzeichen für die in der Datendatei beschriebenen Felder.
- ◆ BENUTZERSCHABLONE = N – Definiert, ob ein bestehendes USER_TEMPLATE Objekt verwendet werden soll oder nicht.

Hinweise:

■ Existiert ein Benutzer bereits, bleibt das existierende Benutzerobjekt in der NDS erhalten. Das Feld *Eigenschaft löschen* legt in diesem Fall fest, ob bestehende Eigenschaften überschrieben werden oder aber erhalten bleiben.

■ Ist der Importmodus auf *B* eingestellt, wird der sogenannte Bindery-Modus verwendet. Das heißt, die Daten werden nicht im aktuellen Kontext angelegt, sondern in dem über den Bindery-Kontext in der Datei *AUTOEXEC.NCF* eingestellten Kontext.

■ Sollte der Benutzer beim ersten Versuch nicht angelegt werden können, definiert die Anzahl der *VERZEICHNISNEUVERSUCHE* die Anzahl der Versuche, wie oft eine Aktion wiederholt werden soll, ehe es eine Fehlermeldung am Bildschirm gibt.

■ **Achtung:** Die Feldnamen und Bezeichnungen der Sektionen sind landesspezifisch, d. h., Sie können nicht das Programm **UIMPORT** der englischsprachigen Version zusammen mit einer deutschsprachigen Steuerdatei verwenden. Zudem brauchen Sie Erstellungsrechte in dem Behälter, der durch den Parameter NAME CONTEXT definiert ist.

3.10.2 Sektion FELDER

Innerhalb der Sektion FELDER sind die Felder angegeben, die importiert werden sollen. Für die Feldbezeichner sind folgende Schlüsselwörter definiert:

- ◆ Name
- ◆ Nachname
- ◆ Kontostand
- ◆ Unbegrenzten Kredit gewähren
- ◆ Ort
- ◆ Standard-Server
- ◆ Abteilung
- ◆ Beschreibung
- ◆ Faxnummer
- ◆ Telefonnummer
- ◆ Vollständiger Name
- ◆ E-Mail Adresse
- ◆ Fremde E-Mail Adresse
- ◆ Fremdes E-Mail Alias
- ◆ Generationsbezeichnung
- ◆ Vorname
- ◆ Gruppenmitgliedschaft
- ◆ Stammverzeichnis
- ◆ zweite Initiale
- ◆ Initialen
- ◆ Standort
- ◆ Sprache
- ◆ Konto deaktiviert
- ◆ Anmeldung deaktiviert
- ◆ Konto hat Ablaufdatum
- ◆ Anmeldungsablaufdatum
- ◆ Erlaubte Kulanzanmeldungen
- ◆ Kulanzanmeldebegrenzung
- ◆ Verbleibende Kulanzanmeldungen

Importieren von Benutzerdaten in die Datenbank

- ◆ Verbleibende Anmeldekulanz
- ◆ Max. Verbindungen
- ◆ Maximal gleichzeitige Anmeldungen
- ◆ Anmeldescript
- ◆ Briefkasten-ID
- ◆ Briefkastenstandort
- ◆ Kontomindeststand
- ◆ Sonstige Namen
- ◆ Paßwort
- ◆ Benutzer Paßwortänderungen zulassen
- ◆ Tage zwischen erzwungenen Änderungen
- ◆ Paßwortablaufintervall
- ◆ Tage zwischen erzwungenen Änderungen
- ◆ Ablaufdatum des Paßworts
- ◆ Ablaufzeit des Paßworts
- ◆ Mindestlänge des Paßworts
- ◆ Paßwort anfordern
- ◆ Paßwort erforderlich
- ◆ Eindeutige Paßwörter anfordern
- ◆ Eindeutiges Paßwort erforderlich
- ◆ Adreßaufkleberangaben
- ◆ Postadresse
- ◆ PLZ
- ◆ Postfach
- ◆ Profil
- ◆ Siehe auch
- ◆ Sicherheit gleicht
- ◆ Bundesland/staat
- ◆ Straße
- ◆ Überspringen
- ◆ Telefon
- ◆ Telefonnummer
- ◆ Titel
- ◆ Datenträgerbeschränkungen

- Die Felder müssen in der Datendatei in der durch die Steuerdatei festgelegten Reihenfolge angelegt sein. Es muß mindestens ein Feldname vorhanden sein.
- Die einzelnen Datensätze sind durch eine CR/LF-Kombination am Ende voneinander getrennt.
- Die Felder müssen in der angegebenen Reihenfolge in der Datei auftreten.
- Soll ein Feld leer bleiben, so wird dies durch zwei aufeinanderfolgende Kommas oder das in der Steuerdatei angegebene Separatorzeichen gekennzeichnet.

3.10.3 Datendatei

In der Datendatei finden sich die Eigenschaftswerte der in der Steuerdatei angegebenen Eigenschaften, getrennt durch ein Komma (Standardwert) oder das im Feld SEPARATOR angegebene Zeichen.

Beispiel für eine Steuerdatei:

```
IMPORTSTEUERUNG
        FELDER
        Name
        Nachname
        Ort
        Postleitzahl
        Telefon
        Abteilung
```

Eine zugehörige Datendatei sieht dann folgendermaßen aus:

```
Thies, Brodersen, München, 80335, 089/12669961, Einkauf
Michael, , München, 80335, 089/74266865, Vertrieb
Lauer, Harald, München, 80432, 089/743750, Technik
```

3.11 Partitions-Manager

Ein großer Nachteil bestehender NetWare-Versionen war, daß sich ein Benutzer immer nur dann anmelden und Ressourcen nutzen konnte, wenn der Server auch zur Verfügung stand. War dies nicht gewährleistet, konnten sich die Benutzer weder anmelden noch z. B. Laufwerke mappen.

Um diese Problematik unter NetWare 4 zu verhindern, wurde die NDS als verteilte Datenbank entwickelt. Verteilte Datenbank unter NetWare 4 bedeutet, daß die Datenbank zum einen in verschiedene kleinere Abschnitte, sogenannte Partitionen, eingeteilt wird, zum anderen, daß Kopien einzelner Partitionen, die sogenannten Reproduktionen, auf unterschiedlichen Rechnern im Netzwerk liegen können. Partitionen ermöglichen einen schnelleren Zugriff auf die einzelnen Objekte, während Reproduktionen der Sicherheit der Informationen dienen. Reproduktionen können in beliebiger Anzahl im Netzwerk existieren, wobei jedoch der Verwaltungsaufwand und die dadurch entstehende Netzwerkbelastung zu beachten sind, die sich durch die notwendige Synchronisation zwischen der Stammpartition und den einzelnen Reproduktionen ergibt. Das Schema, in dem definiert ist, welche Reproduktion von welcher Partition Änderungsinformationen erhält, wenn z. B. ein Objekt neu angelegt oder gelöscht wird, wird Reproduktionsring genannt.

Hinweise:

- Sollen alle Reproduktionen innerhalb eines Rings synchronisiert werden, kann dies nur mit Hilfe des Programms **DSREPAIR** erfolgen.
- In jedem NDS-Baum existiert immer zumindest eine Partition, die sogenannte Root-Partition. Solange keine weiteren Partitionen definiert sind, entspricht die Root-Partition der kompletten NDS-Datenbank, d. h., sämtliche Informationen über die Objekte, die innerhalb des angegebenen NDS-Baums definiert sind, befinden sich in einer einzigen Datenbank. Werden einzelne Partitionen definiert, so werden die Informationen aus der Root-Partition her-

ausgelöst und stattdessen ein Verweis auf die jeweilige Partition eingetragen.

■ Hinweise über den Aufbau des NDS-Schemas, also Art und Anzahl der Partitionen, werden von keinem derzeit auf dem Markt befindlichen Backup-Programm mitgesichert!

■ Die Root-Partition wird bei der Installation eines NDS-Baums immer auf dem ersten Server innerhalb des Baums angelegt, also auf dem Server, auf dem die Verzeichnisdienste installiert wurden. Gleichzeitig wird bei der Installation eine Kopie der Datenbank, die sogenannte Hauptreproduktion angelegt. Die Hauptreproduktion befindet sich unmittelbar nach der Installation auf dem gleichen Server wie die Root-Partition, kann später jedoch auf einen anderen Rechner im Netzwerk verschoben werden.

■ Je nach Ihrer Funktionalität wird bei den Reproduktionen zwischen unterschiedlichen Typen unterschieden:
  ◆ Hauptreproduktion
  ◆ Schreib-/Lesen-Reproduktion
  ◆ Nur-Lese-Reproduktion
  ◆ Alleine-Reproduktion

■ Eine Hauptreproduktion wird jedesmal beim Erstellen einer Partition automatisch erstellt und liegt auf dem Rechner, auf dem die entsprechende Partition erstellt wurde. Sollte die Hauptreproduktion nicht verfügbar sein (Server heruntergefahren), können Objekte nur dann neu angelegt werden, wenn eine Reproduktion vom Typ Schreib/Lesen im Netzwerk verfügbar ist. Eine Reproduktion vom Typ Nur-Lesen kann nur prüfen, ob ein Objekt innerhalb des NDS-Baums existiert, es können jedoch keine Objekte angelegt werden. Hierdurch werden vor allem Inkonsistenzen innerhalb der NDS-Datenbank verhindert, wenn ein oder mehrere Server einmal nicht verfügbar sein sollten. Mit Ausnahme der Hauptreproduktion kann der Typ einer Reproduktion jederzeit geändert werden. Der Typ der Hauptreproduktion kann nur indirekt dadurch umgestellt werden, daß eine Schreib-/Lese-Reproduktion zu einer Hauptreproduktion geändert wird.

■ Das Verwaltungswerkzeug, welches NetWare 4 zur Verwaltung von Partitionen und Reproduktionen zur Verfügung stellt, ist der sogenannte Partitions-Manager.

Ausführung: Partitions-Manager aufrufen

■ Das Programm nennt sich **PARTMGR.EXE** und befindet sich im Verzeichnis *SYS:PUBLIC* auf dem NetWare-4-Server.
Wenn Sie unter Windows mit dem Programm **NWADMIN.EXE** arbeiten, ist der Partitions-Manager in das Programm integriert und kann über den Menüpunkt **WERKZEUGE** aufgerufen werden.

1. **PARTMGR** ⏎ startet das Programm.
2. Sie erhalten folgendes Menü:

```
Partitionen verwalten
Kontext wechseln
```

3. **PARTITIONEN VERWALTEN** zeigt die Organisationen bzw. Organisationseinheiten, die in dem aktuellen Kontext definiert sind. Blattobjekte werden ihnen nicht angezeigt, da diese keine Partitionen bzw. Reproduktionen enthalten können.
4. [F10] ruft eine Liste der aktuellen Reproduktionen auf. Falls für die angegebene Organisationseinheit noch keine Reproduktion existiert, können Sie eine Partition erstellen.
5. Existiert die Partition bereits, erhalten Sie folgendes Menü:

```
Reproduktion Bearbeiten/Anzeigen
Typ ändern
Kontext wechseln
```

6. Existiert noch keine Partition in dem angegebenen Kontext, erhalten Sie die Meldung, daß die Partition in der Root-Partition erstellt wird, und daß die Hauptreproduktion dieser Partition auf dem Rechner angelegt wird, auf dem sich auch die Root-Partition des NDS-Baums befindet.

Sofern Sie eine Partitionsoperation angestoßen haben, ist die NDS-Datenbank außerordentlich lange mit dem Synchronisieren der einzelnen Reproduktionen beschäftigt. Wenn Sie den Abbruch einer Operation wünschen, gehen Sie auf den Namen der einzelnen Partition und drücken Sie dann ⏎. In dem darauf folgenden Menü besitzen Sie die Möglichkeit, eine bestehende Partitionsoperation abzubrechen. Der Status der einzelnen Reproduktionen wird dann auf den Status wie vor der Operation zurückgesetzt.

Neben den Partitionsoperationen ist **DSREPAIR** ebenfalls das einzige Programm, das das Löschen eines Serverobjekts ermöglicht (→ Abschnitt »Löschen von Serverobjekten«).

4 Serverinstallation

4.1 Allgemeines

Dieses Kapitel beschreibt die Vorgehensweise, um einen Fileserver unter NetWare 4.1 zu installieren. Es werden sowohl die einfache Schnellinstallation als auch die angepaßte Installation dargestellt. Die einfache Installation hat den Vorteil, daß sie schnell durchzuführen ist, und nur wenig Grundkenntnisse über NetWare 4.1 notwendig sind (z. B. über die NDS). Der Nachteil der einfachen Installation ist die begrenzte Konfigurierbarkeit der Optionen. Dem Anwender mit geringer Erfahrung mit NetWare 4.1 und dem Umsteiger von NetWare 3.x, sei hier die einfache Installation empfohlen.

4.2 Hardware-Voraussetzungen

Für die Installation eines NetWare-4.1-Servers benötigen Sie folgende Hardware:

- Einen IBM-PC (oder kompatibel) mit einem 386- oder 486-Prozessor (SX oder DX) oder höher.
- Wenn Sie vorhaben, Ihren Server von CDs oder von Disketten aus zu installieren, benötigen Sie mindestens 8 Mbyte RAM (empfohlen: 16 Mbyte RAM).
- Wenn Sie vorhaben, Ihren Server von einem fernen Netzwerkinstallationsbereich aus zu installieren, benötigen Sie mindestens 10 Mbyte RAM.
- Für eine genaue Berechnung der Speicheranforderungen → 1.2.
- Eine Festplatte mit genügend Speicherplatz für Ihr Netzwerk. Der Mindestspeicherplatz beträgt 90 Mbyte: 15 Mbyte für eine DOS-Partition und 75 Mbyte für eine NetWare-Festplattenpartition mit Datenträger **SYS:**. Eine Mindestgröße von 100 Mbyte für SYS wird empfohlen.
- Mindestens eine Netzwerkkarte.
- Netzwerkverkabelung (Ethernet, Token-Ring, FDDI, ARCnet, Basisband usw.).

4.2.1 Einfache Installation

Mit der Option EINFACHE INSTALLATION können Sie ohne großen Aufwand einen NetWare-4.1-Server installieren.

Voraussetzungen für die Option EINFACHE INSTALLATION:

- Es besteht eine DOS-Partition mit mindestens 15 Mbyte auf der Festplatte.
- DOS ist in der DOS-Partition installiert.
- Der Server startet von einer DOS-Partition auf der Festplatte, und nicht von Startdisketten.

Die einfache Installation bewirkt folgende Einstellungen:

- Festplatten (einschließlich Festplatten-Subsysteme, falls vorhanden) werden nicht gespiegelt oder dupliziert.

- Der Festplattenplatz, der nicht der DOS-Partition zugeordnet ist, wird NetWare zugeordnet.
- Jede Festplatte enthält einen NetWare-Datenträger (Volume).
- Es gibt eine automatisch erstellte interne IPX-Netzwerknummer.
- Das IPX-Protokoll ist das einzige installierte Kommunikationsprotokoll.
- Eine standardmäßige NDS-Struktur wird angelegt, die einen Container enthält.
- Die Dateien *AUTOEXEC.NCF* und *STARTUP.NCF* werden nicht verändert.

Die Installation kann von CD-ROM, Disketten oder einem anderen Server erfolgen.

Ausführung: Installation von CD-ROM

Um NetWare 4.1 von CD-Rom zu installieren, gehen Sie wie folgt vor:
1. Installieren Sie DOS auf der Festplatte. Das CD-ROM-Laufwerk muß unter DOS ansprechbar sein.
2. Legen Sie die CD-ROM *NetWare 4.1 Betriebssystem* in das CD-ROM-Laufwerk ein.
3. Wechseln Sie auf den Laufwerkbuchstaben, der dem CD-ROM-Laufwerk entspricht.
4. Geben Sie folgendes ein: INSTALL ⏎.
5. Fahren Sie mit dem Punkt »Weitere Vorgehensweise bei der einfachen Installation« fort.

Ausführung: Installation von Disketten

Um NetWare 4.1 von Disketten zu installieren, gehen Sie wie folgt vor:
1. Legen Sie die Diskette *INSTALL* in das Laufwerk A: ein.
2. Wechseln Sie auf Laufwerk A:.
3. Geben Sie folgendes ein: INSTALL ⏎.
4. Fahren Sie mit dem Punkt »Weitere Vorgehensweise bei der einfachen Installation« fort.

Ausführung: Installation von einem anderen Netzwerk (CD-ROM)

Ein NetWare-4.1-Server kann auch über das Netzwerk von einer als NetWare-Datenträger aktivierten CD-ROM, oder von den auf einen anderen Server kopierten Dateien aus installiert werden.

1. Begeben Sie sich zum Host-Server.
2. Das CD-ROM-Laufwerk mit dem NetWare-4.1-Server (also dem Host-Server) verkabeln.
3. Die CD-ROM mit dem NetWare-4.1-Betriebssystem in das CD-ROM-Laufwerk einlegen.
4. Den Host-Server starten und **LOAD INSTALL** aufrufen.
5. Treiberoptionen wählen.
6. Die Option **KONFIGURIEREN SIE FESTPLATTEN- UND SPEICHERGERÄTETREIBER** wählen. Das Menü **ZUSÄTZLICHE TREIBERAKTIONEN** wird angezeigt.
7. Die Option **EINEN ZUSÄTZLICHEN TREIBER AUSWÄHLEN** wählen.
8. Die benötigten CD-ROM-Treiber auswählen. Näheres hierzu entnehmen Sie bitte der Dokumentation Ihres CD-ROM-Laufwerks.
9. Wenn Sie alle notwendigen Treiber geladen haben, im Menü **ZUSÄTZLICHE TREIBERAKTIONEN** die Option **ZURÜCK ZUM VORHERGEHENDEN MENÜ** wählen.
10. Alt+F10 drücken und **JA** wählen, um das Programm **INSTALL.NLM** zu verlassen.
11. Sie befinden sich wieder auf der Server-Konsole. An der Konsoleneingabeaufforderung folgende Befehle eingeben:
12. **LOAD NWPA** ⏎, **LOAD CDROM** ⏎, **CD MOUNT NW410** ⏎.
13. Die CD-ROM wird als NetWare-Datenträger aktiviert (Kann einige Zeit dauern!).
14. Begeben Sie sich jetzt zu der Arbeitsstation, die Sie als Server einrichten möchten.
15. Melden Sie sich an.
16. Dem aktivierten CD-ROM-Datenträger ein Laufwerk zuordnen.
Beispiel: **MAP** *N:=NW410*

17. An der Eingabeaufforderung des zugeordneten Laufwerks folgenden Befehl eingeben: INSTALL ⏎.
18. Die gewünschte Server-Sprache auswählen.
19. Die Option **NetWare Server-Installation** wählen.
20. Fahren Sie mit dem Punkt »Weitere Vorgehensweise bei der einfachen Installation« fort.

Ausführung: Installation von einem anderen Netzwerk (Disketten)

1. Ein NETWARE-Verzeichnis auf einem bestehenden Server erstellen, und die Dateien in dieses Verzeichnis kopieren: **MD NETWARE** ⏎, **CD NETWARE** ⏎, **NCOPY** *D: /S /E /V* ⏎.
2. Um die Dateien von Disketten zu kopieren, den oben dargestellten **NCOPY**-Befehl für jede Diskette ausführen.
3. Auf jedem Computer, den Sie als NetWare-4.1-Server verwenden möchten, eine DOS-Partition von mindestens 15 Mbyte Größe einrichten und dort einen DOS-Client installieren. Anschließend dem Server, von dem aus installiert werden soll, ein Laufwerk zuordnen. Beispiel: **MAP** *N:=NW410*
4. An der Eingabeaufforderung des zugeordneten Laufwerks folgenden Befehl eingeben: INSTALL ⏎.
5. Die gewünschte Server-Sprache auswählen.
6. Die Option **NetWare Server-Installation** wählen.
7. Fahren Sie mit dem Punkt »Weitere Vorgehensweise bei der einfachen Installation« fort.

Ausführung: Weitere Vorgehensweise bei der einfachen Installation

1. Wählen Sie die gewünschte Server-Sprache.
2. Das Menü **Den gewünschten Installationstyp auswählen** erscheint.
3. Wählen Sie **NetWare 4.1**.
4. Wählen Sie **Einfache Installation von NetWare 4.1**.
5. Geben Sie den Server-Namen ein.
6. Die Server-Startdateien werden auf den Server kopiert.

Hardware-Voraussetzungen

7. Wenn Sie von Disketten aus installieren, legen Sie während des Kopiervorgangs die NetWare-Disketten in Laufwerk A: entsprechend der Eingabeaufforderung ein, und drücken Sie dann ⏎.
8. Geben Sie den Ländercode an, die Codeseite und die Tastaturzuordnung.
9. Mehrere Startdateien werden auf die DOS-Partition der Festplatte kopiert.

Laden der Festplattentreiber und CD-ROM Treiber

Um die Massenspeichermedien unter Novell-NetWare ansprechen zu können, müssen zuerst die entsprechenden Treiber installiert werden. Gehen Sie dabei folgendermaßen vor:

■ Sie werden zur Auswahl eines Plattentreibers aufgefordert, wählen Sie den benötigten Treiber aus folgender Tabelle:

Bustyp	Controller	Treiber
ISA	AT	ISADISK
	IDE	IDE
EISA	AT	ISADISK
	IDE	IDE
	ESIA	herstellerspez. Treiber
Microchannel	ESID	PS2ESDI
	IBM SCSI	PS2SCSI

Sollten Sie eine andere Bustyp-/Controller-Kombination benutzen (z. B. PCI/SCSI), wählen Sie den mitgelieferten Treiber des Controllerherstellers.

Ausführung: Plattentreiber auswählen

1. Ist der benötigte Festplattentreiber in der Liste aufgeführt, wählen Sie ihn aus. Ist der Treiber nicht aufgeführt, drücken Sie die Einfg-Taste und folgen Sie den Anweisungen.
2. Überprüfen Sie, ob die angezeigten Parametereinstellungen richtig sind. Stimmen die Einstellungen, wählen Sie **PARAMETER SPEICHERN UND FORTFAHREN**. Stimmen sie nicht, wählen Sie **TREIBERPARAMETER AUSWÄHLEN/MODIFIZIEREN UND FORTFAHREN**.

Hardware-Voraussetzungen

3. Wählen Sie zusätzliche Festplatten- oder CD-ROM-Treiber aus, falls notwendig.

Ausführung: LAN-Treiber auswählen und laden

Um die Netzwerkkarte anzusprechen, muß jetzt ein LAN-Treiber installiert werden. Die Auswahl des LAN-Treibers hängt vom verwendeten Verkabelungssystem und der verwendeten Netzwerkkarte ab.

1. Ist der benötigte LAN-Treiber in der Liste aufgeführt, wählen Sie ihn aus. Ist der Treiber nicht aufgeführt, drücken Sie `Einfg` und folgen den Anweisungen.
2. Überprüfen Sie, ob die angezeigten Parametereinstellungen richtig sind. Stimmen die Einstellungen, wählen Sie **PARAMETER SPEICHERN UND FORTFAHREN**. Stimmen sie nicht, wählen Sie **TREIBERPARAMETER AUSWÄHLEN/MODIFIZIEREN UND FORTFAHREN**.
3. Wählen Sie zusätzliche LAN-Treiber aus, falls notwendig.
   ◆ Der Bildschirm **SERVER-TREIBER LADEN** erscheint. Die gewählte Festplatte und die LAN-Treiber werden darauf angezeigt. Jetzt haben Sie nochmals die Möglichkeit, die Treiberauswahl zu korrigieren, bevor die Treiber geladen werden. Sie können das mit der Option **ZUSÄTZLICHE FESTPLATTEN-/LAN-TREIBER AUSWÄHLEN** oder **GEWÄHLTE FESTPLATTEN-/LAN-TREIBER MODIFIZIEREN** tun.
   ◆ Nach dem Laden der Treiber, werden Sie aufgefordert, Ihre Lizenz-Diskette einzulegen. Drücken Sie nach dem Einlegen der Diskette ⏎.

Ausführung: NetWare-Partition einrichten und Lizenz installieren

Wie MS-DOS braucht auch das Betriebssystem NetWare Bereiche auf den Festplatten, auf denen es seine Dateien ablegen kann. Diese Breiche nennt man Partitionen. Pro Festplatte kann eine NetWare-Partition angelegt werden. Wenn Ihre Festplatte bereits eine DOS-Partition hat, können Sie den gesamten freien Rest der Platte als NetWare-Partition einrichten.

Hardware-Voraussetzungen

1. Wenn Sie gefragt werden, ob Sie vorhandene nichtstartfähige Partitionen löschen möchten, wählen Sie **JA** oder **NEIN**, und drükken Sie ⏎.
2. Wenn Sie dazu aufgefordert werden, legen Sie die Diskette *Lizenz* ein und drücken ⏎.
3. Wenn Sie die Meldung erhalten, daß die Lizenz erfolgreich installiert wurde, drücken Sie ⏎. Entfernen Sie die Diskette *Lizenz* und bewahren Sie sie an einem sicheren Ort auf.
4. NetWare beginnt nun mit dem Kopieren der für das Installationsprogramm erforderlichen Dateien.

NetWare-Verzeichnis-Services

Das Netzwerk wird jetzt nach Verzeichnisbäumen abgesucht. Das nächste Menü hängt davon ab, ob weitere Server im Netz gefunden werden. Werden weitere Server gefunden, bietet Ihnen die Installation an, den Server in einen bestehenden Verzeichnisbaum zu installieren. Wählen Sie für diesen Fall einen Baum aus und drücken Sie ⏎. Ist der zu installierende Server der einzige Server im Netz, bestätigen Sie bitte, daß der Server der erste Server im Netz ist und fahren mit der Installation fort.

Ausführung: Installieren der NDS, wenn Server erster Server ist

1. Wählen Sie **JA, DIES IST DER ERSTE NETWARE-4-SERVER.**
2. Wählen Sie die Zeitzone, in der der Server installiert wird.
3. Geben Sie den Namen Ihrer Organisation ein. Der Name Ihrer NDS-Organisation kann Ihre Firma, Division oder Ihre Abteilung sein. Dieser Name ist gleichzeitig der Name Ihres Verzeichnisbaums.
4. Geben Sie das Verwalter-Paßwort ein.
   ◆ **Warnung:** Wenn Sie das Verwalter-Paßwort vergessen, müssen Sie die Installation erneut durchführen.
5. Geben Sie an der Eingabeaufforderung das Paßwort zur Bestätigung erneut ein.

1. Wählen Sie **Installation in Baum/Baumname**.
2. Eine Liste der Zeitzonen erscheint.
3. Wählen Sie die Zeitzone, in der der Server installiert wird.
   ◆ Wenn die NetWare-Verzeichnis-Services installiert wurden, beginnt NetWare mit dem Kopieren der verbleibenden Dateien. Das kann einige Zeit dauern.
   ◆ Wenn alle NetWare-Dateien auf Datenträger *SYS:* kopiert wurden, erscheint ein Bildschirm mit zusätzlichen Installationsoptionen. Sofern Sie keine Option aus dieser Liste wählen wollen, verlassen Sie dieses Menü mittels der Option **Mit der Installation fortfahren** aus dem Menü **Andere Installationsaktionen**. Die aufgeführten Optionen können Sie übrigens jederzeit vom Server aus durchführen, indem Sie **INSTALL.NLM** an der Server-Konsole laden.
   ◆ Die Installation des Servers ist damit beendet.

4.2.2 Angepaßte Installation

Bei der angepaßten Installation haben Sie die Möglichkeit, Ihre NetWare-4.1-Installation für folgenden Konfigurationsoptionen anzupassen:

■ Starten des Servers von Startdisketten oder einer DOS-Partition der Festplatte.

■ Individuelles Zuweisen einer bestimmten internen IPX-Netzwerknummer.

■ Partitionieren von Festplatten.

■ Spiegeln von Festplatten.

■ Duplizieren von Festplatten.

■ Festlegen von Datenträgernamen.

■ Festlegen von laufwerkübergreifenden Datenträgern (mehrere Segmente bilden ein Volume).

■ Ändern der Zeitzonenparameter in den NDS.

■ Ändern der Dateien *AUTOEXEC.NCF* und *STARTUP.NCF*.

■ Auswählen zusätzlicher Protokolle zu IPX.

4.2

Hardware-Voraussetzungen

Ausführung: Installation von CD-ROM

Um NetWare 4.1 von CD-Rom zu installieren, gehen Sie wie folgt vor:

1. Installieren Sie DOS auf der Festplatte. Das CD-ROM-Laufwerk muß unter DOS ansprechbar sein.
2. Legen Sie die CD-ROM *NetWare 4.1 Betriebssystem* in das CD-ROM-Laufwerk ein.
3. Wechseln Sie auf den Laufwerkbuchstaben, der dem CD-ROM-Laufwerk entspricht.
4. Geben Sie folgendes ein: INSTALL ⏎.
5. Fahren Sie mit dem Punkt »Weitere Vorgehensweise bei der angepaßten Installation« fort.

Ausführung: Installation von Disketten

Um NetWare 4.1 von Disketten zu installieren, gehen Sie wie folgt vor:

1. Legen Sie die Diskette *INSTALL* in das Laufwerk A: ein.
2. Wechseln Sie auf Laufwerk A:.
3. Geben Sie folgendes ein: INSTALL ⏎.
4. Fahren Sie mit dem Punkt »Weitere Vorgehensweise bei der angepassten Installation« fort.

Ausführung: Installation von einem anderen Netzwerk (CD-ROM)

Ein NetWare-4.1-Server kann über das Netzwerk von einer als NetWare-Datenträger aktivierten CD-ROM, oder von den auf einen anderen Server kopierten Dateien aus installiert werden.

1. Begeben Sie sich zum Host-Server.
2. Das CD-ROM-Laufwerk mit dem NetWare-4.1-Server (also dem Host-Server) verkabeln.
3. Die CD-ROM mit dem NetWare-4.1-Betriebssystem in das CD-ROM-Laufwerk einlegen.
4. Den Host Server starten und **LOAD INSTALL** aufrufen.
5. Die Option **TREIBEROPTIONEN** wählen. Das Menü **TREIBEROPTIONEN** wird angezeigt.
6. Die Option **KONFIGURIEREN SIE FESTPLATTEN- UND SPEICHERGERÄTETREIBER** wählen.

7. Das Menü **Zusätzliche Treiberaktionen** wird angezeigt.
8. Die Option **Einen zusätzlichen Treiber auswählen** wählen.
9. Die benötigten CD-ROM-Treiber auswählen. Näheres hierzu entnehmen Sie bitte der Dokumentation Ihres CD-ROM-Laufwerks.
10. Wenn Sie alle notwendigen Treiber geladen haben, im Menü **Zusätzliche Treiberaktionen** die Option **Zurück zum vorhergehenden Menü** wählen.
11. (Alt) + (F10) drücken und **Ja** wählen, um das Programm **INSTALL.NLM** zu verlassen.
12. Sie befinden sich wieder auf der Server-Konsole. An der Konsoleneingabeaufforderung folgende Befehle eingeben:
13. **LOAD NWPA** ⏎, **LOAD CDROM C** ⏎, **CD MOUNT NW410** ⏎.
14. Die CD-ROM wird als NetWare-Datenträger aktiviert.
15. Begeben Sie sich jetzt bitte zu der Arbeitsstation, die Sie als Server einrichten möchten.
16. Melden Sie sich an.
17. Dem aktivierten CD-ROM-Datenträger ein Laufwerk zuordnen. Beispiel: **MAP** *N:=NW410*
18. An der Eingabeaufforderung des zugeordneten Laufwerks folgenden Befehl eingeben: INSTALL ⏎.
19. Die gewünschte Server-Sprache auswählen.
20. Die Option **NetWare Server-Installation** wählen.
21. Fahren Sie mit dem Punkt »Weitere Vorgehensweise bei der angepaßten Installation« fort.

Ausführung: Installation von einem anderen Netzwerk (Disketten)

1. Ein NetWare-Verzeichnis auf einem bestehenden Server erstellen, und die Dateien in dieses Verzeichnis kopieren: **MD NETWARE** ⏎, **CD NETWARE** ⏎, **NCOPY** *D: /S /E /V* ⏎.
2. Um die Dateien von Disketten zu kopieren, den oben dargestellten NCOPY-Befehl für jede Diskette ausführen.
3. Auf jedem Computer, den Sie als NetWare-4.1-Server verwenden möchten, eine DOS-Partition von mindestens 15 Mbyte Größe einrichten und dort einen DOS-Client installieren. Anschließend dem

4.2

Hardware-Voraussetzungen

Server von dem aus installiert werden soll, ein Laufwerk zuordnen.

4. An der Eingabeaufforderung des zugeordneten Laufwerks folgenden Befehl eingeben: INSTALL ⏎.
5. Die gewünschte Server-Sprache auswählen.
6. Die Option **NETWARE SERVER-INSTALLATION** wählen.
7. Fahren Sie mit dem Punkt »Weitere Vorgehensweise bei der angepaßten Installation« fort.

Ausführung: Weitere Vorgehensweise bei der angepaßten Installation

1. Die Option **ANGEPASSTE INSTALLATION VON NETWARE 4.1** wählen.
2. Den Server-Namen in das dafür vorgesehene Feld eingeben.
3. Auf dem nun folgenden Bildschirm wird eine zufällig erzeugte interne IPX-Netzwerknummer angezeigt. Es handelt sich hierbei um
eine Kennnummer, die diesen Server eindeutig identifiziert und
dem Netzwerk bekanntmacht.
4. Die automatisch erzeugte interne IPX-Netzwerknummer akzeptie-
ren, oder eine neue Kennnummer eingeben.
5. Notieren Sie Ihre interne IPX-Netzwerknummer.
6. Kopieren der Server-Startdateien auf die DOS-Partition.
7. Auf einem Bildschirm werden der Quellpfad und das Zielverzeich-
nis angezeigt, in das die Server-Startdateien kopiert werden.
8. Den Standardpfad bestätigen oder ändern, und die Dateien kopieren.
9. Wenn Sie von Disketten installieren, die NetWare-Disketten auf
Anforderung in Laufwerk A: einlegen und ⏎ drücken.
10. Wenn alle Dateien kopiert sind, erscheint der Bildschirm **SPRA-
CHENKONFIGURATION**, auf dem das Feld *Ländercode* markiert ist.
11. Die Landeskennzahl, Codeseite und Tastaturzuordnung angeben.
Sie können sich mit Hilfe der →, ←, ↑, ↓-Tasten innerhalb des
Bildschirms bewegen.
12. Den Tastaturtyp auswählen.
13. Das Dateinamensformat wählen. Es ist zu empfehlen, das DOS-
Namensformat zu wählen. Dadurch wird verhindert, daß Arbeitsstationen, auf denen NETX-Shells (statt VLMs) ausgeführt wer-

den, beim Benennen von erstellten Dateien Zeichen verwenden, die nach den DOS-Konventionen ungültig sind.

14. Wenn Sie die Option **NetWare Dateinamenformat** wählen, können Sie alle unter NetWare gültigen Zeichen verwenden, auch wenn diese den DOS-Dateinamenskonventionen nicht entsprechen.

15. Sie werden dazu aufgefordert, anzugeben, ob Sie SET-Startbefehle festlegen möchten.

16. Wenn Sie **Ja** wählen, wird ein Bearbeitungsfeld angezeigt, in das die Startbefehle eingegeben werden können.

17. Wenn Ihre Festplatte, Ihre CD-ROM oder ein anderes Ihrer Geräte ASPI verwendet, sollten Sie Ihrer *STARTUP.NCF*-Datei die folgende Zeile hinzufügen:
```
SET RESERVED BUFFERS BELOW 16MB = 200
```

18. Wenn Sie SET-Startbefehle angegeben haben, [F10] drücken, um sie zu speichern.

19. Sie haben jetzt die Möglichkeit die Datei **SERVER.EXE** in Ihre *AUTOEXEC.BAT*-Datei einfügen. Dadurch wird der Server beim Neustart des Rechners automatisch gestartet.

Das Installationsprogramm führt nun die Programme **SERVER.EXE** und **INSTALL.NLM** aus.

Laden der Festplattentreiber und CD-ROM-Treiber

Um die Massenspeichermedien unter Novell-NetWare ansprechen zu können müssen zuerst die entsprechenden Treiber installiert werden. Gehen Sie dabei folgendermaßen vor:

■ Sie werden zur Auswahl eines Plattentreibers aufgefordert, wählen Sie den benötigten Treiber aus folgender Tabelle:

Bustyp	Controller	Treiber
ISA	AT	ISADISK
	IDE	IDE
EISA	AT	ISADISK
	IDE	IDE
	ESIA	herstellerspez. Treiber
Microchannel	ESID	PS2ESDI
	IBM SCSI	PS2SCSI

Sollten Sie eine andere Bustyp-/Controller-Kombination benutzen (z. B. PCI/SCSI), wählen Sie den mitgelieferten Treiber des Controllerherstellers.

Ausführung: Plattentreiber auswählen

1. Ist der benötigte Festplattentreiber in der Liste aufgeführt, wählen Sie ihn aus. Ist der Treiber nicht aufgeführt, drücken Sie [Einfg] und folgen Sie den Anweisungen.
2. Überprüfen Sie, ob die angezeigten Parametereinstellungen richtig sind. Stimmen die Einstellungen, wählen Sie **PARAMETER SPEICHERN UND FORTFAHREN**. Stimmen sie nicht, wählen Sie **TREIBERPARAMETER AUSWÄHLEN/MODIFIZIEREN UND FORTFAHREN**.
3. Wählen Sie zusätzliche Festplatten- oder CD-ROM-Treiber aus, falls notwendig.

Laden der LAN-Treiber

Um die Netzwerkkarte anzusprechen, muß jetzt ein LAN-Treiber installiert werden. Die Auswahl des LAN-Treibers hängt vom verwendeten Verkabelungssystem und der verwendeten Netzwerkkarte ab. Durch das Laden eines LAN-Treibers wird eine Netzwerkverbindung hergestellt.

Entnehmen Sie den benötigten LAN-Treiber folgender Tabelle:

Verkabelung	Netzwerkkarte	Treiber
ARCnet	RX-Net	TRXNET.LAN
	RX-Net II	
	RX-Net/2	
Ethernet	NE/2 NE/2T	NE2.LAN
	NE/2-32	NE2_32.LAN
	NE1000 – ASSY 950-054401	
	NE1000 – ASSY 810-160-001	NE1000.LAN
	NE2000 – ASSY 810-149	
	NE2000T – ASSY 810-000220	NE2000.LAN
	NE2100 – ASSY 810-000209	NE2100.LAN

Verkabelung	Netzwerkkarte	Treiber
	NE1500T – ASSY 810-000214	NE1500T.LAN
	NE3200	NE3200.LAN
	NE32HUB	NE32HUB.LAN
Token-Ring	NTR2000	NTR2000.LAN

Ist Ihre Netzwerkkarte in obiger Tabelle nicht enthalten, benötigen sie eine Treiberdiskette des Herstellers.

Ausführung: LAN-Treiber auswählen

1. Ist der benötigte LAN-Treiber in der Liste aufgeführt, wählen Sie ihn aus. Ist der Treiber nicht aufgeführt, drücken Sie `Einfg` und folgen den Anweisungen.
2. Wenn Sie auf Ihrem Server neben IPX weitere Netzwerkprotokolle laden möchten, im Menü **PARAMETERAKTIONEN** die Option **TREIBERPARAMETER UND -PROTOKOLLE AUSWÄHLEN/MODIFIZIEREN** wählen.
3. Aktivieren bzw. deaktivieren Sie die gewünschten Protokolle.
4. Wenn Sie in Schritt 3 das Protokoll TCP/IP ausgewählt haben, die IP-Adresse und die IP-Maskennummer eingeben und `F10` drücken.
5. Wenn Sie für den Server bestimmte IPX-Rahmentypen auswählen möchten, `F3` drücken.
6. Eine Liste mit Rahmentypen wird angezeigt.
   Hinweis: NetWare 4.1 lädt standardmäßig alle anwendbaren Rahmentypen, bindet jedoch nur die gefundenen Rahmentypen an das Netzwerk. Beim Neustart des Servers werden nur die gebundenen Rahmentypen geladen. In dieser Liste geben Sie die Rahmentypen ausdrücklich an, die Sie an IPX binden möchten.
7. Wählen Sie die gewünschten Rahmentypen aus.
8. `F10` drücken, um die Einstellungen abzuspeichern.
9. Die angezeigten LAN-Treiberparameter überprüfen. Überprüfen Sie, ob die angezeigten Parametereinstellungen richtig sind.
10. Wählen Sie zusätzliche LAN-Treiber aus, falls notwendig.
11. Sie werden bei jedem im Netzwerk gefundenen Rahmentyp informiert, daß der Rahmentyp an IPX gebunden wird.

4.2

Hardware-Voraussetzungen

12. Sie sollten die angezeigten externen IPX-Netzwerkadressen, die interne IPX-Netzwerknummer des Servers und Knotenadresse der Netzwerkkarte notieren.

13. Wenn Sie zusätzliche Rahmentypen ausgewählt haben, werden Sie aufgefordert, die externe IPX-Netzwerknummer der einzelnen Rahmentypen einzugeben.

14. Weiter mit »Erstellen von NetWare-Festplattenpartitionen«.

Erstellen von NetWare-Festplattenpartitionen

Wie MS-DOS braucht auch das Betriebssystem NetWare eigene Bereiche auf den Festplatten, auf denen es seine Daten ablegen kann. Man spricht von sogenannten Partitionen. Pro Festplatte kann ein solcher Bereich (Partition) angelegt werden.

Die angepaßte Installation bietet zwei Möglichkeiten NetWare-Festplattenpartitionen zu erstellen, nämlich die automatische und die manuelle Erstellung.

■ Wählen Sie automatische Erstellung, wenn Sie NetWare-Festplattenpartitionen von NetWare erstellen lassen möchten, ohne dabei die Spiegelungs- oder Duplizierungsoption zu nutzen.

■ Wählen Sie die manuelle Erstellung, wenn Sie
   ◆ die Größe der NetWare-Partition festlegen möchten
   ◆ Sie Platz für weitere Betriebssysteme auf Ihrer Festplatte benötigen
   ◆ Sie Festplattenpartitionen spiegeln oder duplizieren möchten
   ◆ Sie aktuelle Festplattenpartitionen selektiv löschen möchten.

Ausführung: Automatisches Erstellen von NetWare-Festplattenpartitionen

1. Im Menü **Festplattenpartitionen** die Option **Automatisch** auswählen.
   Weiterlesen unter »Verwalten von NetWare-Datenträgern«.

Ausführung: Manuelles Erstellen von NetWare-
Festplattenpartitionen

1. Im Menü **NETWARE FESTPLATTENPARTITIONEN ERSTELLEN** die Option **MANUELL** auswählen.
2. Im Menü **FESTPLATTENPARTITIONS- UND SPIEGELUNGSOPTIONEN** die Option **ERSTELLEN, LÖSCHEN UND BEARBEITEN VON FESTPLATTENPARTITIONEN** auswählen.
3. Bei mehrere Platten, im Menü **VERFÜGBARE FESTPLATTENLAUFWERKE** die Platte für die zu erstellende NetWare-Partition auswählen.
4. Die Option **NETWARE FESTPLATTENPARTITION ERSTELLEN** wählen.
5. Die Größe der NetWare-Partition (in Mbyte) angeben. (Die Hot Fix-Informationen werden automatisch angeglichen. NetWare stellt den Hot Fix-Prozentsatz entsprechend der Festplattenkapazität ein.)
6. Bei Bedarf entweder die Größe des Datenbereichs (in Mbyte) oder die des Hot Fix-Umadressierungsbereichs (in % der Größe der Festplattenpartition) ändern.
7. Zum Speichern und Fortfahren [Esc] drücken.
8. Bei der Eingabeaufforderung **NETWARE PARTITION ERSTELLEN? JA** auswählen und [↵] drücken.
9. Wenn Sie NetWare-Partitionen auf mehreren Laufwerken einrichten möchten, [Esc] drücken und die Schritte 3 bis 8 wiederholen.
10. Wenn Sie Festplatten spiegeln oder duplizieren möchten, unter »Spiegeln oder Duplizieren von NetWare-Plattenpartitionen (Optional)« weiterlesen. Ansonsten [Esc] drücken, **MIT DER INSTALLATION FORTFAHREN** wählen, und unter »Verwalten von NetWare-Datenträgern« weiterlesen.

Spiegeln oder Duplizieren von NetWare-Plattenpartitionen

NetWare 4.1 bietet Ihnen die Möglichkeit, sich vor Datenverlust bei Festplattenausfällen zu schützen, indem die Daten einer Festplatte auf eine oder mehrere andere Festplatten dupliziert werden. Beim Ausfall einer Platte kann unmittelbar mit den Daten der anderen Platte weiter gearbeitet werden.

Hardware-Voraussetzungen

Sie haben dabei folgende zwei Möglichkeiten:

◆ **Die Spiegelung**: Zwei gespiegelte Festplatten werden von einem Controller versorgt.

◆ **Das Duplizieren**: Hier kommen 2 Platten mit 2 Controllern zum Einsatz. Die Duplizierung bietet besseren Schutz, da ein gleichzeitiger Ausfall zweier Plattencontroller noch unwahrscheinlicher ist, als ein Ausfall zweier Festplatten.

■ Die Vorgänge sind bei der Festplattenspiegelung und der Festplattenduplizierung gleich.

■ Die Partitionen der gespiegelten oder duplizierten Festplatten sollten eine ähnliche Größe aufweisen.

■ In der Regel reichen zwei gespiegelte Partitionen aus, Sie können jedoch bis zu acht Partitionen spiegeln.

Ausführung: Spiegeln/Duplizieren einer Festplatte

1. Im Menü FESTPLATTENPARTITIONS- UND SPIEGELUNGSOPTIONEN die Option SPIEGELN UND AUFHEBEN DER SPIEGELUNG VON FESTPLATTENPARTITIONSSÄTZEN auswählen.

2. Die Partition auswählen, die gespiegelt oder dupliziert werden soll.

3. Eine Liste der auf dem gewählten Laufwerk vorhandenen Festplattenpartitionen wird angezeigt.

4. ⊟ drücken, um die verfügbaren Festplattenpartitionen anzuzeigen.

5. Die Plattenpartition auswählen, auf die die in Schritt 2 gewählte Partition gespiegelt werden soll.

6. Ist diese Festplattenpartition größer oder kleiner als die Partition, auf die sie gespiegelt werden soll, wird eine Fehlermeldung angezeigt.

7. Es folgt die Option, die Größe der ausgewählten NetWare-Festplattenpartition zu ändern.

8. JA wählen, um eine Partition der selben Größe einzurichten.

9. NetWare paßt die Größe der größeren Festplattenpartition der der kleineren Partition an.

10. Das Menü **Gespiegelte NetWare Festplattenpartitionen** wird angezeigt.
11. F10 drücken, um zum Bildschirm **Status der Festplattenpartitionsspiegelung** zurückzukehren.
12. Im Bildschirm **Status der Festplattenpartitionsspiegelung** werden die gegenseitig gespiegelten Festplattenpartitionen angezeigt.
13. F10 drücken, um zum Bildschirm **Festplattenpartitions- und -spiegelungsoptionen** zurückzukehren.
14. Die Option **Mit der Installation fortfahren** auswählen.
15. Weiter mit »Verwalten von NetWare-Datenträgern«.

Verwalten von NetWare-Datenträgern

Wenn Sie nur über eine Festplatte verfügen, erstellt die Installation nur ein Volume mit dem Namen **SYS:**. Wenn der Server über mehrere Festplatten verfügt, definiert das Installationsprogramm jede Festplatte als eigenständigen Datenträger.

Sie haben jetzt mehrere Optionen zum Verwalten der Datenträger.

Im Gegensatz zu einigen Parameter-Einstellungen, die im Nachhinein geändert werden können, lassen sich die folgenden Parameter Einstellungen nur ändern, bevor die Datenträger abgespeichert und aktiviert worden sind:

■ Dateikompression aktivieren/deaktivieren
■ Teilblockzuordnung aktivieren/deaktivieren

Ändern der voreingestellten Segmentgröße eines Datenträgers

Die Größe eines bestehenden Datenträgers (der bereits auf der Festplatte gespeichert ist) kann nur durch Löschen und erneutes Erstellen geändert werden.

Ausführung: Ändern der Segmentgröße eines Datenträgers

1. Im Bildschirm **NetWare Datenträger verwalten** F3 drücken.
2. Der Bildschirm **Liste der Datenträgerfestplattensegmente** wird angezeigt.

4.2

Hardware-Voraussetzungen

133

3. Die Nummer der Einheit wählen, deren Datenträgergröße Sie ändern möchten.
4. Die Liste **FESTPLATTENSEGMENTPARAMETER** wird angezeigt.
5. Im Feld *Festplattensegmentgröße* die neue Datenträgergröße in Mbytes angeben.
6. (Esc) drücken, um zum Bildschirm **LISTE DER DATENTRÄGERFESTPLATTENSEGMENTE** zurückzukehren.
7. Wenn Sie die Größe des Datenträgers verringern, wird der verbleibende Speicherplatz als *freier Platz* angezeigt. Sie können diesen einem anderen Datenträger zuordnen, indem Sie den *freien Platz* markieren, und (↵) drücken.

Ändern des Datenträgernamens

Der Datenträger *SYS:* kann nicht umbenannt werden.

Ausführung: Ändern des Datenträgernamens

1. Im Bildschirm **DATENTRÄGER VERWALTEN** den Datenträger auswählen, dessen Name geändert werden soll.
2. Der Bildschirm **DATENTRÄGERINFORMATION** wird angezeigt.
3. Das Feld *Name* im Bildschirm **DATENTRÄGERINFORMATION** wählen.
4. Einen neuen Namen für den Datenträger eingeben.
5. (Esc) drücken, um zur Liste der Datenträger zurückzukehren.

Ändern der Blockgröße eines Datenträgers

Das Installationsprogramm nimmt die folgenden Voreinstellungen für die Blockgröße vor. Durch diese Blockgröße wird der benötigte Arbeits- und Plattenspeicher für den entsprechenden Datenträger minimiert.

Datenträgergröße	Blockgröße
0 bis 31 Mbyte	4 Kbyte oder 8 Kbyte
32 bis 149 Mbyte	16 Kbyte
150 bis 499 Mbyte	32 Kbyte
mehr als 500 Mbyte	64 Kbyte

Es wird empfohlen, diese Einstellungen beizubehalten. Erfahrene Anwender können hier aber die Serverleistung optimieren.

Bei Verwendung geringer Blockgrößen, benötigt der Server mehr Speicher für die Verwaltung der Dateizuordnungstabelle (FAT) und der Verzeichniseintragstabelle (DET). Außerdem sind größere Blöcke günstiger, wenn mit umfangreichen Datenbankdatensätzen gearbeitet wird. Bei eingeschalteter Teilblockzuordnung sollte eine größere Blockgröße eingestellt werden (→ Aktivieren/Deaktivieren der Teilblockzuordnung).

Ausführung: Ändern der Blockgröße

1. Im Bildschirm **DATENTRÄGER VERWALTEN** den Datenträger auswählen, dessen Blockgröße geändert werden soll.
2. Mit den Tasten ⊡, ⊡, ⊡, ⊡ in das Feld *Datenträger Blockgröße* gehen und ⊡ drücken.
3. Eine neue Blockgröße auswählen.

Aktivieren/Deaktivieren der Dateikompression

Dateikompression bedeutet, daß Dateien, die selten benutzt werden komprimiert werden, und somit weniger Plattenspeicher benötigen. Komprimierte Dateien werden entkomprimiert, sobald auf sie zugegriffen wird. Dieses Verfahren arbeitet ähnlich wie das von MS-DOS bekannte Dienstprogramm **DOUBLESPACE**.

Die Standardeinstellung für Dateikompression ist **EIN**.

Die Kompression wird für einen ganzen Datenträger aktiviert oder deaktiviert. **Die Kompressionseinstellung kann nach dem Erstellen des Datenträgers nicht mehr ohne Datenverlust geändert werden.** Überlegen Sie sich also genau, ob sie die Kompression brauchen. Es wird empfohlen, die Kompression nur dann zu aktivieren, wenn Sie nur über wenig Plattenspeicherplatz verfügen.

Zum Einstellen einzelner Dateien auf diesem Datenträger mit oder ohne Kompression müssen Sie nach Abschluß der Installation das Dienstprogramm **FLAG** oder den NetWare-Administrator verwenden. Um den Status der Dateikompression später noch zu ändern, müssen Sie den Datenträger löschen und dann neu erstellen.

4.2

Hardware-Voraussetzungen

Ausführung: Kompression einstellen

1. Im Bildschirm **DATENTRÄGER VERWALTEN** den Datenträger auswählen, dessen Dateikompressions-Status geändert werden soll.
2. Der Bildschirm **DATENTRÄGERINFORMATION** wird angezeigt.
3. Mit den Pfeiltasten in das Feld *Dateikompression* gehen.
4. Der Bildschirm **WÄHLEN SIE EINE EINSTELLUNG FÜR DIE DATENTRÄGERKOMPRESSION** wird angezeigt.
5. Durch Drücken von ↵ zwischen *Ein* und *Aus* wechseln.

Aktivieren/Deaktivieren der Teilblockzuordnung

Die Teilblockzuordnung spart Plattenspeicher, indem sie die letzten Teile von Dateien in gemeinsamen Blöcken speichert, die in sogenannte Unterordnungsblöcke aufgeteilt sind.

Bei nicht aktivierter Teilblockzuordnung werden beispielsweise zum Speichern einer 5 Kbyte großen Datei (auf einem Datenträger mit einer Blockgröße von 4 Kbyte) zwei 4 Kbyte-Blöcke benötigt. Dies bedeutet jedoch, daß 3 Kbyte Festplattenspeicher ungenutzt bleiben. Bei der Teilblockzuordnung benötigt die 5 Kbyte große Datei nur 5 Kbyte Plattenspeicher: einen 4 Kbyte-Block und zwei 512-Byte-Teilzuordnungsblöcke.

■ Wie auch die Dateikompression, sollten Sie die Teilblockzuordnung nur bei knappem Speicherplatz verwenden.

■ Die Standardeinstellung für die Teilblockzuordnung ist *Ein*.

Ausführung: Aktivieren/Deaktivieren der Teilblockzuordnung

1. Im Bildschirm **DATENTRÄGER VERWALTEN** den Datenträger auswählen, dessen Teilblockzuordnungs-Status geändert werden soll.
2. Der Bildschirm **DATENTRÄGERINFORMATION** wird angezeigt.
3. Mit den Pfeiltasten in das Feld *Teilblockzuordnung* gehen, und ↵ drücken.
4. Der Bildschirm **WÄHLEN SIE EINE EINSTELLUNG FÜR DIE DATENTRÄGEKOMPRESSION** wird angezeigt.
5. Durch Drücken von ↵ kann zwischen *Ein* und *Aus* hin- und hergeschaltet werden.

Deaktivieren/Aktivieren der Datenmigration

Datenmigration ist dann zu wählen, wenn Sie ein Hochleistungs-Speichersystem wie Novell HCSS oder Cheyenne HMS verwenden.

■ **Achtung:** Bei aktivierter Migration ist Dateikompression und Teilblockzuweisung zu deaktivieren.

Ausführung: Datenmigration ein- oder ausschalten

1. Im Bildschirm **DATENTRÄGER VERWALTEN** den Datenträger auswählen, dessen Datenmigrations-Status geändert werden soll.
2. Der Bildschirm **DATENTRÄGERINFORMATION** wird angezeigt.
3. Mit den Pfeiltasten in das Feld *Datenmigration* gehen, und ⏎ drücken.
4. Der Bildschirm **WÄHLEN SIE EINE EINSTELLUNG FÜR DIE DATENTRÄGERKOMPRESSION** wird angezeigt.
5. Durch Drücken von ⏎ zwischen *Ein* und *Aus* hin- und herschalten.

Ausführung: Speichern und Aktivieren von Datenträgern und Lizenzieren der Software

An dieser Stelle nochmals der Hinweis, daß die meisten Datenträgeroptionen wie sie unter »Verwalten von NetWare-Datenträgern« beschrieben wurden, später nicht mehr geändert werden können. Versichern Sie sich also, daß diese Einstellungen korrekt sind, bevor Sie weitermachen.

1. In der Liste der Datenträger durch Drücken von [F10] alle Datenträger-Informationen speichern.
2. Ein Bestätigungsbildschirm wird angezeigt.
3. JA wählen, um die Änderungen der Datenträger-Informationen zu speichern.
4. Nachdem die Datenträger-Informationen auf der Festplatte gespeichert wurden, aktiviert das Installationsprogramm alle Datenträger, damit Netzwerkbenutzer auf sie zugreifen können.
5. Sie werden jetzt aufgefordert, die Lizenz-Diskette einzulegen.
6. Lizenz-Diskette in Laufwerk A: einlegen.

7. Eine Meldung wird angezeigt, die besagt, daß die Server-Lizenz erfolgreich installiert wurde.
8. Die Lizenz-Diskette entfernen und an einem sicheren Platz aufbewahren.

Paßwort für den erneuten Verbindungsaufbau mit dem Server eingeben (bei Installation vom Netzwerk)

Installieren Sie von einem Netzwerk, erscheint jetzt ein Bildschirm, der Sie zum erneuten Eingeben des Paßworts auffordert.

Kopieren der NetWare-Dateien

Sie werden jetzt aufgefordert, den Ursprungspfad zu überprüfen oder zu ändern. Anschließend beginnt NetWare mit dem Kopieren der verbleibenden Dateien. Das kann einige Zeit dauern.

Auswählen optionaler NetWare-Dateigruppen

Wenn alle NetWare-Dateien auf Datenträger *SYS:* kopiert wurden, erscheint ein Bildschirm mit zusätzlichen Installationsoptionen. Sofern Sie keine Option aus dieser Liste wählen wollen, verlassen Sie dieses Menü mittels der Option MIT DER INSTALLATION FORTFAHREN aus dem Menü ANDERE INSTALLATIONSAKTIONEN. Die aufgeführten Optionen können Sie übrigens jederzeit vom Server aus durchführen, indem Sie INSTALL.NLM an der Server-Konsole laden.

Installieren von NetWare-Verzeichnis-Services

Das Netzwerk wird jetzt nach Verzeichnisbäumen abgesucht. Das nächste Menü hängt davon ab, ob weitere Server im Netz gefunden werden. Werden weitere Server gefunden, bietet Ihnen die Installation an, den Server in einen bestehenden Verzeichnisbaum zu installieren. Wählen Sie für diesen Fall einen Baum aus und drücken Sie ⏎. Ist der zu installierende Server der einzige Server im Netz, bestätigen Sie bitte, daß der Server der erste Server im Netz ist und fahren mit der Installation fort.

Ausführung: Installieren der NDS, wenn Server erster Server ist

1. Wählen Sie JA, DIES IST DER ERSTE NETWARE-4-SERVER.
2. Geben Sie den Namen Ihrer Organisation ein. Der Name Ihrer NDS-Organisation kann Ihre Firma, Division oder Ihre Abteilung sein. Dieser Name ist gleichzeitig der Name Ihres Verzeichnisbaums.
3. Zeitsynchronisierung einrichten. Die Zeitsynchronisierung ist wichtig für die NDS. Die Clients werden mit der Serverzeit synchronisiert. Außerdem dient die Serverzeit zur Protokollierung und Steuerung von Abläufen in der NDS. **Das fehlerhafte Einrichten der Zeit-Services kann zu schwerwiegenden Synchronisierungsfehlern in der Verzeichnisdatenbank führen.**
4. Wählen Sie die Zeitzone, in welcher der Server installiert ist.
5. Im Bildschirm ZEITKONFIGURATIONSPARAMETER die Zeitsynchronisierungsparameter prüfen oder angeben.
6. Wenn ein anderer Zeit-Server-Typ ausgewählt werden soll, das Feld *Zeit-Server-Typ* markieren, und ⏎ drücken.
7. Die Abkürzung für Ihre Standard-Zeitzone eingeben.
8. Die Abweichung von der UTC-Zone (vormals Greenwich Mean Time) in Stunden eingeben.
9. Sommerzeit *JA* oder *NEIN* wählen.
10. Die Sommerzeit-Abweichung eingeben.
11. Beginn und Ende der Sommerzeit eingeben.
12. F10 und dann ⏎ drücken, um die Zeitkonfiguration zu speichern.
13. In das Feld *Firma oder Organisation* den Firmen- oder Organisationsnamen eingeben. Es können nur gültige Zeichen (Buchstaben von A bis Z, Ziffern von 0 bis 9, Trenn- und Unterstriche) eingegeben werden.
14. (Optional) Im Feld für die organisatorische Einheit auf Ebene 1 den Namen der organisatorischen Einheit eingeben.
15. (Optional) Im Feld für die organisatorische Einheit auf Ebene 2 einen zusätzlichen Namen der organisatorischen Einheit eingeben.
16. (Optional) Im Feld für die organisatorische Einheit auf Ebene 3 einen zusätzlichen Namen der organisatorischen Einheit eingeben.

Hardware-Voraussetzungen

17. Sie können manuell mehr als drei Ebenen von organisatorischen Einheiten (bis zu 25) in das Feld **Server-Kontext** eingeben. Es ist darauf zu achten, daß zwischen den einzelnen Namen ein Punkt (.) als Begrenzer eingegeben wird.

18. (Optional) Das Feld **Server-Kontext** erneut aktivieren, einen Ländercode oder weitere organisatorische Einheiten eingeben.

19. Geben Sie das Verwalter-Paßwort ein.

 ◆ **Warnung:** Wenn Sie das Verwalter-Paßwort vergessen, müssen Sie die Installation erneut durchführen.

20. Geben Sie an der Eingabeaufforderung das Paßwort zur Bestätigung erneut ein.

21. Zum Speichern der Verzeichnisinformationen [F10] drücken.

Ausführung: Installieren der NDS, wenn Server nicht erster Server ist

1. Wählen Sie **INSTALLATION IN BAUM BAUMNAME**, oder drücken Sie [Einfg], wenn sie einen neuen Verzeichnisbaum erstellen wollen.

2. Weiteres Vorgehen, wie unter »Installieren der NDS, wenn Server erster Server ist« beschrieben.

Neues Erscheinungsbild des Verzeichnisbaums

Während der Installation wurden folgende Objekte im Verzeichnisbaum erstellt:

■ Server-Objekt

■ Datenträgerobjekte (Server-Name_SYS und andere angegebene Datenträger, die Sie bestimmt haben).

■ Benutzerobjekt ADMIN (der Systemverwalter mit Supervisor-Objektrechten für diesen Kontext). Dieses Objekt wird vom Installationsprogramm direkt unterhalb der Organisationsebene eingeordnet. Das Benutzerobjekt ADMIN wird nur einmal, und nur auf dem ersten Server des Verzeichnisbaums erstellt.

■ Benutzerobjekt Supervisor (nur bei Bindery-Services). Dieses Objekt wird nur von Dienstprogrammen aus früheren NetWare-Versionen erkannt.

■ Das [Root]-Objekt. Es enthält keine zusätzlichen Informationen und kann nicht umbenannt oder gelöscht werden.

Folgende Trustee-Zuordnungen wurden während der Installation erstellt:
■ Das Benutzerobjekt ADMIN hat das Supervisor-Objektrecht für das [Root]-Objekt.
■ [Public] verfügt über das Browse-Recht für das [Root]-Objekt.
■ Alle Behälterobjekte verfügen über Lese- und Dateiabfragerechte für die PUBLIC-Verzeichnisse aller Systemdatenträger des Behälters.
■ Das [Root]-Objekt (oder ein sicherheitsäquivalentes Objekt) eines Baums verfügt über das Browse-Recht für alle Benutzerobjekte in diesem Baum.
■ Das [Root]-Objekt verfügt über das Leserecht für die Gruppeneigenschaft aller Gruppenobjekte.
■ Das [Root]-Objekt verfügt über das Leserecht für die folgenden Eigenschaften aller Datenträgerobjekte: Host-Server-mName.
■ Alle Benutzerobjekte haben das Leserecht für ihre eigenen Eigenschaften und für die Eigenschaften der Profile, zu denen sie gehören.

Als letzten Punkt der Installation haben Sie jetzt die Gelegenheit, die Dateien *AUTOEXEC.NCF* und *STARTUP.NCF* zu bearbeiten.

Bearbeiten der *STARTUP.NCF*-Datei

Die Datei *STARTUP.NCF* wird als erstes nach Aufruf von **SERVER.EXE** ausgeführt. Sie befindet sich zusammen mit **SERVER.EXE** auf der Startfestplattenpartition.

Die *STARTUP.NCF*-Datei enthält die Befehle zum Laden der Festplattentreiber, die Sie im Abschnitt »Laden von Plattentreibern« angegeben haben. Sie können dieser Datei weitere Befehle hinzufügen, oder bestehende Befehle löschen.

Nachfolgend sind einige der Befehle aufgeführt, die Sie Ihrer *STARTUP.NCF*-Datei möglicherweise hinzufügen können.
■ Laden von Name-Spaces für Macintosh, OS/2, UNIX oder FTAM:

LOAD *MAC.NAM*, **LOAD** *OS2.NAM*, **LOAD** *NFS.NAM*, **LOAD** *FTAM.NAM*

Diese Befehle müssen vor dem Befehl zum Aktivieren des Datenträgers eingegeben werden, in dem die Dateien mit Name-Space gespeichert sind.

■ Einstellen von Server-Parametern. Folgende sechs SET-Befehle können Sie nur Ihrer *STARTUP.NCF*-Datei hinzufügen. Andere SET-Befehle können Sie entweder der Datei *STARTUP.NCF* oder der *AUTOEXEC.NCF* hinzufügen:
   ◆ SET *Maximum Physical Receive Packet Size*
   ◆ SET *Auto Register Memory Above 16 Megabytes*
   ◆ SET *Reserved Buffers Below 16 Megabytes*
   ◆ SET *Maximum Subdirectory Tree Depth*
   ◆ SET *Auto TTS Backout Flag*
   ◆ SET *Minimum Packet Receive Buffer*

■ Weitere Informationen zu diesen und anderen SET-Befehlen bekommen Sie, wenn Sie an der Server-Konsole SET eingeben (→ SET).

Ausführung: STARTUP.NCF bearbeiten

Führen Sie folgende Arbeitsschritte aus, um die *STARTUP.NCF*-Datei zu bearbeiten:

1. Einen Befehl je Zeile eingeben.
2. ⊡ betätigen, um Befehle zu entfernen, damit sie gelöscht oder bearbeitet werden können.
3. Nach Abschluß der Bearbeitung ⌞F10⌝ drücken.
4. Wenn Sie gefragt werden, ob die Datei gesichert werden soll, **JA** auswählen.
5. Sie können auch mit Hilfe von **INSTALL** oder des Server-Dienstprogramms **SERVMAN.NLM** Befehle in die Datei *STARTUP.NCF* einfügen.
6. Weitere Optionen für **SET** finden Sie im Abschnitt »SET-Parameter«.

Hardware-Voraussetzungen

Bearbeiten der AUTOEXEC.NCF-Datei

Die Datei *AUTOEXEC.NCF* befindet sich auf dem Datenträger SYS: im Verzeichnis *SYSTEM*, und ist deshalb nur zugänglich, wenn SYS: gemountet ist. Sie wird nach *STARTUP.NCF* ausgeführt.

In der *AUTOEXEC.NCF*-Datei werden Befehle aufgeführt, die Sie zuvor in diesem Programm festgelegt haben. Diese beinhalten:

■ SET-Befehle für die Zeitzone (Zeit-Server-Typ, Zeitzonen, Status und Abweichung der Sommerzeit).

■ Bindery-Kontext (für Bindery-Services, automatisch auf den Kontext dieses Servers eingerichtet). Benutzer, die sich von einer Arbeitsstation aus auf einem NetWare-4.1-Server anmelden, und anstatt *VLMs* zu verwenden, **NETX** benutzen, benötigen die Bindery-Kontext-Einstellung in der *AUTOEXEC.NCF*-Datei des Servers.

■ Server-Name

■ Interne IPX-Netzwerknummer

■ Alle **LOAD**- und **BIND**-Befehle für LAN-Treiber, Protokolle und Rahmentypen

■ Nachfolgend einige Möglichkeiten, die Sie bei der Gestaltung Ihrer AUTOEXEC.NCF-Datei haben:

Aktion	Beispiel
Laden weiterer Module (NLMs) beim Starten des Servers.	LOAD MONITOR LOAD NLMname
Datenträger aktivieren.	MOUNT Datenträgername MOUNT ALL
Server-Parameter einstellen.	SET Option
Beliebige gültige Konsolenbefehle, die während des Startvorgangs ausgeführt werden.	SECURE CONSOLE

Weitere Informationen über Kommandos, die Sie in *AUTOEXEC.NCF* verwenden können, im Abschnitt »NLMs« und »SERVER-Kommandos«.

Ausführung: Bearbeiten von AUTOEXEC.NCF

1. Die ⊕-Taste drücken, um die *AUTOEXEC.NCF*-Datei zu bearbeiten.
2. Einen neuen Befehl je Zeile eingeben.
3. ⊖ betätigen, um Befehle zu entfernen, damit sie gelöscht oder bearbeitet werden können.
4. Nach Abschluß der Bearbeitung (F10) drücken.
5. Wenn Sie gefragt werden, ob diese Datei gesichert werden soll, JA auswählen.

   ◆ Die übrigen NetWare-Dateien werden auf den Server kopiert. Dieser Vorgang kann einige Minuten in Anspruch nehmen.

   ◆ Wenn alle NetWare-Dateien auf Datenträger *SYS:* kopiert wurden, erscheint ein Bildschirm mit zusätzlichen Installationsoptionen. Sofern sie keine Option aus dieser Liste wählen wollen, verlassen Sie dieses Menü mittels der Option MIT DER INSTALLATION FORTFAHREN aus dem Menü ANDERE INSTALLATIONSAKTIONEN. Die aufgeführten Optionen können Sie übrigens jederzeit vom Server aus durchführen, indem Sie INSTALL.NLM an der Server-Konsole laden.

   ◆ Die Installation des Servers ist damit beendet.

Hardware-Voraussetzungen

4.3 Berechnung der Speicheranforderungen

Für das Berechnen des Speicherbedarfs müssen Sie zuerst die Anforderungen der wichtigsten NetWare-Komponenten kennen:

- NetWare-Betriebssystem
- Datenträger
- NLMs

Nachfolgend werden die Bereiche aufgelistet, die Arbeitsspeicher belegen, und die entsprechenden Formeln zur Berechnung des RAM-Bedarfs der einzelnen Bereiche aufgeführt.

Tabelle 4.1: Speicherbedarf Betriebssystem

Bereich	RAM-Bedarf
NetWare	7 Mbyte
Cache-Speicher	1 Mbyte + (Mbyte Online-Festplattenspeicher x 5 Kbyte)
Medien-Manager	150 Kbyte + (0,2 Kbyte x Mbyte Online-Festplattenspeicher)
Verwendete Verbindungen	2 Kbyte pro Benutzerverbindung
Paketempfangspuffer	2,3 Kbyte pro Puffer
Verzeichnis-Cache- Puffer	4,3 Kbyte pro Puffer
Service-Prozesse	9 Kbyte pro Service-Prozeß
Aktivierte Dateikompression	250 Kbyte

Tabelle 4.2: Speicherbedarf Datenträger

Bereich	Ram-Bedarf
Dateizuordnungstabellen	Datenträgerblöcke x 8,2 Bytes
Aktivierte Teilblockzuordnung	(((Blockgröße x 2)-1) x 4 Kbytes) + (5 x Anzahl der Dateien) Bytes
Verzeichniseintragstabelle (DET)	Anzahl der Dateien x 10 Bytes

Berechnen Sie Datenträgerblöcke, indem Sie die Größe des Datenträgers durch seine Blockgröße teilen.

Berechnen Sie die ungefähre Anzahl der Dateien, indem Sie die Datenträgergröße durch die durchschnittliche Dateigröße teilen.

Tabelle 4.3: Speicherbedarf von NLMs

NLM	Bedarf	Erforderlich für
BTRIEVE.NLM	700 Kbyte	Produkte wie NetWare für Mac und Arcserve.
CLIB.NLM	500 Kbyte	Druck-Server und für viele andere von NetWare ladbare Module.
INSTALL.NLM	700 Kbyte	Installation und Wartung.
PSERVER.NLM	750 Kbyte	Druck-Server

Ausführung: RAM-Anforderung berechnen

1. Jede der in obigen Tabellen aufgeführten Betriebssystemanforderungen einzeln berechnen.
2. Alle Ergebnisse der 3 Tabellen addieren.

4.3

Berechnung der Speicheranforderungen

5 Serverwartung

Dieses Kapitel behandelt die wichtigsten Wartungsarbeiten am Net-Ware-4.1-Server und stellt die zugehörigen Dienstprogramme vor.

5.1 RCONSOLE.EXE

RCONSOLE ist ein DOS-Programm, das zur Fernsteuerung eines Net-Ware-Servers dient.

Nach der Installation befindet sich das Programm im Verzeichnis *SYS:PUBLIC*.

◼ **RCONSOLE** kann nur verwendet werden, wenn auf dem fernzu-steuernden Server die Module **REMOTE.NLM** und **RSPX.NLM** ge-laden sind.

◼ Beim Start des Programms wird man zunächst nach dem Verbin-dungstyp gefragt (*SPX* für Netzverbindungen und *Asynchron* falls der Server über ein serielles Kabel verbunden ist). Danach er-scheint eine Liste der verfügbaren Server. Nach Eingabe eines Passwortes, das beim Starten des Server-Moduls festgelegt wird, gelangt man zu einem Bildschirm, der dem Kommandobildschirm des Servers entspricht.

◼ Es stehen folgende Tastatur-Kurzbefehle zur Verfügung:

◆ ⌨Alt+⌨F1 öffnet das Menü von **RCONSOLE**.
◆ ⌨Alt+⌨F2 verläßt **RCONSOLE**.
◆ ⌨Alt+⌨F3 schaltet einen Serverbildschirm zurück.
◆ ⌨Alt+⌨F4 schaltet einen Serverbildschirm vorwärts.
◆ ⌨Alt+⌨F5 zeigt die Netzwerkadresse der Arbeitsstation.

◆ Befindet man sich im Menü von **RCONSOLE** liefert ⌐F1⌐ eine On-line-Hilfe.

■ Das Menü von RCONSOLE beinhaltet folgende Funktionen:
  ◆ Auswahl des Server-Bildschirms.
  ◆ Eine Liste der Dateien und Verzeichnisse auf dem Server oder der Arbeitsstation anzeigen.
  ◆ Dateien auf den Server überspielen.
  ◆ Eine Betriebssystem-Shell aufrufen, die mit **EXIT** wieder verlassen wird.
  ◆ Die Fernkonsolensitzung mit dem aktuellen Server beenden.
  ◆ Das Menü wieder verlassen.
  ◆ Die Adresse der Arbeitsstation anzeigen.
  ◆ Tastaturpufferung konfigurieren (nur für **RCONSOLE**).

5.1

RCONSOLE.EXE

5.2 Die Fernkonsole (Rconsole)

5.2.1 Grundlagen

Das Dienstprogramm **RCONSOLE** ermöglicht es Ihnen, den Server zu bedienen, ohne selbst vor Ort zu sein, d.h. die Tastatur und den Bildschirm des Servers zu benutzen. **RCONSOLE** verbindet einen beliebigen PC mit dem Server so, als würden Sie direkt vor dem Server sitzen. Sie können alle Befehle und Aktionen wie am Server durchführen. Der entfernte PC kann dabei eine Workstation im Netz sein, oder mittels Telefonleitung mit dem Server verbunden sein. Voraussetzung dabei ist, daß der Server für Fernkonsolenverbindungen konfiguriert ist.

Ausführung: Aufruf der Fernkonsole

An der Workstation eingeben:

1. **RCONSOLE** (alle Server werden aufgelistet).
   RCONSOLE [*Server-Name*] (nicht bei Modemverbindungen).
   RCONSOLE [*Server-Name**] (alle Server, die der Wildcard entsprechen, werden aufgelistet; nicht bei Modemverbindungen).
   Die Fernkonsole wird im Prinzip wie eine normale Serverkonsole bedient, mit folgenden Unterschieden:

   ◆ Zugriff auf das RCONSOLE-Menü VERFÜGBARE OPTIONEN mittels [Alt]+[F1].
   ◆ Verlassen von RCONSOLE mit [Alt]+[F2].
   ◆ Bildlauf durch die Konsolenbildschirme durchführen mit [Alt]+[F3] oder [Alt]+[F4].
   ◆ Anzeigen der Adresse der Arbeitsstation, die Sie verwenden mit [Alt]+[F5].
   ◆ [F1] ruft die Hilfe auf.

5.2.2 Remote Management des Servers

Mit einer Fernkonsole verfügen Sie über größere Server-Sicherheit, da Sie die Server für Personen unzugänglich abschließen, und die Tastaturen und Monitore entfernen können. Wenn notwendig können Sie eine Fernkonsolensitzung von einer Arbeitsstation starten.

Nach Abschluß der Aufgaben können Sie die Fernkonsolensitzung verlassen, wodurch der Computer wieder als Arbeitsstation arbeitet. Die folgenden Funktionen können von einer Fernkonsole aus durchgeführt werden:

- Verwenden der selben Konsolenbefehle wie auf der Server-Konsole.
- Durchsuchen von Verzeichnissen und Bearbeiten von Textdateien, sowohl in den NetWare-Partitionen als auch in den DOS-Partitionen eines Servers.
- Übertragen von Dateien auf einen Server.
- Herunterfahren oder erneutes Starten eines Servers.
- Installation oder Aufrüstung von NetWare.

5.2.3 Einrichten des Servers für den Fernkonsolenbetrieb

Wenn der Server immer für den Betrieb mit **RCONSOLE** konfiguriert sein soll, müssen Sie die entsprechenden Anweisungen in die Datei **AUTOEXEC.NCF** aufnehmen:

Da für **RCONSOLE** ein Fernpaßwort erforderlich ist, können Sie auch eine verschlüsselte Version des Paßworts in die Datei eingeben. Das verschlüsselte Paßwort sichert die Server-Konsole durch Ausblenden des Paßworts für Benutzer, die auf die Datei **AUTOEXEC.NCF** zugreifen.

Ausführung: Konfiguration eines Servers für die Fernkonsole

1. Geben Sie folgenden Befehl ein, um ein Paßwort zu verschlüsseln: LOAD REMOTE.
2. Führen Sie folgenden Befehl aus: **REMOTE ENCRYPT**.
3. Der Server fordert Sie zur Eingabe des Paßworts auf, das verschlüsselt werden soll.
4. Geben Sie das Paßwort an, das Sie für Fernkonsolensitzungen verwenden möchten.
5. Das System zeigt den verschlüsselten Wert an, sowie die Frage, ob der Befehl **LOAD REMOTE** in die Datei **SYS:SYSTEM\ LDREMOTE.NCF** geschrieben werden soll.

6. Antworten Sie mit **JA**. Das System fügt den Befehl **LOAD REMOTE** in diese Datei ein und verwendet dabei das verschlüsselte Paßwort als Parameter.

7. Sie können die Datei bei jedem Laden von **REMOTE NLM** ausführen oder den Befehl für die Ausführung der Datei in Ihre *AUTOEXEC.NCF*-Datei einfügen.

8. Verwenden Sie entweder **INSTALL** oder **EDIT**, um die Datei *AUTOEXEC.NCF* zu öffnen.

9. Bewegen Sie den Cursor an das Ende der Datei, und geben Sie folgenden Befehl ein: **LDREMOTE**

10. Geben Sie nach **LDREMOTE** folgenden Befehl für direkte Verbindungen ein: **LOAD RSPX**

11. Geben Sie nach **LDREMOTE** folgende Befehle für asynchrone Verbindungen ein: **LOAD AIO LOAD AIOCOMX**

    LOAD RS232 [*Komm_Schnittstelle*] [*Modem_Geschwindigkeit*] [*N*] [*C*]

12. Ersetzen Sie Komm_Schnittstelle durch die Nummer der Kommunikationsschnittstelle (1 oder 2).

13. Setzen Sie für Modem_Geschwindigkeit die Baud-Rate ein (2400, 4800 oder 9600).

14. Verwenden Sie den Parameter *N*, wenn Sie mit einem Nullmodemkabel arbeiten.

15. Verwenden Sie den Parameter *C*, wenn Sie die Rückrufoption einsetzen wollen.

16. Verlassen und sichern Sie die Datei *AUTOEXEC.NCF*.

17. Der Server lädt nun bei jedem Start automatisch die Fernmodule.

■ Das automatische Laden der Fernmodule belegt zusätzlichen Speicher des Fileservers.

Ausführung: Fernkonsolensitzung über eine direkte Verbindung

1. Konfigurieren Sie den Server wie im vorherigen Abschnitt beschrieben.

2. Melden Sie sich im Netzwerk an.

Die Fernkonsole (Rconsole)

3. Geben Sie folgenden Befehl ein, wenn Sie sich in einem NetWare-4-Netzwerk anmelden: **LOGIN BENUTZERNAME**.
4. Geben Sie bei der entsprechenden Eingabeaufforderung das Paßwort ein.
5. Stellen Sie sicher, daß dem Verzeichnis, in dem sich die Datei **RCONSOLE.EXE** befindet (normalerweise **SYS:SYSTEM**), ein Laufwerk zugeordnet ist.

Starten Sie **RCONSOLE**, indem Sie einen der folgenden Schritte ausführen:

6. Wenn Sie den Namen des Servers nicht kennen, geben Sie den folgenden Befehl ein: **RCONSOLE**.
   Wählen Sie **SPX** im Menü **VERBINDUNGSTYP**. Wählen Sie einen Server aus der Liste. Wenn Sie nur die interne IPX-Netzwerknummer des Servers kennen, drücken Sie die Taste ⌷Einfg⌷ und geben Sie die interne IPX-Netzwerknummer in Hexadezimalschreibweise ein.
7. Wenn Sie den Namen des Servers kennen, geben Sie den folgenden Befehl ein: **RCONSOLE Server_Name**.
8. Wenn Sie nur einen Teil des Server-Namens kennen, geben Sie diesen Teil ein, und setzen Sie danach einen Stern: **RCONSOLE Teil_Server_Name***.
   Es wird eine Liste der Server angezeigt, die für eine Fernkonsolensitzung verfügbar sind. Wählen Sie einen Server aus der Liste.
9. Geben Sie das Fernkonsolenpaßwort für den Server an der Eingabeaufforderung an. (Das Fernkonsolenpaßwort ist das Paßwort, das Sie beim Laden von **REMOTE.NLM** festgelegt haben.)
10. Jetzt ist die Fernkonsolensitzung eröffnet. Auf dem Bildschirm der Arbeitsstation werden die selben Informationen angezeigt, die auf dem Bildschirm der Server-Konsole angezeigt würden.

Ausführung: Fernkonsolensitzung über ein Modem oder Nullmodemkabel

1. Konfigurieren Sie den Server wie im vorigen Abschnitt beschrieben.
2. Sie benötigen eine Arbeitsstation mit einem Hayes-kompatiblem Modem (2400, 4800 oder 9600 Baud) oder einem an den Server angeschlossenen Nullmodemkabel.
3. Bereiten Sie die Arbeitsstation als Fernkonsole vor, indem Sie ein Verzeichnis erstellen und die folgenden Ausführungsdateien für **RCONSOLE** in dieses Verzeichnis kopieren:

   ◆ *RCONSOLE.EXE*
   ◆ *RCONSOLE.HEP*
   ◆ *RCONSOLE.MSG*
   ◆ *IBM_RUN.OVL*
   ◆ *_RUN.OVL*
   ◆ *IBM_AIO.OVL*
   ◆ *_AIO.OVL*
   ◆ *TEXTUTIL.HEP*
   ◆ *TEXTUTIL.IDX*
   ◆ *TEXTUTIL.MSG*

   Der Ort und der Name des Verzeichnisses spielen keine Rolle. Die Ausführungsdateien sind in Ihrem NetWare-System enthalten.
4. Wechseln Sie auf der Arbeitsstation in das Verzeichnis, das Sie für die Ferndateien eingerichtet haben.
5. Geben Sie ein: **RCONSOLE**.
6. Wählen Sie **ASYNCHRON** im Menü **VERBINDUNGSTYP**.
7. Wenn dies die erste Sitzung von dieser Arbeitsstation aus ist, konfigurieren Sie das Modem durch Auswahl von **KONFIGURATION** aus dem Menü **ASYNCHRONE OPTIONEN**.
8. Stellen Sie im Menü **AKTUELLE MODEM-KONFIGURATION** die Optionen entsprechend der Einstellung Ihres Modems und Ihrer Arbeitsstation ein.
9. Verwenden Sie die Pfeiltasten, um ein Feld zu markieren, und drücken Sie ⏎. Entweder wird der Cursor in diesem Feld aktiviert oder es wird eine Auswahlliste angezeigt.

10. Wenn der Cursor in diesem Feld aktiviert ist, geben Sie die entsprechenden Angaben ein. Wenn eine Auswahlliste angezeigt wird, wählen Sie den entsprechenden Eintrag.

11. Wählen Sie eine beliebige Zeichenkette für die Benutzer-ID. Sie können beispielsweise Ihren Namen oder Ihre Telefonnummer eingeben. Diese ID wird auf der Server-Konsole während der Fernkonsolensitzung angezeigt.

12. Geben Sie im Feld *Rückruf* die Telefonnummer an, von der aus Sie anrufen. Wenn die Option *Rückruf* verwendet wird, muß diese Nummer in der Rückrufliste aufgeführt sein.

13. Drücken Sie ⎋Esc, um das Fenster zu verlassen.

14. Wählen Sie *Ja* im Feld *Änderungen speichern?*, um Ihre Konfiguration zu sichern.

15. Wählen Sie FERNVERBINDUNG HERSTELLEN im Menü ASYNCHRONE OPTIONEN.

16. Eine Liste der verfügbaren Server wird angezeigt.

17. Wählen Sie einen Server.

18. Wenn Sie die Rückrufoption verwenden, bricht der Server die Verbindung ab und vergleicht die Nummer in der Konfigurationsdatei für das Modem mit den Nummern in der Rückrufliste.

19. Wenn die Nummer in der Konfigurationsdatei in der Liste aufgeführt ist, wählt der Server die Nummer, um die Verbindung herzustellen und zeigt dann die Konsoleneingabeaufforderung an. Wenn die Nummer nicht in der Liste aufgeführt ist, zeigt der Server eine Fehlermeldung an.

5.2.4 Aufrüsten von Dateien auf einem Fern-Server

Sie können eine Fernkonsole verwenden, um neue NetWare-Dateien auf einen Server zu kopieren. Dateien können von Disketten, einem CD-ROM-Laufwerk, einem lokalen Laufwerk oder einem Netzwerkverzeichnis kopiert werden.

Ausführung: Aufrüsten von Dateien auf einem Fern-Server

1. Starten Sie eine Fernkonsolensitzung mit dem Server.
2. Informationen dazu finden Sie in den vorausgegangenen Abschnitten.
3. Geben Sie an der Fernkonsole folgenden Befehl ein: **LOAD IN-STALL.**
4. Wählen Sie im Menü **INSTALLATIONSOPTIONEN** die Option **DATEN KOPIEREN.**
5. Wählen Sie einen Fernpfad.
6. Von diesem Pfad werden die Dateien installiert. Sie können Dateien von NetWare-Disketten, einem lokalen Laufwerk, einem CD-ROM-Laufwerk oder einem Netzwerklaufwerk laden.
7. Gehen Sie entsprechend den nachfolgenden Eingabeaufforderungen vor.

5.2.5 Installieren von Anwendungen auf einem Fern-Server

Sie können eine Fernkonsole verwenden, um Novell Produkte oder Produkte von Fremdherstellern auf einem Fern-Server zu installieren oder erneut zu konfigurieren.

Ausführung: Installieren von Anwendungen auf einem Fern-Server

1. Wählen Sie im Menü **INSTALLATIONSOPTIONEN** die Option **PRODUKTOPTIONEN.**
2. Starten Sie eine Fernkonsolensitzung mit dem Server.
3. Informationen dazu finden Sie in den vorausgegangenen Abschnitten.
4. Wählen Sie **INSTALLIERTE PRODUKTE ANZEIGEN/KONFIGURIEREN/ENTFERNEN** aus dem Menü **ANDERE INSTALLATIONSAKTIONEN.**
5. Es wird eine Liste der gegenwärtig installierten Produkte (falls vorhanden) angezeigt.

6. Um ein installiertes Produkt neu zu konfigurieren, wählen Sie das betreffende Produkt aus. Folgen Sie den auf dem Bildschirm angezeigten Anweisungen.

7. Drücken Sie `Einfg`, um ein neues Produkt zu installieren.

8. Eine Nachricht gibt an, daß das Produkt vom Laufwerk A: aus installiert wird, falls kein anderes Laufwerk angegeben wird.

9. Legen Sie die Installationsdiskette für das Produkt in das Laufwerk ein, falls dies erforderlich ist.

10. Drücken Sie `←`, um das Standardlaufwerk A: zu übernehmen, oder drücken Sie `F3`, um einen anderen Ursprungspfad für die Installation anzugeben.

11. Befolgen Sie die Eingabeaufforderungen, um das Produkt zu installieren.

5.3 Datenträgerwartung

In diesem Abschnitt wird beschrieben, wie Sie NetWare-Datenträger erstellen, löschen, umbenennen, aktivieren bzw. deaktivieren und reparieren.

Jeder Datenträger stellt innerhalb der NDS ein Objekt dar. Wenn Sie einen Datenträger mit **INSTALL.NLM** erstellen, wird ein entsprechendes Objekt in denselben Kontext innerhalb des Verzeichnisbaums eingefügt, in dem sich auch das Server-Objekt befindet. **INSTALL** benennt dieses Datenträgerobjekt nach folgendem Schema: *Server-Name_Datenträgername*.

■ Achtung: Wenn Sie einen Datenträger umbenennen oder löschen möchten, müssen Sie den Datenträger mit Hilfe von **INSTALL** auf dem Server umbenennen oder löschen, und anschließend mit **NETADMIN** oder mit dem NetWare-Administrator das Datenträgerobjekt im Verzeichnis ändern!

Nachfolgend werden nur die für den Server relevanten Aktionen dargestellt, die Sie direkt am Server oder mittels **RCONSOLE** ausführen können.

5.3.1 Erstellen von Datenträgern

Unter NetWare 4.1 können Sie auf jeder Festplatte, die eine NetWare-4.1-Partition enthält, einen neuen Datenträger erstellen. Sie können bis zu 64 Datenträger erstellen. Voraussetzung ist, daß auf der jeweiligen Platte eine NetWare-Partition besteht.

Ausführung: Erstellen von Datenträgern

1. Geben Sie folgenden Befehl auf der Server-Konsole ein: **LOAD IN-STALL**.
2. Wählen Sie im Menü **INSTALLATIONSOPTIONEN** die Option **DATEN-TRÄGEROPTIONEN**.
3. Bereits bestehende Datenträger werden aufgelistet.
4. Drücken Sie [Einfg].
5. Die Liste **DATENTRÄGER-FESTPLATTENSEGMENTE** wird angezeigt.

6. Wählen Sie einen vorhandenen freien Speicherbereich. Als freier Speicherbereich ist jeder Bereich einer Festplattenpartition zu verstehen, der noch keinem Datenträger zugewiesen wurde.

7. Wenn kein Speicherplatz verfügbar ist, muß eine neue Festplatte hinzugefügt werden.

8. Geben Sie einen neuen Datenträgernamen in das hierfür vorgesehene Feld ein.

9. Der Datenträgername kann bis zu 15 Zeichen lang sein (zulässig sind die Buchstaben A bis Z, die Ziffern 0 bis 9 sowie Unterstriche).

10. Jetzt wird der neu erstellte Datenträger in der **LISTE DER DATENTRÄGER-FESTPLATTENSEGMENTE** angezeigt.

11. Wenn der neue Datenträger nicht den gesamten freien Festplattenspeicher belegen soll, führen Sie die folgenden Schritte durch:
    ◆ Wählen Sie den soeben erstellten Datenträger aus, und drükken Sie ⏎.
    ◆ Geben Sie die Größe des neuen Datenträgers in Megabytes (Mbyte) ein.
    ◆ Drücken Sie `Esc` und speichern Sie die Einstellungen ab.

12. Wenn der neue Datenträger den gesamten freien Speicherbereich auf der Festplatte verwenden soll, drücken Sie entweder `Esc`, um mit anderen Datenträgervorgängen fortzufahren, oder `F10`, um die Datenträgerinformation auf der Festplatte zu speichern.

13. Wählen Sie im Menü die Option **VORHANDENEN DATENTRÄGER AKTIVIEREN/DEAKTIVIEREN**.

14. Wählen Sie **AKTIVIEREN**.

5.3.2 Aktivieren und Deaktivieren von Datenträgern

Durch das Aktivieren von Datenträgern werden diese dem Benutzer zugänglich. Es gibt 2 Möglichkeiten für das Aktivieren und deaktivieren von Datenträgern:

■ Mittels der Serverkommandos **MOUNT** und **DISMOUNT**.
■ Durch **INSTALL**.

1. Geben Sie auf der Server-Konsole ein: **LOAD INSTALL**.
2. Wählen Sie im Menü **INSTALLATIONSOPTIONEN** die Option **DATEN-TRÄGEROPTIONEN**.
3. Es wird eine Liste der vorhandenen Datenträger angezeigt.
4. Wählen Sie den zu aktivierenden oder zu deaktivierenden Datenträger.
5. Der Bildschirm **DATENTRÄGER-INFORMATIONEN** wird angezeigt.
6. Markieren Sie das Feld *Status* mit Hilfe der Pfeiltasten.
7. Je nachdem, welchen Status der Datenträger aufweist, zeigt das Feld *Aktiviert*, *Deaktiviert* oder *Neu, deaktiviert* an.
8. Wenn der Status *Neu, deaktiviert* ist, drücken Sie nacheinander die Tasten `Esc` und `F10`, um die Änderungen am Datenträger auf der Festplatte zu speichern, bevor der Datenträger aktiviert werden kann.
9. Drücken Sie `←`, um ein Menü mit verfügbaren Aktionen abzurufen.
10. Wählen Sie der jeweiligen Situation entsprechend entweder *Aktivieren* oder *Deaktivieren*.

5.3.3 Datenträger löschen

Warnung: Durch das Löschen von Datenträgern gehen alle darauf befindlichen Daten verloren. Sichern Sie deshalb vor dem Löschen von Datenträgern die darauf befindlichen Daten.

Das Löschen von Datenträgern hat KEINE Auswirkungen auf die zugehörigen Objekte. Sie müssen deshalb mit **NETADMIN** oder NetWare-Administrator die Objekte der NDS korrigieren.

Ausführung: Löschen von Datenträgern

1. Erstellen Sie Sicherungskopien der Dateien, die sich auf dem zu löschenden Datenträger befinden.
2. Deaktivieren Sie den zu löschenden Datenträger.
3. Geben Sie auf der Server-Konsole ein: **LOAD INSTALL**.
4. Wählen Sie im Menü **INSTALLATIONSOPTIONEN** die Option **DATEN-TRÄGEROPTIONEN**.
5. Es wird eine Liste der vorhandenen Datenträger angezeigt.

5.3

Datenträgerwartung

6. Wählen Sie in der Liste den Datenträger aus, den Sie löschen möchten.
7. Es wird eine Warnung angezeigt.
8. Zum Fortfahren ⏎ drücken.
9. Bestätigen Sie die Aufforderung Vorhandenen Datenträger löschen? mit der Eingabe Ja.

5.3.4 Umbenennen von Datenträgern

Achtung: Der Name des Datenträgers *SYS:* darf niemals geändert werden. Ein Datenträger mit dem Namen *SYS:* ist eine Systemvoraussetzung.

Beim Umbenennen eines Datenträgers mit **INSTALL** wird ein Datenträgerobjekt mit einem neuen Namen erstellt. Das Datenträgerobjekt mit dem ursprünglichen Namen wird nicht gelöscht.

Sie müssen deshalb mit **NETADMIN** oder dem NetWare-Administrator die Objekte der NDS korrigieren.

Ausführung: Umbenennen von Datenträgern

1. Deaktivieren Sie den Datenträger.
2. Geben Sie auf der Server-Konsole ein: **LOAD INSTALL**.
3. Wählen Sie im Menü **INSTALLATIONSOPTIONEN** die Option **DATENTRÄGEROPTIONEN**.
4. Es wird eine Liste der vorhandenen Datenträger angezeigt.
5. Wählen Sie in der Liste den Datenträger aus, den Sie umbenennen möchten.
6. Verwenden Sie die Pfeiltasten, um das Namensfeld zu markieren und drücken Sie ⏎.
7. Löschen Sie den ursprünglichen Namen mit Hilfe der Taste ⏎, geben Sie einen neuen Namen ein und drücken Sie ⏎.
8. Drücken Sie zweimal [Esc]. Drücken Sie anschließend [F10], um die Datenträger-Informationen zu speichern.
9. Bestätigen Sie die Eingabeaufforderung mit **JA**, um den Datenträger unter dem neuen Namen zu aktivieren.
10. Sie werden aufgefordert, sich in dem Verzeichnis anzumelden, um den Namen und den Kontext des Datenträgerobjekts in den NetWare-Verzeichnis-Services einzustellen.

11. Überprüfen Sie nach der Anmeldung den angezeigten Kontext und den Namen des Datenträgers.

5.3.5 Hinzufügen der Name-Space-Unterstützung zu Datenträgern

Normalerweise unterstützt NetWare nur das DOS-8.3-Dateinamenformat. Wenn Sie Dateien mit langen Namen abspeichern wollen (z. B. unter OS/2), müssen Sie vorher die Name-Space-Unterstützung für den Datenträger aktivieren. Kalkulieren Sie dabei den Mehrbedarf an Speicher ein:

0.32 x Datenträgergröße(in Mbyte)/Blockgröße(in Mbyte)

Ein Name-Space braucht einem Datenträger nur einmal hinzugefügt werden. Es ist also nicht notwendig, ihn bei jedem Hochfahren des Server erneut hinzuzufügen. Das Name-Space-NLM wird bei jedem Hochfahren des Servers automatisch geladen.

Ausführung: Hinzufügen der Name-Space-Unterstützung zu Datenträgern

1. Geben Sie an der Fileserver-Konsole folgendes ein, um das entsprechende Name-Space-NLM zu laden:

   LOAD NAME-SPACE

   Um beispielsweise das Name-Space-Modul für die Macintosh-Unterstützung zu laden, geben Sie folgenden Befehl ein:

   LOAD MAC.NAM

2. Geben Sie folgendes ein, um dem Datenträger die Name-Space-Unterstützung hinzuzufügen:

   ADD NAME SPACE *Name* to *Datenträgername*.

   Setzen Sie für ***Name*** den Namen des Name-Space-NLM ein. Setzen Sie für ***Datenträgername*** den Namen des Datenträgers ein, auf dem die DOS-fremden Dateien gespeichert sind. Geben Sie beispielsweise folgendes ein, um dem Datenträger **MACVOL** den Macintosh-Name-Space hinzuzufügen:

   ADD NAME SPACE *MAC* TO *MACVOL*

Datenträgerwartung

3. Um zu überprüfen, ob der Name-Space hinzugefügt wurde, rufen Sie mit Hilfe des folgenden Befehls eine Liste aller hinzugefügten Name-Spaces auf: **ADD NAME SPACE**.
4. Um eine Liste mit aktuellen Datenträgern und Name-Spaces anzuzeigen, geben Sie folgendes ein: **VOLUMES**.

5.3.6 Entfernen von Name-Space-Unterstützung

Wenn dem Datenträger ein Name-Space hinzugefügt wurde, kann der Name-Space entweder durch Löschen und erneutes Erstellen des Datenträgers oder durch Verwenden von **VREPAIR.NLM** entfernt werden.

5.3.7 Reparieren von Datenträgern

Datenträger können durch verschiedene Ursachen Schaden erleiden. Beschädigungen können durch Stoß, Alterung, elektrische Defekte, unkontrolliertes Abschalten des Servers oder auch Programmfehler entstehen. Die Folge eines beschädigten Datenträgers ist, daß er sich nicht mehr aktivieren läßt.

Verwenden Sie **VREPAIR**, um Datenträgerprobleme zu beheben oder Name-Space-Einträge aus den Dateizuordnungstabellen (FAT) und Verzeichniseintragstabellen (DET) zu entfernen. Beim Laden von **VREPAIR** werden die Standardeinstellungen verwendet. Wenn Sie eine alternative Option verwenden möchten, laden Sie VREPAIR von Hand, und aktivieren Sie die zusätzliche Option, bevor Sie das Programm ausführen.

Wird ein Datenträger beim Hochfahren des Servers nicht aktiviert, wird automatisch **VREPAIR** geladen und versucht, den Datenträger zu reparieren. Wenn Sie verhindern möchten, daß **VREPAIR** einen Datenträger, der sich nicht aktivieren läßt, automatisch repariert, ändern Sie die entsprechende Standardeinstellung mit Hilfe von SET: SET *Automatically Repair Bad Volumes*.

Ausführung: Reparieren von Datenträgern

1. Geben Sie auf der Server-Konsole ein:
   LOAD VREPAIR [*Datenträgername*] [*Protokolldateiname*]

Setzen Sie für *Datenträgername* den Namen des reparaturbedürftigen Datenträgers ein. Wenn sich im System nur ein deaktivierter Datenträger befindet, muß dieser Parameter nicht angegeben werden. Wenn das Fehlerprotokoll gespeichert werden soll, setzen Sie für *Protokolldateiname* den Namen der Datei ein, die **VREPAIR** erstellen soll.

2. Wenn Sie **VREPAIR** laden, wird ein Optionsmenü angezeigt.

3. Bestätigen Sie je nach Wunsch entweder die voreingestellten Optionen, oder ändern Sie sie.

4. Um mit der Reparatur zu beginnen, wählen Sie **DATENTRÄGER REPARIEREN** aus dem Menü **OPTIONEN**.

5. Wenn mehrere Datenträger deaktiviert sind, wählen Sie aus der Liste der Datenträger denjenigen aus, der repariert werden soll. Wenn nur ein Datenträger deaktiviert ist, geht **VREPAIR** davon aus, daß dieser Datenträger repariert werden soll und startet den Reparaturprozeß.

6. Während der Reparatur wird auf dem Bildschirm der Server-Konsole eine Meldung angezeigt, die angibt, daß **VREPAIR** arbeitet.

7. Sie können während des Reparaturvorgangs mit F1 das Optionen-Menü aufrufen:

   ◆ Wählen Sie **OPTION 1** aus, wenn **VREPAIR** nicht nach jedem Fehler unterbrochen werden soll.

   ◆ Wählen Sie **OPTION 2**, wenn **VREPAIR** die Fehler in einer Textdatei protokollieren soll.

   ◆ Wählen Sie **OPTION 3**, wenn die Reparatur des Datenträgers abgebrochen werden soll.

   ◆ Wählen Sie **OPTION 4**, um die unterbrochene Reparatur eines Datenträgers fortzusetzen.

8. Antworten Sie nach Abschluß des Reparaturprozesses auf die Frage, ob die Reparaturen auf die Platte geschrieben werden sollen, mit J.

9. Wenn **VREPAIR** Fehler gefunden hat, ist es unter Umständen nötig, **VREPAIR** solange aufzurufen, bis keine Fehler mehr gefunden

Datenträgerwartung

werden (**VREPAIR** kann unter Umständen durch bestehende Fehler andere Fehler nicht erkennen).

5.3.8 Ergänzen eines Datenträgers um ein Segment

NetWare 4.1 bietet Ihnen die Möglichkeit, einen Datenträger zu vergrößern. Dazu brauchen Sie nur eine NetWare-Partition mit ausreichend freiem Speicherplatz. Die Vergrößerung des Datenträgers erfolgt zerstörungsfrei, d.h. die Daten auf dem Datenträger bleiben erhalten.

Ausführung: Ergänzen eines vorhandenen Datenträgers um ein Segment

Um einen Datenträger zu vergrößern, gehen Sie wie folgt vor:

1. Laden Sie an der Fileserver-Konsole das Modul **INSTALL.NLM** mit **LOAD INSTALL**.
2. Wählen Sie im Menü **INSTALLATIONSOPTIONEN** die Option **DATENTRÄGEROPTIONEN**.
3. Drücken Sie `Einfg` oder `F3`, um die vorhandenen Datenträgersegmente anzuzeigen.
4. Wählen Sie ein Segment aus, das noch nicht einem Datenträger (Volume) zugewiesen ist und das über freien Speicherplatz verfügt.
5. Um dieses Segment einem bereits vorhandenen Datenträger hinzuzufügen, wählen Sie die Option **DIESES SEGMENT ZU EINEM TEIL EINES ANDEREN DATENTRÄGERS MACHEN**.
6. Es wird eine Liste der vorhandenen Datenträger angezeigt.
7. Wählen Sie den Datenträger aus, dem das Segment hinzugefügt werden soll.
8. Kontrollieren Sie anhand der Liste das Ergebnis, und drücken Sie `Esc`.
9. Um die Datenträgerzuweisungen zu speichern, drücken Sie `F10`.

Datenträgerwartung

5.3.9 Ändern der Größe eines Datenträgers

Sie können die Größe eines Datenträgers verändern. Wenn der Datenträger den Status **N** (Neu) hat, können Sie die Größe frei verändern. Hat er den Status **E** (bereits vorhanden) können Sie den Datenträger nur durch Hinzufügen von Segmenten vergrößern (→ Ergänzen eines Datenträgers um ein Segment). Jede andere Größenänderung hat den Verlust der Daten auf dem Datenträger zur Folge.

Um die Größe eines Datenträgers zu verändern, gehen Sie bitte wie folgt vor:

Ausführung: Ändern der Größe eines Datenträgers

1. Laden Sie an der Fileserver-Konsole das Modul **INSTALL.NLM** mit **LOAD INSTALL**.
2. Wählen Sie im Menü **INSTALLATIONSOPTIONEN** die Option **DATEN-TRÄGEROPTIONEN**.
3. Drücken Sie ⌨Einfg oder ⌨F3, um die vorhandenen Datenträgersegmente anzuzeigen.
4. Wählen Sie ein Segment aus, das Sie ändern möchten. Der Status dieses Segments wird angezeigt.
5. Anhand der Statusanzeige können Sie erkennen, welche Änderungen vorgenommen werden können:
   - ◆ Wenn der Status des Datenträgersegments **N** (neu) ist, kann die Größe des Segments geändert werden.
   - ◆ Wenn der Status des Datenträgersegments **E** (bereits vorhanden) ist, kann die Größe des Datenträgers nicht mehr geändert werden.

   Unabhängig davon können Sie den Datenträger vergrößern, indem Sie neue Segmente hinzufügen. (→ Ergänzen eines vorhandenen Datenträgers um ein Segment)
6. Wenn die Größe des Segments oder Datenträgers reduziert werden soll, muß der gesamte Datenträger mit allen Segmenten gelöscht und dann neu erstellt werden. (→ Löschen von Datenträgern).

Datenträgerwartung

7. Geben Sie im Bildschirm FESTPLATTENSEGMENTPARAMETER die neue Größe in Mbytes ein.

8. Drücken Sie zweimal (Esc). Drücken Sie anschließend (F10), um die Einstellungen zu speichern.

5.3.10 Verwenden einer CD-ROM als NetWare-Datenträger

NetWare bietet Ihnen die Möglichkeit, CD-Roms als NetWare-Datenträger zu verwenden. NetWare 4.1 unterstützt CD-ROMs die mit den MAC- und NFS-Name-Spaces aktiviert wurden.

Unterstützt werden die Formate High Sierra und ISO 9660. HFS-Dateisysteme (Apple) werden nicht unterstützt.

Sie sollten eine CD-ROM als Nur-Lese-Datenträger aktivieren. Ebenso sollten Sie die Teilblockzuordnung auf diesem Datenträger nicht verwenden, ebenso keine Dateikompression. Andernfalls können die Index-Daten des CD-ROM-Datenträgers beschädigt werden. Sollte dies versehentlich dennoch geschehen, müssen Sie die Indexdatei rekonstruieren (mittels des Befehls **CD**).

Anmerkungen

■ Datenträger *SYS:* muß aktiviert sein.

■ Ihr Hostadapter muß CD-ROMs unterstützen.

■ Ihr CD-ROM-Laufwerk muß ein SCSI-Laufwerk sein, IDE- (ATAPI-) Laufwerke werden nicht unterstützt.

■ Sie benötigen die entsprechenden Treiber und Unterstützungsmodule (z. B. *ASPICD*). Einige Festplattentreiber bestehen aus mehreren Dateien. Bestimmte Adapter benötigen zusätzliche Unterstützungsmodule, um die Funktionen eines CD-ROM-Geräts nutzen zu können.

■ In Novell NetWare 4.1 sind bereits Treiber für verschiedene Hostadapter enthalten. Sie können diese Dateien zusammen mit NetWare installieren, oder sie später mit Hilfe von *NWXTRACT* vom Speichermedium kopieren.

Ausführung: Aktivieren einer CD-ROM als NetWare-Datenträger

Um eine CD-ROM als NetWare-Datenträger zu aktivieren, führen Sie folgende Aktionen durch:

1. Laden Sie zuerst den Treiber für den Hostadapter, an dem das CD-ROM-Laufwerk angeschlossen ist.

   LOAD [*Pfad*]*Festplattentreiber*

   Setzen Sie für *Festplattentreiber* den Namen des in der HBA-Dokumentation angegebenen Festplattentreibers ein.

   Ist der Treiber schon geladen, weil Sie z. B. das CD-ROM-Laufwerk zusammen mit den bestehenden Festplatten an einem Hostadapter betreiben, überspringen Sie diesen Punkt.

2. Sie werden möglicherweise aufgefordert, Befehlszeilenparameter wie etwa eine Schnittstelle oder eine Steckplatznummer für den Hostadapter anzugeben. Die entsprechenden Informationen entnehmen Sie bitte Ihrer Dokumentation für den Hostadapter.

3. Laden Sie gegebenenfalls den entsprechenden ASPI-Treiber (z. B. **ASPITRAN**).

4. Laden Sie den Treiber **ASPICD.DSK** oder **CDNASPI.DSK**.

5. Laden Sie den Treiber **NWPA.NLM** (NetWare-Peripherie-Architektur):

   LOAD NWPA.NLM

6. Laden Sie **CDROM.NLM: LOAD CDROM. CDROM.NLM** kann nur geladen werden, wenn zuvor der Treiber **NWPA.NLM** geladen wurde.

7. Aktivieren Sie die CD-ROM als Datenträger, indem Sie folgenden Befehl eingeben:

   CD MOUNT [*Objektnummer*] | [*Datenträgername*] |[*Name-Space*] [/*Option*]

   Setzen Sie für *Objektnummer* die Objektnummer ein, oder setzen Sie für *Datenträgername* den Namen des Datenträgers der CD-ROM ein. Sie können sich die Objektnummern und Datenträgernamen mit Hilfe der Befehle **CD DEVICE LIST** bzw. **CD VOLUME LIST** anzeigen lassen.

Datenträgerverwartung

Aktivieren Sie gegebenenfalls die Name-Space-Unterstützung für den Datenträger, indem Sie den */MAC*- und/oder */NFS*-Name-Space eintragen.

Setzen Sie für *Option* gegebenenfalls eine der folgenden Optionen ein:

◆ */R*: Rekonstruiert die Index-Datei eines CD-ROM-Datenträgers.

◆ */G= Gruppennummer*: Stellt beim Aktivieren des Datenträgers die Standardgruppenzugriffsrechte für den Datenträger ein.

◆ */X*: Nimmt ein Verzeichnis auf der Stammebene der CD-ROM aus.

◆ */I*: Aktiviert den Datenträger auch dann, wenn Fehler beim Importieren auftreten, und nicht alle Dateien verfügbar sind. Das Aktivieren des Datenträgers kann je nach Größe der CD-ROM und der Rechengeschwindigkeit Ihres Servers einige Minuten in Anspruch nehmen.

5.3 Ausführung: CD-ROM als NetWare-Datenträger bei jedem Hochlauf des Servers aktivieren

Um eine CD-ROM als NetWare-Datenträger bei jedem Hochlauf des Servers zu aktivieren, führen Sie folgende Aktionen durch:

1. Bearbeiten Sie Ihre *STARTUP.NCF*-Datei (z. B. mittels **INSTALL** oder **EDIT**), und fügen Sie eine Zeile für den Festplattentreiber ein (wenn notwendig):

   LOAD [*Pfad*]FESTPLATTENTREIBER

2. Laden Sie **ASPITRAN.DSK** (wenn notwendig).

3. Laden Sie **ASPICD** und **NWPA**:

   LOAD [Pfad]ASPICD.DSK , LOAD [Pfad] NWPA.NLM

4. Bearbeiten Sie Ihre *AUTOEXEC.NCF*-Datei, und fügen Sie ihr folgende Zeilen hinzu:

   LOAD CDROM, CD MOUNT [*Objektnummer*] I [*Datenträgername*] [*/Name-Space*] [*Option*]

Verwalten einer CD-ROM als NetWare-Datenträger

Durch das Laden von **CDROM.NLM** werden der Konsole neue Befehle hinzugefügt, die zum Verwalten von CD-ROMs dienen. Sie können damit folgende Aktionen durchführen:

- Den Status der CD-ROM-Geräte und der NetWare-Datenträger überwachen.
- Das Medium eines CD-ROM-Geräts wechseln.
- Das Wurzelverzeichnis eines NetWare-CD-ROM-Datenträgers anzeigen.
- CD-ROM-Datenträger aktivieren und deaktivieren.
- Gruppennamen hinzufügen und löschen.
- Hilfe zur Bedienung mit **CD HELP** erhalten.

Konsolenbefehle zur Verwaltung von CD-ROMs

Befehl	Wirkung
HELP	Zeigt Hilfeinformationen an.
MOUNT	Aktiviert einen CD-ROM-Datenträger. Weitere Informationen über diesen Parameter und seine Optionen: → MOUNT.
DEVICE LIST	Zeigt die CD-ROM-Geräte an. Weitere Informationen: → DEVICE LIST.
VOLUME LIST	Zeigt die auf CD-ROM-Geräten bezeichneten Datenträger an. Weitere Informationen: → VOLUME LIST.
DISMOUNT	Deaktiviert einen CD-ROM-Datenträger. Weitere Informationen: → DISMOUNT.
CHANGE	Wechselt das Speichermedium in einem CD-ROM-Laufwerk. Weitere Informationen: → CHANGE.
RENAME	Benennt einen CD-ROM-Datenträger um. Weitere Informationen: → RENAME
DIR	Zeigt den Inhalt eines CD-ROM-Datenträgers auf Stammebene an. Weitere Informationen: → DIR.
GROUP	Weitere Informationen: → CHANGE. Weist eine Gruppennummer zu. Zeigt die definierten Gruppen und ihre Gruppennummern an.
PURGE	Entfernt die versteckten Indexdateien, die von CD-ROM-Datenträgern angelegt wurden. Weitere Informationen: → PURGE.

5.3

Datenträgerwartung

Nachfolgend die Beschreibung der Konsolenbefehle im Einzelnen (den Befehlen muß immer **CD** voranstehen, also z. B. **CD VOLUME LIST**):

■ MOUNT

MOUNT aktiviert einen CD-ROM-Datenträger.

> **CD MOUNT [*Objektnummer*] | [*Datenträgername*]**
> **[*/Name-Space*] [*/Option...*]**

Geben Sie entweder die Objektnummer oder den Datenträgernamen an. Die Namen aktivierter CD-ROM-Datenträger müssen eindeutig sein.

Unterstützt werden die Name-Space NFS und Macintosh. Geben Sie für die Macintosh-Name-Space-Unterstützung */MAC* ein. Geben Sie für NFS*-Name-Space-Unterstützung */NFS* ein.

Wenn das Name-Space-Modul nicht geladen ist, kann der Datenträger mit der angegebenen Name-Space-Unterstützung nicht aktiviert werden.

Optionen:

◆ */R*: Erstellt die Indexdatei eines CD-ROM-Datenträgers erneut. Verwenden Sie diese Option beim erneuten Aktivieren eines Datenträgers, wenn Sie seine Name-Space-Unterstützung seit seiner letzten Aktivierung geändert haben.

◆ */I*: Aktiviert einen Datenträger auch dann, wenn Fehler gefunden wurden und nur einige Dateien auf der CD verfügbar sind.

◆ */X*: Schließt ein oder mehrere Verzeichnisse auf dem CD-ROM aus.

◆ */G=Gruppennummer*: Legt die Standard-Gruppenzugriffsrechte für den Datenträger fest.

■ DEVICE LIST

DEVICE LIST zeigt eine Liste der CD-ROM-Treiber an. Geräte werden in Zehnergruppen aufgeführt. Wenn Sie den Befehl noch einmal eingeben, werden die nächsten zehn Geräte angezeigt. Sie sehen dann zu jedem Gerät die folgenden Informationen:

◆ *Die Nummer des CD-ROM-Datenträgers*. Die Objektnummer wird in den Befehlen **CD MOUNT** und **DISMOUNT** verwendet.

Datenträgerwartung

Diese Nummer ist nicht identisch mit der SCSI-ID, die dem Gerät oder der Gerätenummer zugewiesen wurde.

◆ Ob das CD-Laufwerk aktiv ist.

◆ *Gerätename*: Zeigt die Nummer des Geräts und hardwarespezifische Informationen über das CD-Laufwerk an.

◆ *Datenträgername*: Gibt den Namen des CD-Datenträgers an.

◆ *Aktiviert*: Zeigt an, ob der Datenträger aktiviert ist.

■ **VOLUME LIST**

Ähnlich **DEVICE LIST**. Zeigt die in den CD-ROM-Laufwerken eingelegten Datenträger mit ihren Namen an. Datenträger werden in Zehnergruppen aufgelistet. Wenn Sie den Befehl noch einmal eingeben, werden die nächsten zehn Datenträger angezeigt. Sie sehen dann für jeden Datenträger die folgenden Angaben: Objektnummer, aktiver Status, Gerätename, Datenträgername und aktivierter Status (→ **DEVICE LIST**).

■ **DISMOUNT**

Mit diesem Befehl deaktivieren Sie einen CD-ROM-Datenträger:

CD DISMOUNT [*Objektnummer*] | [*Datenträgername*]

Geben Sie entweder die Objektnummer oder den Datenträgernamen an. Nach Ausführung des Befehls **CD DISMOUNT** werden alle System-Ressourcen an das System zurückgegeben.

■ **CHANGE**

Geben Sie diesen Befehl ein, wenn Sie das Speichermedium in einem CD-ROM-Laufwerk wechseln möchten:

CD CHANGE [*Objektnummer*] | [*Datenträgername*]
[*/Name-Space*] [*/Option*]]

Geben Sie entweder die Objektnummer oder den Datenträgernamen an.

■ **RENAME**

Verwenden Sie den Befehl **CD RENAME**, wenn mehrere CDs mit dem gleichen Datenträgernamen vorhanden sind. Das System läßt nicht zu, daß Sie mehrere Datenträger mit dem gleichen Namen aktivieren. Wenn Sie **CD RENAME** ohne Parameter verwen-

5.3

Datenträgerwartung

den, werden die Namen der aktivierten Datenträger angezeigt. Sie können nur deaktivierte Datenträger umbenennen:

CD RENAME [/D = [*Objektnummer*][*neuer_Datenträgername*]]

Geben Sie die Objektnummer und den neuen Datenträgernamen ein. Dieser Name wird dem Datenträger zugewiesen.

■ **DIR**

CD DIR ermöglicht Ihnen, den Inhalt eines CD-ROM-Datenträgers auf Stammebene anzusehen:

CD DIR [*Objektnummer*] I [*Datenträgername*]

■ **GROUP**

Mit **GROUP** können Sie eine Gruppennummer zuweisen oder die definierten Gruppen anzeigen:

CD GROUP [*Gruppenname*] [*Gruppennummer*]

Geben Sie anstelle von *Gruppenname* den für das Verzeichnis definierten Gruppennamen ein. Geben Sie für *Gruppennummer* eine Nummer zwischen 1 und 9 an (Die Gruppe *EVERYONE* ist Gruppe 0). *EVERYONE* ist die Standardgruppe.

Der folgende Befehl zeigt die definierten Gruppen und ihre Gruppennummern an:

CD GROUP

■ **PURGE**

Mit dem Befehl **CD PURGE** können Sie die versteckten Indexdateien entfernen, die von CD-ROM-Datenträgern angelegt wurden. Wenn Sie viele verschiedene CDs aktivieren, nimmt die Anzahl der Indexdateien und damit der von ihnen belegte Plattenspeicher zu.

5.4 Allgemeine Verwaltungsaufgaben

5.4.1 Herunterfahren des Servers

Bevor Sie einen Server ausschalten, müssen Sie ihn definiert herunterfahren, um die Datenintegrität zu gewährleisten. Verwenden Sie dazu das Kommando **DOWN**. **DOWN** stellt die Integrität der Daten sicher, indem alle Cache-Puffer auf die Platte geschrieben, alle Dateien geschlossen und die entsprechenden Verzeichniseintragstabellen und Dateizuordnungstabellen aktualisiert werden. Beim Herunterfahren mit **DOWN** bleibt der Server mit dem Netzwerk verbunden.

Ausführung: Server herunterfahren

1. Informieren Sie alle Benutzer, daß der Server heruntergefahren wird (z. B. mit dem Dienstprogramm **SEND**).
2. Geben Sie an der Fileserver-Konsole folgendes ein, um den Server herunterzufahren: **DOWN**.
3. Wenn noch geöffnete Dateien vorhanden sind, zeigt die Konsole die geöffneten Dateien, den Benutzer der sie geöffnet hat, und die Anschlußnummer an.
4. Sie können nun entweder zu DOS zurückkehren oder den Server neu starten.
5. Geben Sie folgendes ein, um zur DOS-Ebene zurückzukehren: **EXIT**.
6. Geben Sie folgendes ein, um den Server neu zu starten, ohne zur DOS-Ebene zurückzukehren: **RESTART SERVER**

5.4.2 Senden von Meldungen an Arbeitsstationen

Oft besteht die Notwendigkeit, von der Server-Konsole aus Meldungen an die Arbeitsstationen zu senden (z. B. über ein bevorstehendes Herunterfahren des Servers). Verwenden Sie deshalb den Befehl **SEND**, um Meldungen von der Server-Konsole an alle Arbeitsstationen oder an einen einzelnen Benutzer zu senden.

1. Geben Sie an der Eingabeaufforderung der Server-Konsole (wenn gerade ein anderer Bildschirm am Server angezeigt wird, mit ⌤Alt+⌤Esc weiterschalten) ein:
SEND Mitteilungstext **TO** *Empfänger* ⏎.

2. Um den Benutzernamen oder die Verbindungsnummer eines Benutzers, dem Sie eine Nachricht zukommen lassen möchten, zu bestimmen, verwenden Sie den Bildschirm *Verbindungsinformationen* des MONITOR-Dienstprogramms. Sie können auch die Verbindungsnummer des Benutzers im Bildschirm *Verbindungsinformationen* benutzen:
SEND Mitteilungstext **TO** *verbindungsnummer* ⏎.

Ausführung: Senden einer Nachricht an alle Arbeitsstationen

1. Geben Sie an der Eingabeaufforderung der Server-Konsole (wenn gerade ein anderer Bildschirm am Server angezeigt wird, mit ⌤Alt+⌤Esc weiterschalten) ein: **SEND** Mitteilungstext ⏎.
Die Nachricht wird an alle Arbeitsstationen gesendet.

5.4.3 Laden und Entladen von NLMs

Während des Betriebs eines NetWare-Servers können NLMs geladen und entladen werden.

Bestimmen Sie zuerst die Speicherschutzdomäne, in der Sie das NLM ausführen möchten. Wenn das NLM innerhalb der Domäne **OS** ausgeführt werden soll, muß keine Speicherdomäne eingestellt werden.

Sofern sich das NLM nicht im Verzeichnis *SYS:SYSTEM* befindet, verschieben Sie es in dieses Verzeichnis. Andernfalls müssen Sie den Pfad zu dem NLM bei der Ausführung des **LOAD**-Befehls angeben.

1. Geben Sie den LOAD-Befehl an der Eingabeaufforderung der Server-Konsole ein.
2. Verwenden Sie dieses Format, um ein NLM zu laden, das sich im Verzeichnis *SYS:SYSTEM* befindet und in der Domäne **OS** ausgeführt wird:

   LOAD NLM-*Name*
3. Verwenden Sie dieses Format, um ein NLM mit einer bestimmten Speicherdomäne zu laden:

   LOAD NLM-*Name* DOMAIN=*Domänen-Name*
4. Wenn das NLM bei jedem Start des Servers geladen werden soll, fügen Sie der *AUTOEXEC.NCF*-Datei den LOAD-Befehl hinzu.

Ausführung: Entladen von NLMs

5. Geben Sie den UNLOAD-Befehl an der Eingabeaufforderung der Server-Konsole ein:

   UNLOAD *NLM-Name*

5.4.4 Laden und Binden von LAN-Treibern

Um die Netzwerkkarte anzusprechen, muß ein LAN-Treiber installiert werden. Die Auswahl des LAN-Treibers hängt vom verwendeten Verkabelungssystem und der verwendeten Netzwerkkarte ab. Durch das Laden eines LAN-Treibers wird eine Netzwerkverbindung hergestellt.

Entnehmen Sie den benötigten LAN-Treiber folgender Tabelle:

Verkabelung	Netzwerkkarte	Treiber
ARCnet	RX-Net	TRXNET.LAN
	RX-Net II	
	RX-Net/2	
Ethernet	NE/2 NE/2T	NE2.LAN
	NE/2-32	NE2_32.LAN
	NE1000 – ASSY 950-054401	

Verkabelung	Netzwerkkarte	Treiber
	NE1000 – ASSY 810-160-001	NE1000.LAN
	NE2000 – ASSY 810-149	
	NE2000T – ASSY 810-000220	NE2000.LAN
	NE2100 – ASSY 810-000209	NE2100.LAN
	NE1500T – ASSY 810-000214	NE1500T.LAN
	NE3200	NE3200.LAN
	NE32HUB	NE32HUB.LAN
Token-Ring	NTR2000	NTR2000.LAN

Ist Ihre Netzwerkkarte in obiger Tabelle nicht enthalten, benötigen sie eine Treiberdiskette des Herstellers.

Für das Laden und Binden von LAN-Treibern haben Sie folgende Möglichkeiten:

■ Das Modul **INETCFG.NLM**. Verwenden Sie **INETCFG**, um LAN-Treiber zu laden und sie an ein beliebiges unterstütztes Protokoll zu binden.

■ Die Befehle **LOAD** und **BIND**. Wenn Sie die vom Kommunikationsprotokoll benötigten Parameter kennen, können Sie die Befehle **LOAD** und **BIND** verwenden, um LAN-Treiber in der Befehlszeile zu laden und zu binden.

■ Das Modul **INSTALL.NLM**.

■ Sie können **INSTALL** verwenden, um LAN-Treiber zu laden und an das Standardprotokoll IPX zu binden.

Ausführung: Laden und Binden von LAN-Treibern

Geben Sie folgenden Befehl auf der Server-Konsole ein:

1. Laden Sie **INSTALL.NLM** mit:

   LOAD INSTALL

2. Wählen Sie im Menü **INSTALLATIONSOPTIONEN** die Option **TREIBEROPTIONEN**.

3. Wählen Sie im Menü **TREIBEROPTIONEN** die Option **NETZWERKTREIBER KONFIGURIEREN**.

4. Wählen Sie im Menü **WEITERE TREIBERAKTIONEN** die Option **EINEN ZUSÄTZLICHEN TREIBER WÄHLEN**.

5. Eine Liste der verfügbaren Treiber wird angezeigt.

6. Wählen Sie den Treiber aus, den Sie laden möchten, oder drücken Sie ⌈Einfg⌉, wenn der Treiber nicht aufgeführt ist.

7. Wenn Sie ⌈Einfg⌉ drücken, um einen Treiber zu laden, der nicht in der Liste aufgeführt ist, folgen Sie den Eingabeaufforderungen auf dem Bildschirm. Wenn Sie einen Treiber wählen, der in der Liste aufgeführt ist, fahren Sie mit den folgenden Schritten fort.

8. Wählen Sie **TREIBERPARAMETER AUSWÄHLEN/MODIFIZIEREN**.
Es wird ein Fenster angezeigt, in dem Sie die Werte für die Treiberparameter einstellen können. Wenn Sie einen NE2000-Treiber ausgewählt haben, wird zusätzlich ein Fenster mit Protokolloptionen angezeigt. Der Cursor ist in diesem Fall im Fenster der Protokolloptionen aktiviert.

9. Wenn das Fenster angezeigt wird, das die Auswahl der Protokolle enthält, bestätigen Sie das Standard-IPX-Protokoll, indem Sie die ⌈↓⌉-Taste drücken, bis sich der Cursor im Parameterfenster befindet. Im Protokollfenster sind auch TCP/IP und AppleTalk aufgeführt. Diese Protokolle können anstelle von IPX ausgewählt werden. Verwenden Sie **INETCFG**, um das Standard-TCP/IP-Protokoll, AppleTalk oder andere nicht-IPX-Protokolle zu wählen.

10. Geben Sie die Werte für die Parameter in den Feldern des Parameterfensters an.

11. In einigen Fällen wird eine Einblendliste angezeigt, aus der Sie die gewünschten Werte für die entsprechenden Felder auswählen können. In anderen Fällen müssen Sie den gewünschten Wert von Hand eingeben.

12. Standardrahmentyp für NetWare-4-Ethernet-Treiber ist Ethernet 802.2. Um für einen Ethernet-Treiber einen anderen Rahmentyp als 802.2 anzugeben, drücken Sie ⌈F3⌉. Eine Liste der verfügbaren Rahmentypen wird angezeigt. Wählen Sie den gewünschten Rahmentyp aus.

5.4

Allgemeine Verwaltungsaufgaben

13. Drücken Sie anschließend ⌜F10⌝, um die Werte zu speichern und das Fenster zu verlassen.

14. Der LAN-Treiber wird geladen und ein Bestätigungsfenster geöffnet, in dem die Befehlszeile angezeigt wird, mit der IPX an den LAN-Treiber mit dem angegebenen Rahmentyp gebunden wird.

15. An dieser Stelle können Sie den angegebenen Rahmentyp entweder bestätigen und das Protokoll binden oder einen anderen Rahmentyp festlegen.

16. Um das Protokoll zu binden, drücken Sie ⌜←⌝. Um die Befehlszeile mit einem anderen Rahmentyp anzuzeigen, drücken Sie ⌜F3⌝ bis der gewünschte Rahmentyp angezeigt wird. Drücken Sie dann ⌜←⌝, um den LAN-Treiber zu binden.

17. **INSTALL** trägt die Befehle **LOAD** und **BIND** automatisch in die Datei *AUTOEXEC.NCF* ein.

5.4.5 Anzeigen und Hinzufügen von Server-Suchpfaden

Wenn Sie NLMs oder Dienstprogramme laden möchten, die nicht in *SYS:SYSTEM* enthalten sind, ist es empfehlenswert, dafür einen Suchpfad hinzuzufügen. Sie können dann NLMs und Dienstprogramme ohne Angabe des Pfadnamens laden.

Ausführung: Anzeigen, Hinzufügen und Löschen von Server-Suchpfaden

1. Um die aktuellen Suchpfade anzuzeigen, geben Sie folgendes ein: **SEARCH**. Die aktuellen Suchpfade werden in einer numerierten Liste aufgeführt.

2. Um einen zusätzlichen Suchpfad einzurichten bzw. zu löschen, verwenden Sie eines der folgenden Befehlsformate:
   ◆ Geben Sie folgendes ein, um ein Verzeichnis oder ein Laufwerk als Suchpfad hinzuzufügen: **SEARCH ADD** *Pfadangabe*
   ◆ Geben Sie folgendes ein, um einen Suchpfad an einer bestimmten Position in die numerierte Suchpfadliste einzufügen: **SEARCH ADD** *Nummer Pfadangabe*

◆ Verwenden Sie das folgende Befehlsformat, um einen Suchpfad zu löschen:

SEARCH DEL *Nummer*

Setzen Sie für *Nummer* die Nummer des Suchpfads ein, den Sie
löschen möchten.

5.4.6 Installieren und Konfigurieren eines Server-Produkts sowie Rückgängigmachen der Installation

Mit Hilfe des NLMs **INSTALL** können Sie NetWare-Produkte installieren und konfigurieren, sowie deren Installation rückgängig machen.

Ausführung: Installieren und Konfigurieren eines Server-
Produkts sowie Rückgängigmachen der
Installation

1. Laden Sie **INSTALL.NLM** an der Fileserver-Konsole.
2. Wählen Sie im Menü **INSTALLATIONSOPTIONEN** die Option **PRO-
DUKTOPTIONEN**.
3. Wählen Sie **INSTALLIERTES PRODUKT ANZEIGEN/KONFIGURIEREN/
ENTFERNEN** aus dem Menü **WEITERE INSTALLATIONSAKTIONEN**.
4. Die Liste **GEGENWÄRTIG INSTALLIERTE PRODUKTE** wird angezeigt.
5. Führen Sie einen der folgenden Schritte aus:
   ◆ Um ein Produkt zu installieren, drücken Sie ‹Einfg› und befolgen Sie die Anweisungen auf dem Bildschirm.
   ◆ Um die Installation eines Produkts aufzuheben, wählen Sie
   das betreffende Produkt aus der Liste aus, und drücken Sie
   ‹Entf›.
   ◆ Um die Konfigurationsoptionen für ein Produkt einzustellen,
   wählen Sie das betreffende Produkt aus der Liste aus, und befolgen Sie die Anweisungen auf dem Bildschirm.

Allgemeine Verwaltungsaufgaben

5.4.7 Erstellen oder Bearbeiten einer Server-Stapeldatei (.NCF)

Beim Starten des Servers führt **SERVER.EXE** zwei Dateien aus:

■ *STARTUP.NCF*: Diese Datei lädt die Festplattentreiber des Servers sowie bestimmte SET-Parameter.

■ *AUTOEXEC.NCF*: Diese Datei speichert den Namen des Servers und die interne IPX-Netzwerknummer, lädt die LAN-Treiber und die Einstellung für die Netzwerkkarten, bindet das Protokoll an die installierten Treiber und lädt andere NLM-Programme.

Im folgenden wird die Vorgehensweise beschrieben, um diese beiden Dateien zu bearbeiten.

Ausführung: STARTUP.NCF bearbeiten

Führen Sie folgende Arbeitsschritte aus, um die *STARTUP.NCF*-Datei zu bearbeiten:

1. Einen Befehl je Zeile eingeben.
2. Die Rücktaste betätigen, um Befehle zu entfernen, damit sie gelöscht oder bearbeitet werden können.
3. Nach Abschluß der Bearbeitung ⌨F10⌨ drücken.
4. Wenn Sie gefragt werden, ob die Datei gesichert werden soll, JA auswählen.
5. Sie können auch mit Hilfe von **INSTALL** oder des Server-Dienstprogramms **SERVMAN** Befehle in die Datei *STARTUP.NCF* einfügen.

Ausführung: Bearbeiten von AUTOEXEC.NCF

Die Datei *AUTOEXEC.NCF* befindet sich auf dem Datenträger *SYS* im Verzeichnis *SYSTEM* (*SYS:SYSTEM*) und ist deshalb nur zugänglich, wenn *SYS* gemountet ist.

1. Die ⌨↑⌨-Taste drücken, um die *AUTOEXEC.NCF*-Datei zu bearbeiten.
2. Einen Befehl je Zeile eingeben.
3. Die Rücktaste betätigen, um Befehle zu entfernen, damit sie gelöscht oder bearbeitet werden können.
4. Nach Abschluß der Bearbeitung ⌨F10⌨ drücken.
5. Wenn Sie gefragt werden, ob diese Datei gesichert werden soll, JA auswählen.

5.4.8 Bearbeiten von Textdateien von der Server-Konsole aus

Ausführung: Bearbeiten von Textdateien von der Server-Konsole aus

Normalerweise werden Sie Textdateien von einer Arbeitsstation unter dem jeweiligen Betriebssystem bearbeiten. Für Notfälle gibt es aber auch einen Editor auf der Server-Konsole.

1. Geben Sie folgenden Befehl auf der Server-Konsole ein:

   LOAD EDIT *Pfadname Dateiname*

2. Die Datei muß sich auf einem aktivierten Datenträger oder einem lokalen Laufwerk des Servers befinden.

3. Wenn Sie lediglich den Dateinamen eingeben, wird davon ausgegangen, daß sich die Datei im Standardverzeichnis *SYS:SYSTEM* befindet.

4. Wenn die Datei bereits existiert, wird Sie auf dem Bildschirm angezeigt und kann bearbeitet werden.

5. Existiert sie nicht, werden Sie von **EDIT** aufgefordert, anzugeben, ob sie erstellt werden soll.

6. Wählen Sie **JA**, um die neue Datei zu erstellen oder **NEIN**, um die Eingabeaufforderung des Pfadnamens erneut anzuzeigen.

7. Wenn es sich um eine neue Datei handelt, wird ein leerer Bildschirm angezeigt.

8. Bearbeiten Sie die Datei nach Bedarf.

9. Hilfe zur Bedienung des Editors erhalten Sie mit [F1].

10. Wenn Sie die Bearbeitung beendet haben, drücken Sie [Esc]. Wählen Sie **JA**, um die Datei zu speichern oder **NEIN**, um die Datei zu schließen, ohne die Änderungen abzuspeichern.

11. Die Aufforderung zur Eingabe des Pfadnamens wird erneut angezeigt.

12. Wenn Sie eine weitere Datei bearbeiten möchten, geben Sie den Pfadnamen dieser Datei ein. Um zur Konsoleneingabeaufforderung zurückzukehren, drücken Sie [Esc].

5.4

Allgemeine Verwaltungsaufgaben

181

5.4.9 Ändern der Server-Tastatur

NetWare 4 ermöglicht es Ihnen, eine andere als die US-Tastatur zu verwenden, wenn Sie das Programm **KEYB.NLM** laden.

Ausführung: Ändern der Server -Tastatur

1. Geben Sie an der Fileserver-Konsole folgendes ein, um eine Liste der gültigen Tastaturtypen anzuzeigen: **LOAD KEYB**.
2. Suchen Sie in der Liste der Tastaturtypen den Typ, der Ihrer Tastatur entspricht.
3. Geben Sie folgendes ein, um den Tastaturtyp auf Ihre deutsche Tastatur einzustellen:

   LOAD KEYB *GERMANY*

5.4.10 Anzeigen und Einstellen von Server-Zeit und -Zeitzone

■ Um das Datum und die Uhrzeit der Systemuhr des NetWare-Servers anzuzeigen, geben Sie an der Server-Konsole folgendes ein: **TIME**.

■ Durch das Ändern der Zeit eines Primären oder eines einzelnen Referenz-Servers wird auch die Zeit der anderen Server, die dieselbe Zeitquelle verwenden, beeinflußt.

■ Um das Datum und die Uhrzeit des NetWare-Servers einzustellen oder zu ändern, geben Sie an der Eingabeaufforderung der Server-Konsole folgendes ein:

   SET TIME ##[*MM/TT/JJ*] [*Std:Min:Sek*]

Ausführung: Ändern der Server-Zeitzone

1. Geben Sie folgenden Befehl ein:

   SET TIME ZONE *Zone* [+/-] *Std:Min:Sek*[*Sommerzeit*]

   Hierbei ist:

   ◆ *Zone* eine dreistellige Standardabkürzung für die Zeitzone, wie beispielsweise PST für die Pacific Standard Time.

   ◆ *[+ / -]* steht für die Anzahl der Stunden östlich oder westlich der Coordinated Universal Time (UTC). Wenn Sie die Parameter *+* oder - nicht angeben, gilt die Voreinstellung *+*.

◆ *Std:Min:Sek* gibt die Zeitdifferenz zwischen UTC und der lokalen Zeitzone an. Sie können diese Differenz einfach in Stunden angeben oder die Stunden, Minuten und Sekunden genau eintragen.

◆ *Sommerzeit* steht für eine dreistellige Standardabkürzung für die Sommerzeit, so zum Beispiel PDT für die pazifische Sommerzeit.

2. Ändern Sie den Befehl **SET TIME ZONE** in der *AUTOEXEC.NCF*-Datei so, daß die neue Zeitzone eingestellt wird (→ Erstellen oder Ändern einer Server-Stapeldatei).

5.4.11 Ändern des Namens oder der internen IPX-Netzwerknummer eines Servers

Der Server-Name und die interne IPX-Netzwerknummer sind in der Datei *AUTOEXEC.NCF* gespeichert.

Ausführung: Ändern des Namens oder der internen IPX-Netzwerknummer eines Servers

1. Laden Sie an der Server-Konsole **INSTALL.NLM**.
2. Wählen Sie im Menü **INSTALLATIONSOPTIONEN** die Option **NCF-DATEIOPTIONEN** aus.
3. Wählen Sie im Menü **NCF-DATEIOPTIONEN** die Option **AUTOEXEC.NCF-DATEI BEARBEITEN** aus.
4. Ändern Sie die folgenden Zeilen der Datei:
   ```
   File Server Name
   IPX Internal Net Netzwerknummer
   ```
5. Drücken Sie `F10` und bestätigen Sie die Dialogbox **AUTOEXEC.NCF-DATEI SPEICHERN?** mit **JA**, um die Datei zu speichern und zu schließen.
6. Drücken Sie `Alt`+`F10`, um **INSTALL** zu beenden.
7. Starten Sie den Server neu, damit die Änderungen wirksam werden.

■ Wenn Sie mit **INSTALL** einen Server umbenennen, bleiben die Namen der Server-Objekte in den NDS erhalten. Deshalb müssen Sie die NetWare-Server-Objekte mit **NETADMIN** oder dem NetWare-Administrator umbenennen.

Allgemeine Verwaltungsaufgaben

5.5 Fileserver-Kommandos

Nachfolgend werden die wichtigsten Kommandos der Fileserver-Konsole vorgestellt.

■ ABORT REMIRROR

Mit diesem Befehl können Sie von der Server-Konsole aus das Spiegeln einer logischen Partition abbrechen. *Nummer* ist die Nummer der Partition, die nicht mehr gespiegelt werden soll.

ABORT REMIRROR *Nummer*

■ Remirror

Mit diesem Befehl können Sie von der Server-Konsole aus das erneute Spiegeln einer logischen Partition starten. Da der Server Partitionen automatisch erneut spiegelt, sollten Sie diesen Befehl nur verwenden, wenn das automatische Spiegeln durch Sie oder den Server unterbrochen wurde.

REMIRROR PARTITION *Nummer*

■ MIRROR STATUS

Mit Hilfe dieses Befehls können Sie von der Server-Konsole aus die folgenden Aufgaben ausführen:

◆ Den Status einer gespiegelten Festplattenpartition anzeigen.

◆ Den Prozentsatz gespiegelter Daten auf jeder Partition anzeigen.

MIRROR STATUS *[logische_Partitionsnummer]*

■ LIST DEVICES

Verwenden Sie diesen Befehl an der Server-Konsole, um eine Liste der an den Server angeschlossenen Geräte anzuzeigen, und um neue Geräte beim Server anzumelden. Ein Gerät kann ein Festplattentreiber, ein Bandtreiber, ein magnetisch-optischer Festplattentreiber, eine CD-ROM oder ein anderes physisches Speichermedium sein.

LIST DEVICES

■ SCAN FOR NEW DEVICES

Verwenden Sie diesen Befehl an der Server-Konsole, um neue Geräte beim Medien-Manager anzumelden, damit sie dem Betriebssystem zur Verfügung stehen (z. B. Devices, die nicht mit **LIST DEVICES** angezeigt werden, oder die nach dem Start des Servers installiert wurden). Sie müssen diesen Befehl auch anwenden, wenn sie während des Betriebs eine gespiegelte Platte entfernen. Dieser Befehl erzeugt keine Ausgabe.

SCAN FOR NEW DEVICES

■ RESTART SERVER

Mit diesem Befehl können Sie den Server von der Server-Konsole aus erneut starten, nachdem er heruntergefahren wurde.

RESTART SERVER [-*Parameter*]

◆ *-ns*: Startet den Server erneut, ohne die *STARTUP.NCF*-Datei aufzurufen.

◆ *-na*: Startet den Server erneut, ohne die *AUTOEXEC.NCF*-Datei aufzurufen.

■ LANGUAGE

Verwenden Sie diesen Befehl an der Server-Konsole, um die Sprache für Module festzulegen, die später geladen werden. Nicht alle Module stehen in allen unterstützten Sprachen zur Verfügung.

LANGUAGE [*Sprachenname* |*Nummer*] [LIST | REN *Nummer neuer_Name*]

◆ (Kein Parameter): Zeigt die aktuelle Spracheinstellung für Module an.

◆ *Sprachenname / Nummer*: Legt eine Sprache über ihren Namen oder ihre Nummer fest. Folgende Sprachen stehen in der ersten Version von NetWare 4.1 zur Verfügung: 4=Englisch, 6=Französisch – Frankreich, 7=Deutsch, 8=Italienisch, 14=Spanisch.

◆ **LIST**: Zeigt eine Liste mit den Namen und Nummern der Sprachen an. (Es werden nicht alle Sprachen aus dieser Liste unterstützt.)

◆ **REN *Nummer Neuer_Name***: Ermöglicht das Umbenennen einer durch ihre Nummer bezeichneten Sprache. Die Syntax lautet: **LANGUAGE REN *Nummer Neuer_Name***.

5.5

Fileserver-Kommandos

5.6 NLMs

Nachfolgend werden die wichtigsten neuen NLMs (NetWare Loadable Modules) von NetWare 4.1 vorgestellt.

DOMAIN

Verwenden Sie diesen Befehl, um von der Server-Konsole aus die folgenden Operationen durchzuführen:

- Den Server-Speicher schützen, indem Sie eine **OS**- und eine **OS_PROTECTED**-Domäne erstellen.
- Die aktuelle Domäne und ihre Module anzeigen, die aktuelle Domäne ändern oder erlauben, daß problematische Module geladen werden.

LOAD [*Pfad*] DOMAIN [*Parameter*]

DOMAIN.NLM muß von der Datei *STARTUP.NCF* aus geladen werden, bevor Sie andere Module laden. Zusätzlich müssen sich die folgenden Dateien in Ihrem Startverzeichnis befinden: **DOMAIN.NLM, NWTIL.NLM, NWTILR.NLM** und **DOMAIN.MSG**.

- **-E**: Ermöglicht problematischen Modulen den Zugriff auf Daten im Code-Segment des Speichers. Bei Angabe dieses Parameters verwenden Module, die danach in die Domäne **OS_PROTECTED** geladen werden, diese Art der Speicherverwaltung, indem ihnen der Zugriff auf das Codesegment mit Hilfe des Datensegmentregisters erlaubt wird.

Nachdem Sie **DOMAIN** geladen haben, sind die folgenden Befehle zulässig:

DOMAIN [*Parameter*]

- (Kein Parameter): Zeigt die aktuelle Domäne mit ihren Modulen und danach die anderen Domänen mit ihren Modulen an.
- *Help*: Zeigt die Online-Hilfe an.
- *Domänenname*: Ändert die aktuelle Domäne. Geben Sie anstelle von Domänenname den Namen der neuen aktuellen Domäne ein (**OS** oder **OS_PROTECTED**).

  Hinweis: Die aktuelle Domäne ist diejenige, in der das Ladeprogramm ein Modul plaziert.

Anmerkungen

■ Die Domänen **OS** und **OS_PROTECTED** werden beim Laden von **DOMAIN** erstellt.

■ Zusammen mit DOMAIN werden auch die beiden Dateien **NW-TIL.NLM** und **NWTILR.NLM** geladen.

■ Um Speicher zurückzuerhalten, entfernen Sie **NWTIL** aus dem Speicher, wenn der Server hochgefahren ist und alle Module geladen sind. NWTIL wird nur verwendet, während die Module geladen werden.

■ Sie sollten NLMs, die nicht von Novell anerkannt sind, in die Domäne **OS_PROTECTED** laden. Wenn sie zuverlässig laufen, können Sie dann in der OS-Domäne ausgeführt werden.

DSREPAIR

Mit Hilfe dieses Dienstprogramms können Sie von der Server-Konsole aus Probleme in den NDS beseitigen.

> **LOAD** [*Pfad*]**DSREPAIR** [*-U*] [*-L*] [*Protokolldateiname*]

■ [*Pfad*]: Geben Sie den Pfad der Datei **DSREPAIR.NLM** an, wenn sie sich nicht im Standardverzeichnis befindet.

■ *-U*: Wenn Sie diesen Parameter angeben, startet und beendet **DS-REPAIR** ohne weitere Benutzeraktionen (*unbeaufsichtigter Modus*).

■ *-L*: Legt eine Datei zum Protokollieren der Fehler fest.

■ *Protokolldateiname*: Geben Sie den Namen der gewünschten Protokolldatei an.

DSREPAIR-Hauptmenü.

Nachdem Sie **DSREPAIR** geladen haben, können Sie die folgenden Optionen verwenden:

Option	Beschreibung
Option 1:	Option auswählen. Zeigt die Einstellungen von **DSREPAIR** an und ermöglicht die Auswahl weiterer Optionen.
Option 2:	Reparatur starten.
Option 3:	Verlassen. Beendet **DSREPAIR**.

5.6

NLMs

Wenn Sie Menüpunkt 1 wählen, können Sie die folgenden Optionen verwenden:

Option	Beschreibung
Keine Pause nach jedem Fehler.	Weist **DSREPAIR** an, keine Pause nach jedem Fehler zu machen.
Bei Abschluß nicht automatisch beenden.	Aktiviert den unbeaufsichtigten Modus von **DSREPAIR. DSREPAIR** läuft und endet dann ohne weitere Benutzeraktionen.
Fehler in Datei *SYS: SYSTEM\DSREPAIR.LOG* protokollieren.	Legt eine Datei zum Protokollieren der Fehler fest.
DSREPAIR anweisen, die Auswahl einer neuen Hauptreproduktion für eine lokale Partition zu ermöglichen.	Verwenden Sie diese Option, wenn die Hauptreproduktion verlorengegangen oder zerstört ist.
Auf gültige Postverzeichnisse prüfen.	Wenn Sie diese Option wählen, überprüft DSREPAIR das Verzeichnis *SYS:MAIL* auf Unterverzeichnisse, die die Namen von Benutzer-IDs in der NDS-Datenbank besitzen müssen.Wenn für die ID kein Objekt im Verzeichnisnamen vorhanden ist, wird das entsprechende MAIL-Verzeichnis entfernt.
Dateisystem auf gültige Trustee-IDs prüfen.	Wenn Sie diese Option wählen, überprüft DSREPAIR das Dateisystem auf gültige Trustees. DSREPAIR vergewissert sich dann, ob für jede ID im Dateisystem eine entsprechende gültige ID in der NDS-Datenbank vorhanden ist. Wird sie nicht gefunden, entfernt **DSREPAIR** die ID aus dem Dateisystem.
Auf gültige Datenstromdateien prüfen.	Weist **DSREPAIR** an, auf gültige Datenstromdateien zu prüfen. **DSREPAIR** sucht im sicheren NDS-Dateibereich nach gültigen Datenstromdateien, die den Datenstromeigenschaften von Objekten entsprechen müssen. Wenn sie nicht gefunden werden, wird die Datenstromdatei gelöscht.
Zurück zum Auswahlmenü.	Durch diese Auswahl gelangen Sie zum Bildschirm mit den Hauptoptionen zurück.

DSMERGE

Verwenden Sie diesen Befehl, um von der Server-Konsole aus die folgenden Operationen durchzuführen:

- ▨ Die Stämme zweier getrennter NetWare-Verzeichnis-Services-Bäume zusammenführen.
- ▨ Einen Baum umbenennen, um zu prüfen, ob alle Server im Baum richtig antworten und den gleichen Baumnamen haben.
- ▨ Zeitsynchronisierungsinformationen ansehen und den Zeit-Server für alle Server im Baum anzeigen.

LOAD [*Pfad*] DSMERGE

Laden Sie **DSMERGE** im lokalen Ursprungsbaum, den Sie mit dem Zielbaum zusammenführen.

Damit Ihnen der vollständige Funktionsumfang aller Optionen in **DSMERGE** zur Verfügung steht, laden Sie **DSMERGE** auf einem Server, der die Hauptreproduktion enthält.

Falls Sie nicht wissen, wo die Hauptreproduktion gespeichert ist, erscheint eine Eingabeaufforderung mit dem richtigen Server-Namen, wenn Sie eine Operation durchführen möchten, bei der die Hauptreproduktion benötigt wird.

Nachdem Sie **DSMERGE** geladen haben, können Sie die folgenden Optionen verwenden:

Option	Beschreibung
Server im Baum prüfen.	Nimmt mit allen Servern im lokalen Baum Kontakt auf, um zu prüfen, ob sie den richtigen Baumnamen haben. Diese Option erfordert, daß Ihr Server über eine Reproduktion der Stammpartition verfügt. Die Hauptreproduktion wird nicht benötigt.
Zeitsynchronisierung prüfen.	Zeigt eine Liste aller Server im Baum an. Zusätzlich sehen Sie Informationen über Zeitsprünge und Zeitsynchronisierung. Vor dem Zusammenführen müssen alle Server in beiden Bäumen synchronisiert werden und auf den gleichen Zeitsprung verweisen. Diese Option erfordert, daß Ihr Server über eine Reproduktion der Stammpartition verfügt. Die Hauptreproduktion wird nicht benötigt.

Option	Beschreibung
Baum umbenennen.	Benennt den lokalen Baum um. Verwenden Sie diese Option, wenn Sie zwei gleichnamige Stämme zusammenführen. Sie können nur den lokalen Ursprungsbaum umbenennen. Wenn Sie den Zielbaum umbenennen möchten, laden Sie **DSMERGE** auf einem Server im Zielbaum. Laden Sie anschließend **DSMERGE** im Ursprungsbaum und führen die Zusammenführung durch.Diese Option erfordert, daß Ihr Server über eine Reproduktion der Stammpartition verfügt.
Baum zusammenführen.	Führt den Stamm des lokalen Ursprungsbaums mit dem Stamm des Zielbaums zusammen. Diese Option erfordert, daß Ihr Server über eine Reproduktion der Stammpartition verfügt.

Zusammenführungsoperation

■ Die Zusammenführung ist eine einzelne Transaktion und wird deshalb nicht von schwerwiegenden Fehlern wie Stromausfall oder Hardware-Fehlern betroffen.

■ Sichern Sie aber trotzdem vorsichtshalber die Verzeichnis-Services-Datenbank, bevor Sie **DSMERGE** verwenden.

■ Alle Server in beiden Bäumen sollten synchronisiert sein und den gleichen Zeitursprung verwenden.

Nach der Zusammenführung

■ Der Name des Zielbaums bleibt nach der Zusammenführung erhalten.

■ Der lokale Baumname ist nach der Zusammenführung nicht mehr vorhanden. Aktualisieren Sie deshalb die Anweisung PREFERRED TREE in der Datei *NET.CFG* der Arbeitsstationen des lokalen Baums.

■ Das Zielstammobjekt wird zum neuen Stamm für die Server des Ursprungsbaums. Die Zugriffssteuerungslisten (Access Control Lists – ACLs) des Ursprungsbaumstammobjekts bleiben erhalten. Deshalb sind die Rechte des Benutzers **ADMIN** des Ursprungsbaums für das Stammobjekt immer noch gültig.

■ Nach der Zusammenführung sind die beiden ADMIN-Benutzer noch vorhanden und durch verschiedene Behälterobjekte eindeutig identifizierbar.

■ Aus Sicherheitsgründen sollten Sie einen der beiden ADMIN-Benutzer löschen oder die Rechte der beiden Objekte einschränken.

■ Sie können mit **DSMERGE** keine Behälter oder Blattobjekte zusammenführen.

■ Verwenden Sie den NetWare-Administrator oder **NETADMIN**, um Blattobjekte zu verschieben. Partitionen können Sie mit **PARTMGR** zusammenführen.

5.6.1 Die Set-Parameter

Mit dem Befehl **SET** können die Betriebssystemparameter an der Server-Konsole angezeigt und konfiguriert werden. Die Einstellung von Betriebssystemparametern kann auch mit **SERVMAN** erfolgen. Die Standard-SET-Parameter sind so gewählt, daß sich auf den meisten Systemen die bestmögliche Leistung einstellt. Normalerweise muß ein Supervisor die Parameterwerte selten ändern.

Kommunikationsparameter

■ *Maximum Packet Receive Buffers = Zahl:* Bezeichnet die maximale Anzahl von Paketempfangspuffern, die das Betriebssystem zuordnen kann. Unterstützte Werte: *50* bis *4000*. Standard:*100*.

■ *Minimum Packet Receive Buffers = Zahl:* Bezeichnet die minimale Anzahl von Paketempfangspuffern, die das Betriebssystem zuordnen kann. Die festgelegte Anzahl von Puffern wird beim Starten des Servers zugeordnet. Nehmen Sie diesen Befehl in die Datei *STARTUP.NCF* auf. An der Konsoleneingabeaufforderung kann der Wert nicht verändert werden. Unterstützte Werte: *10* bis *2000*. Standard: *50*.

■ *Maximum Physical Receive Packet Size = Zahl:* Bezeichnet die maximale Größe der Pakete, die auf dem Netzwerk übertragen werden können. Nehmen Sie diesen Befehl in die Datei *STARTUP.NCF* auf. An der Konsoleneingabeaufforderung kann der Wert nicht verändert werden. Unterstützte Werte: *618* bis *24.682*. Standard: *4202*.

■ *IPX NetBIOS Replication Option = Zahl:* Legt fest, wie der IPX-Router NetBIOS-Rundsprüche verarbeitet, die zurückgewiesen wurden. Unterstützte Werte: *0* = NetBIOS-Rundsprüche nicht zurückweisen; *1* = Rundsprüche duplizieren, wenn es redundante Leitwege gibt; *2* = doppelte Rundsprüche unterdrücken. Standard: *2*.

■ *Maximum Interrupt Events = Zahl:* Gibt die maximale Anzahl von Interrupt-Zeitereignissen (wie beispielsweise IPX-Leitwegfunktionen) an, die zugelassen werden, bevor mit Sicherheit eine Ablaufstrangumschaltung stattgefunden hat. Unterstützte Werte: *1* bis *1.000.000* Standard: *10*.

■ *Reply to Get Nearest Server = Wert:* Gibt an, ob der Server auf eine Anforderung *Nächstgelegenen Server anfordern* antwortet, die von einer Station ausgeht, die versucht, Verzeichnis- und Datei-Server zu finden. Falls gewünscht, kann dieser Parameter in der Datei *STARTUP.NCF* gesetzt werden. Unterstützte Werte: *ON*, *OFF*. Standard: *ON*.

■ *Number of Watchdog Packets = Zahl:* Bezeichnet die Anzahl der unbeantworteten Überwachungspakete, die der Server an eine Arbeitsstation sendet, bevor deren Verbindung geschlossen wird. Unterstützte Werte: *5* bis *100*. Standard: *10*.

■ *Delay Between Watchdog Packets = Zeit:* Bezeichnet das Zeitintervall zwischen zwei Überwachungspaketen. Unterstützte Werte: *9,9 Sekunden bis 10 Minuten 26,2 Sekunden. Standard:59,3 Sekunden*.

■ *Delay Before First Watchdog Packet = Zeit:* Bestimmt die Zeitspanne, die der Server wartet, ohne eine Anforderung von einer Arbeitsstation zu empfangen, bevor er an diese Station das erste Überwachungspaket sendet. Unterstützte Werte: *15,7 Sekunden bis 14 Tage. Standard: 4 Minuten 56,6 Sekunden*.

■ *New Packet Receive Buffer Wait Time = Zeit:* Legt fest, wie lange das Betriebssystem nach dem Empfang einer Anforderung für einen neuen Paketempfangspuffer wartet, bevor ein neuer Puffer eingerichtet wird. Unterstützte Werte: *0,1 Sekunden bis 20 Sekunden*. *Standard: 0,1 Sekunden*.

■ *Console Display Watchdog Logouts = Wert:* Legt fest, ob nach dem Löschen einer Verbindung eine Nachricht angezeigt wird. Unterstützte Werte: *ON*, *OFF*. Standard: *OFF*.

Speicherparameter

■ *Allow Invalid Pointers = Wert:* Gibt an, ob ungültige Zeiger zugelassen werden, die bewirken, daß eine nicht vorhandene Seite mit nur einer Benachrichtigung zugeordnet wird. Unterstützte Werte: *ON*, *OFF*. Standard: *OFF*.

■ *Read Fault Notification = Wert:* Gibt an, ob das Konsolen- und das Fehlerprotokoll von emulierten Seitenlesefehlern benachrichtigt werden soll. Unterstützte Werte: *ON*, *OFF*. Standard: *ON*.

■ *Read Fault Emulation = Wert:* Gibt an, ob ein Lesevorgang auf einer nicht vorhandenen Seite emuliert wird. Unterstützte Werte: *ON*, *OFF*. Standard: *OFF*.

■ *Write Fault Notification = Wert:* Gibt an, ob das Konsolen- und das Fehlerprotokoll von emulierten Seitenschreibfehlern benachrichtigt werden soll. Falls gewünscht, kann dieser Parameter in der Datei *STARTUP.NCF* gesetzt werden. Unterstützte Werte: *ON*, *OFF*. Standard: *ON*.

■ *Write Fault Emulation = Wert:* Gibt an, ob ein Schreibvorgang auf einer nicht vorhandenen Seite emuliert wird. Falls gewünscht, kann dieser Parameter in der Datei *STARTUP.NCF* gesetzt werden. Unterstützte Werte: *ON*, *OFF*. Standard: *OFF*.

■ *Garbage Collection Interval = Zahl:* Legt das Zeitintervall zwischen den Aufräumarbeiten fest. Unterstützte Wert: *1 Minute bis 1 Stunde*. Standard: *15 Minuten*.

■ *Number of Frees for Garbage Collection = Zahl:* Legt fest, wie oft der Speicher mindestens freigegeben werden muß, bevor eine Aufräumarbeit stattfinden kann. Unterstützte Werte: *100* bis *100.000*. Standard: *5.000*.

5.6

NLMs

■ *Minimum Free Memory for Garbage Collection = Zahl:* Gibt an, wieviel Byte bei einer Aufräumarbeit mindestens zur Zuordnung frei sein müssen. Unterstützte Werte: *1.000* bis *1.000.000*. Standard: *8.000*.

■ *Alloc Memory Check Flag = Wert:* Gibt an, ob der Server in den Zuordnungsspeicherknoten eine Integritätsprüfung durchführt. Unterstützte Werte: *ON*, *OFF*. Standard: *OFF*.

■ *Auto Register Memory Above 16 Megabytes = Wert:* Steuert bei EISA-Computern die automatische Registrierung von Speicher über 16 Mbyte. Unterstützte Werte: *ON*, *OFF*. Standard: *ON*. Dieser Parameter muß in der Datei *STARTUP.NCF* eingestellt werden.

■ *Reserved Buffers Below 16 Meg = Zahl:* Legt die Anzahl der Datei-Cache-Puffer fest, die für Gerätetreiber reserviert sind, die keinen Speicher über 16 Mbyte adressieren können. Unterstützte Werte: *8* bis *300*. Standard: *16*.

Datei-Zwischenspeicherungs-Parameter

■ *Read Ahead Enabled = Wert:* Legt fest, ob das System Lesevorgänge im Hintergrund ausführt, um im voraus Blöcke zwischenzuspeichern, die demnächst angefordert werden. Unterstützte Werte: *ON*, *OFF*.

■ *Read Ahead LRU Sitting Time Threshold = Anzahl:* Legt die minimale Cache-LRU-Schwellenzeit (LRU = Least Recently Used) für Vorauslesevorgänge fest. Unterstützte Werte: *0 Sekunden* bis *1 Stunde*. Standard: *10 Sekunden*.

■ *Minimum File Cache Buffers = Anzahl:* Legt die minimale Anzahl der Cache-Puffer fest, die das Betriebssystem für die Datei-Zurückspeicherung zur Verfügung stellen kann. Unterstützte Werte: *20* bis *1000*. Standard: *448*.

■ *Maximum Concurrent Disk Cache Writes = Anzahl:* Legt fest, wieviele Schreibanforderungen für geänderte Dateidaten in den Elevator gestellt werden können, ehe der Schreib-/Lesekopf mit dem Abtasten der Platte beginnt. Unterstützte Werte: *10* bis *4000*. Standard: *50*.

NLMs

■ *Dirty Disk Cache Delay Time = Zeit:* Legt fest, wie lange eine Schreibanforderung, die keinen Cache-Puffer belegt, im Speicher gehalten wird, bevor sie auf die Festplatte geschrieben wird. Unterstützte Werte: *0,1 Sekunden* bis *10 Sekunden*. Standard: *3,3 Sekunden.*

■ *Minimum File Cache Report Threshold = Anzahl:* Gibt an, wie viele Cache-Puffer noch verfügbar sein dürfen, bevor das Betriebssystem eine Warnung ausgibt, daß die Puffer zur Neige gehen. Unterstützte Werte: *0* bis *1.000*. Standard: *20.*

Verzeichnis-Zwischenspeicherungs-Parameter

■ *Dirty Directory Cache Delay Time =Zeit:* Gibt an, wie lange das System eine Schreibanforderung in eine Verzeichnistabelle im Speicher hält, bevor Sie auf die Festplatte geschrieben wird. Unterstützte Werte: *0* bis *10* Sekunden. Standard: *0,5 Sekunden..*

■ *Maximum Concurrent Directory Cache Writes = Zahl:* Legt fest, wieviele Schreibanforderungen von Verzeichnis-Cache-Puffern in den Elevator gestellt werden, bevor der Schreib-/Lesekopf mit dem Abtasten der Festplatte beginnt. Unterstützte Werte: *5* bis *50*. Standard: *10*. Eine große Anzahl bewirkt, daß Schreibanforderungen effizienter bearbeitet werden. Eine geringe Anzahl bewirkt, daß Leseanforderungen effizienter bearbeitet werden.

■ *Directory Cache Allocation Wait Time = Anzahl:* Gibt an, wie lange das System nach der Zuordnung eines neuen Verzeichnis-Cache-Puffers warten muß, bevor ein weiterer Puffer zugeordnet werden kann. Unterstützte Werte: *0,5 Sekunden* bis *2 Sekunden*. Standard: *2,2 Sekunden*.

■ *Directory Cache Buffer NonReferenced Delay =Zeit:* Legt fest, wie lange ein Verzeichniseintrag zwischengespeichert werden muß, bevor er von einem anderen überschrieben werden kann. Unterstützte Werte: *1 Sekunde* bis *5 Minuten*. Standard: *5,5 Sekunden*. Eine Erhöhung dieses Wertes beschleunigt den Verzeichniszugriff.

■ *Maximum Directory Cache Buffers = Anzahl:* Legt die maximale Anzahl der Cache-Puffer fest, die das System für die Verzeichnis-Zurückspeicherung zuordnen kann. Unterstützte Werte: *20* bis *4000*. Standard *500*.

- ■ *Minimum Directory Cache Buffers = Zahl:* Legt die minimale Anzahl der Cache-Puffer fest, die das System für die Verzeichnis-Zurückspeicherung zuordnen kann. Unterstützte Werte: *10* bis *2000*. Standard: *20*.
- ■ *Maximum Number of Directory Handles = Anzahl:* Gibt die maximale Anzahl der für jede Verbindung verfügbaren Verzeichniskennungen an. Unterstützte Werte: *20* bis *1000*. Standard: *20*.

Dateisystem-Parameter

- ■ *Minimum File Delete Wait Time = Zeit:* Legt fest, wie lange eine gelöschte Datei auf dem Datenträger wiederherstellbar bleibt. Unterstützte Werte: *0 Sekunden* bis *7 Tage*. Standard: *1 Minute 5,9 Sekunden*.
- ■ *File Delete Wait Time = Zeit:* Legt fest, wann nach dem Löschen eine wiederherstellbare Datei entfernt werden darf, um auf einem Datenträger Platz frei zu machen. Unterstützte Werte: *0 Sekunden* bis *7 Tage*. Standard: *5 Minuten 29,6 Sekunden*.
- ■ *Allow Deletion of Active Directories = Wert:* Gibt an, ob ein Verzeichnis gelöscht werden kann, wenn ihm von einer anderen Verbindung ein Laufwerk zugeordnet wurde. Unterstützte Werte: *ON*, *OFF*. Standard: *ON*.
- ■ *Maximum Percent of Volume Space Allowed for Extended Attributes = Prozentsatz:* Begrenzt die Menge des Speicherplatzes auf dem Datenträger, der zur Speicherung erweiterter Attribute verwendet wird. Die Einstellung ist nur dann wirksam, wenn der Datenträger aktiv ist. Unterstützte Werte: *5* bis *50*. Standard: *10*.
- ■ *Maximum Extended Attributes per File or Path = Anzahl:* Begrenzt die Anzahl der erweiterten Attribute, die einer Datei oder einem Pfad (Unterverzeichnis) zugewiesen werden können. Dieser Grenzwert gilt für alle Datenträger im Server. Unterstützte Werte: *4* bis *512*. Standard: *16*.
- ■ *Maximum Percent of Volume Used by Directory = Prozentsatz:* Begrenzt den Teil eines Datenträgers, der zum Speichern von Verzeichnissen verwendet werden kann. Unterstützte Werte: *5* bis *50*. Standard: *13*.

- **Immediate Purge of Deleted Files = Wert:** Steuert, ob gelöschte Dateien wiederhergestellt werden können. Wird dieser Parameter auf **OFF** gesetzt, können die Dateien mit dem Dienstprogramm **FILER** wiederhergestellt werden.
- **Maximum Subdirectory Tree Depth = Anzahl:** Bestimmt, wieviele Unterverzeichnisebenen vom System unterstützt werden. Unterstützte Werte: **10** bis **100**.
- **Volume Low Warn All Users = Wert:** Steuert, ob das System die Benutzer benachrichtigt, wenn ein Datenträger nahezu voll ist. Unterstützte Werte: **ON**, **OFF**. Standard: **ON**.
- **Volume Low Warning Reset Threshold = Zahl:** Steuert, wieviel Platz auf der Festplatte mindestens frei gemacht werden muß, bevor eine zweite Warnung ausgegeben wird, daß der Datenträger fast voll ist.
- **Volume Low Warning Threshold = Anzahl:** Legt die Anzahl der freien Speicherblöcke auf der Festplatte fest, die mindestens vorhanden sein müssen, bevor das System eine Warnung ausgibt. Unterstützte Werte: **0** bis **1.000.000 Blöcke**. Standard: **256 Blöcke**.
- **Turbo FAT Re-Use Wait Time = Zeit:** Gibt an, wie lange ein Turbo-FAT-Puffer nach dem Schließen einer indizierten Datei gespeichert bleibt. Unterstützte Werte: **0,3 Sekunden** bis **1 Stunde 5 Minuten 54,6 Sekunden**. Standard: **5 Minuten 29,6 Sekunden**.
- **Compression Daily Check Stop Hour = Zahl:** Bezeichnet die Stunde, zu der der Dateikompressor aufhört, aktivierte Datenträger nach Dateien zu durchsuchen, die komprimiert werden müssen. Unterstützte Werte **0** bis **23**. Standard: **0**.
- **Compression Daily Check Starting Hour = Zahl:** Bezeichnet die Stunde, zu der der Dateikompressor beginnt, aktivierte Datenträger nach Dateien zu durchsuchen, die komprimiert werden müssen. Unterstützte Werte **0** bis **23**. Standard: **0**.
- **Minimum Compression Percentage Gain = Zahl:** Legt fest, um welchen Prozentsatz sich eine Datei mindestens komprimieren lassen muß, um in komprimiertem Zustand gespeichert zu bleiben. Unterstützte Werte **0** bis **50**. Standard: **2**.

- **Enable File Compression = Wert:** Steuert, ob die Dateikompression unterbrochen wird. Unterstützte Werte: **ON, OFF.** Standard: **ON.**
- **Maximum Concurrent Compressions = Zahl:** Gibt an, wieviele Kompressionen gleichzeitig durchgeführt werden können. Unterstützte Werte: **1** bis **8.** Standard: **2.** Kompressionen können nur dann gleichzeitig stattfinden, wenn es sich um mehrere Datenträger handelt. Falls gewünscht, kann dieser Parameter in der Datei **STARTUP.NCF** gesetzt werden.
- **Convert Compressed to Uncompressed Option = Wert:** Bestimmt, wie das System nach der Dekompression einer Datei durch den Server mit der unkomprimierten Version umgeht. Unterstützte Werte: **0** = Die Datei bleibt immer komprimiert; **1** = die Datei bleibt bis zu einem zweiten Zugriff komprimiert, wenn sie während der mit Days Untouched Before Compression festgelegten Zeit nur einmal gelesen wurde; **2** = die Datei bleibt immer unkomprimiert. Standard: **1.**
- **Decompress Percent Disk Space Free to Allow Commit = Zahl:** Legt den Prozentsatz an freiem Speicherplatz fest, der auf einem Datenträger zur Dekompression von Dateien erforderlich ist, die permanent unkomprimiert bleiben sollen.
- **Decompress Free Space Warning Interval = Zahl:** Legt die Zeitspanne zwischen den Warnungen fest, die ausgegeben werden, wenn das Dateisystem komprimierte Dateien wegen mangelndem Festplattenplatz nicht dekomprimiert. Unterstützte Werte: **0 Sekunden** bis **29 Tage 15 Stunden 50 Minuten 3,8 Sekunden.** Standard: **31 Minuten 18,5 Sekunden.**
- **Deleted Files Compression Option = Zahl:** Steuert, ob und wann gelöschte Dateien komprimiert werden. Unterstützte Werte: **0** = Keine Kompression gelöschter Dateien; **1** = Kompression der gelöschten Dateien am nächsten Tag; **2** = sofortige Kompression gelöschter Dateien. Standard: **1.**
- **Days Untouched Before Compression = Zahl:** Legt fest, wieviele Tage das Betriebssystem mit der Kompression wartet, nachdem der letzte Dateizugriff erfolgte. Unterstützte Werte: **0** bis **100.000.** Standard: **7.**

5.6

NLMs

■ *Allow Unowned Files To Be Extended = Wert:* Steuert, ob Dateien modifiziert werden können, deren Eigentümer verloren gegangen sind oder gelöscht wurden. Unterstützte Werte: *ON*, *OFF*. Standard: *ON*.

Sperrenparameter

■ *Open Callback Timeout =Zahl:* Steuert, wie lange das System wartet, bevor die Schreibpuffer für eine geöffnete Datei geleert werden. Unterstützte Werte: *0,3 Sekunden* bis *2 Minuten 17,3 Sekunden*.

■ *Maximum Record Locks Per Connection = Anzahl:* Steuert, wieviele Datensatzsperren eine Arbeitsstation gleichzeitig benutzen kann. (Mit MONITOR können Sie anzeigen lassen, wieviele Datensatzsperren eine Arbeitsstation verwendet.) Unterstützte Werte: *10* bis *100.000*. Standard: *500*.

■ *Maximum File Locks Per Connection = Anzahl:* Steuert, wieviele geöffnete und gesperrte Dateien eine Station zur selben Zeit verwenden kann. (Mit *MONITOR* können Sie anzeigen lassen, wieviele geöffnete und gesperrte Dateien eine Station benutzt). Unterstützte Werte: *10* bis *1000*. Standard: *250*. Erhöhen Sie den Wert dieses Parameters, wenn es in einer Anwendung zu einem Fehler kommt, weil nicht genügend Dateien geöffnet werden können. Verringern Sie den Wert, wenn die Arbeitsstationen zu viele Ressourcen belegen.

■ *Maximum Record Locks = Anzahl:* Steuert, wieviele Datensatzsperren das Betriebssystem verwalten kann. Unterstützte Werte: *100* bis *400.000*. Standard: *20.000*.

■ *Maximum File Locks = Anzahl:* Steuert, wieviele geöffnete und gesperrte Dateien das Betriebssystem verwalten kann. Unterstützte Werte: *100* bis *100.000*. Standard: *10.000*.

Transaktionsverfolgungsparameter

■ *Auto TTS Backout Flag = Wert:* Steuert, ob ein abgestürzter Server automatisch unvollständige Transaktionen zurücksetzen kann, wenn er gestartet wird. Unterstützte Werte: *ON* = Der Serversetzt während des Startvorgangs alle unvollständigen Transaktionen zurück; *OFF* = der Server wartet auf die Beantwortung einer Eingabeaufforderung, bevor der Startvorgang eingeleitet wird.

■ *TTS Abort Dump Flag = Wert:* Steuert, ob eine Datei zum Protokollieren von Transaktions-Rücksetzungsdaten erstellt wird. Unterstützte Werte: *ON* = Die Informationen werden in *TTS$LOG.ERR* gespeichert; *OFF* = die zurückgesetzten Informationen werden nicht gespeichert. Standard: *OFF*.

■ *Maximum Transactions = Anzahl:* Legt fest, wieviele Transaktionen zur selben Zeit stattfinden können. Unterstützte Werte: *100* bis *10.000*. Standard: *10.000*.

■ *TTS Backout File Truncation Wait Time = Zeit:* Legt fest, wie lange zugeordnete Blöcke für die TTS-Rücksetzungsdatei verfügbar bleiben, wenn sie gegenwärtig nicht verwendet werden. Unterstützte Werte: *1 Minute 5,9 Sekunden* bis *1 Tag 2 Stunden 21 Minuten 51,3 Sekunden*. Standard: *59 Minuten 19,2 Sekunden*.

Festplattenparameter

■ *Enable Disk Read After Write Verify = Wert:* Steuert, ob die auf Festplatte geschriebenen Informationen mit den Daten im Speicher verglichen werden. Normalerweise sollte diese Hot-Fix-Funktion nicht deaktiviert werden. Unterstützte Werte: *ON, OFF*. Standard: *ON*. Bei gespiegelten und zuverlässigen Festplatten kann die Schreibgeschwindigkeit nahezu verdoppelt werden, indem das Kontrollesen ausgeschaltet wird. Einige Festplatten und Treiber verfügen über eigene Kontrolleseverfahren.

■ *Remirror Block Size = Wert:* Bestimmt die Blockgröße beim erneuten Spiegeln in Schritten von *4* Kbyte. (*1*=4 Kbyte, *2*=8 Kbyte, *8*=32 Kbyte usw.) Unterstützte Werte: *1* bis *8*. Standard: *1*.

■ *Concurrent Remirror Requests = Wert:* Bestimmt die Anzahl von Neuspiegelungsanforderungen pro logischer Partition. Unterstützte Werte: *2* bis *32*. Standard: *4*.

■ *Mirrored Devices Are Out of Sync Message Frequency = Zeit:* Bestimmt in Minuten, wie häufig asynchrone Geräte geprüft werden. Unterstützte Werte: *5* bis *9999 Minuten*. Standard: *30 Minuten*.

Zeitsynchronisierungsparameter

- **TIMESYNC ADD** *Time Source = Server-Name:* Macht einen Server zu einer Zeitquelle.

- **TIMESYNC** *Configuration File = Pfad:* Bezeichnet den Pfad zur Konfigurationsdatei *TIMESYNC.CFG*.

- **TIMESYNC** *Configured Sources = Wert:* Legt fest, welche Zeitquellen der Server auswertet. Unterstützte Werte: *ON* = Der Server ignoriert SAP-Zeitquellen; *OFF* = Der Server bezieht sich auf alle Bekanntmachungs-Zeitquellen. Standard: *OFF*.

- **TIMESYNC** *Directory Tree Mode = Wert:* Steuert die Verwendung von SAP-Paketen im Verzeichnisbaum. Unterstützte Werte: *ON* = Bei der Zeitsynchronisierung werden alle SAP-Pakete ignoriert, die nicht aus dem Verzeichnisbaum stammen, in dem sich der Server befindet; *OFF* = Der Server kann von beliebigen Zeitquellen im Netzwerk SAP-Pakete empfangen. Standard: *ON*.

- **TIMESYNC** *Hardware Clock = Wert:* Steuert die Synchronisierung der Hardware-Uhr. Unterstützte Werte: *ON* = Der primäre und der sekundäre Zeit-Server stellen die Hardware-Uhr ein. Der Ausschließlich-Referenz- und der Referenz-Server stellen ihre Zeit am Anfang jedes Abfrageintervalls nach Maßgabe der Hardware-Uhr ein; *OFF* = Verwenden Sie diese Einstellung nur dann, wenn dieser Server auf eine externe Zeitquelle, wie beispielsweise eine funkgesteuerte Uhr, zugreift. Standard: *ON*.

- **TIMESYNC** *Polling Count = Anzahl:* Legt fest, wieviele Zeitpakete während des Abfragens ausgetauscht werden. Unterstützte Werte: *1* bis *1000*. Standard: *3*.

- **TIMESYNC** *Polling Interval = Zahl:* Dimensioniert das lange Abfrageintervall in Sekunden. Unterstützte Werte: *10* bis *2.678.400 Sekunden* (31 Tage). Standard: *600 Sekunden*.

- **TIMESYNC REMOVE** *Time Source = Server-Name:* Löscht einen Server als Zeitquelle.

- **TIMESYNC RESET** *= Wert:* Bewirkt ein Zurücksetzen der Zeitsynchronisierung und löscht die Liste der Zeitquellen.

5.6

NLMs

■ **TIMESYNC** *Restart Flag = Wert:* Steuert den erneuten Start der Zeitsynchronisierung. Unterstützte Werte: *ON, OFF.* Standard: *OFF.*

■ **TIMESYNC** *Service Advertising = Wert:* Steuert die Bekanntmachung von Zeitquellen. Unterstützte Werte: *ON* = Die Ausschließlich-Referenz-, die Referenz- und die primäre Zeitquelle verwenden bei der Bekanntmachung SAP; *OFF* = Verwenden Sie diese Einstellung nur, wenn Sie mit einer benutzerkonfigurierten Zeitquellenliste arbeiten. Standard: *ON.*

■ **TIMESYNC** *Synchronization Radius = Zahl:* Legt die maximale Zeitabweichung eines Servers in Millisekunden fest, bei der er noch als synchronisiert betrachtet wird. Unterstützte Werte: *0* bis *2.147.483.647 Millisekunden.* Standard: *2000.*

■ **TIMESYNC** *Time Adjustment = [+ oder -] Stunde:Minute: Sekunde [bei Monat/Tag/Jahr:Minute:Sekunde AM oder PM]:* Legt fest, wann eine Zeiteinstellung durchgeführt wird. **Hinweis:** Dieser Parameter kann auf einem sekundären Zeit-Server nicht verwendet werden. Maximum: 99 Zeichen.

■ **TIMESYNC** *Time Source = ServerName:* Macht einen Server zu einer Zeitquelle. Wird kein Server-Name eingegeben, erscheint eine Liste der konfigurierten Server.

■ **TIMESYNC** *Type = Zeitquellentyp:* Bezeichnet den Standardtyp der Zeitsynchronisation.

■ **TIMESYNC** *Write Parameters = Wert:* Legt fest, ob von **TIMESYNC** *Write Value* festgelegte Parameter in die Konfigurationsdatei geschrieben werden. Unterstützte Werte: *ON, OFF.* Standard: *OFF.*

■ **TIMESYNC** *Write Value = Zahl:* Steuert, welche Parameter von **TIMESYNC** *Write Parameters* geschrieben werden. Unterstützte Werte: *1* = Nur interne Parameter; *2* = Nur konfigurierte Zeitquellen; *3* = Parameter und konfigurierte Zeitquellen. Standard: *3.*

■ *Time Zone = Zeitzonen-Zeichenkette:* Bestimmt die Zeitzonen-Zeichenkette. Darin ist folgendes enthalten: Der abgekürzte Zeitzonennamen; die Zeitverschiebung, bezogen auf Universal Time (UTC); der alternative abgekürzte Zeitzonenname, der verwendet werden soll, sobald auf Sommerzeit umgestellt wurde. Maximum: 80 Zeichen. Standard: Keine Zeitzone.

5.6

NLMs

- **Default Time Server Type = Zeitquellentyp:** Bezeichnet den Standard-Typ des Servers für die Zeitsynchronisierung. Der Parameter kann von anderen Zeitsynchronisierungsparametern überschrieben werden. Unterstützte Typen: *Reference*, *Primary*, *Secondary*, *Single Reference*. Maximum: *50*. Standard: *Secondary*.
- **Start of Daylight Savings Time = Datum und Uhrzeit:** Bestimmt Datum und Ortszeit zur Umstellung auf Sommerzeit. Maximum: 79 Zeichen.
  Wichtig: Sie müssen sowohl Beginn als auch Ende der Sommerzeit einstellen, bevor die beiden Daten tatsächlich berücksichtigt werden.
- **End of Daylight Savings Time = Datum und Uhrzeit:** Bestimmt Datum und Ortszeit zur Umstellung von Sommerzeit auf Normalzeit. Maximum: 79 Zeichen.
  Wichtig: Sie müssen sowohl Beginn als auch Ende der Sommerzeit einstellen, bevor die beiden Daten tatsächlich berücksichtigt werden.
- **Daylight Savings Time Offset = [+ oder -] Stunde: Minute: Sekunde:** Bezeichnet die Differenz, die bei Zeitberechnungen berücksichtigt werden muß, wenn auf Sommerzeit umgestellt wurde. Standard: *+1:00:00*. Dieser Parameter bewirkt, daß ausgehend von der Ortszeit auf UTC zurückgerechnet wird.
- **Daylight Savings Time Status = Wert:** Zeigt an, ob die Zeitmessung auf Sommerzeit bezogen ist. Unterstützte Werte: *ON*, *OFF*. Standard: *OFF*.
- **New Time With Daylight Savings Time Status = Wert:** Steuert die Einstellung der Ortszeit, wenn die Sommerzeit aktiviert wurde. Unterstützte Werte: *ON*, *OFF*. Standard: *OFF*. *ON* = Die Ortszeit wird angepaßt, indem der Wert von Daylight Saving Time Offset addiert oder subtrahiert wird.

NCP-Parameter

- **NCP File Commit = Wert:** Steuert, ob Anwendungen unerledigte Schreibanforderungen auf die Festplatte übertragen können. Unterstützte Werte: *ON*, *OFF*. Standard: *ON*.

- **Display NCP Bad Component Warnings = Wert:** Steuert, ob Warnungen bezüglich unbrauchbarer NCP-Komponenten angezeigt werden. Unterstützte Werte: *ON, OFF*. Standard: *OFF*.
- **Reject NCP Packets with Bad Components = Wert:** Legt fest, ob NCP-Pakete zurückgewiesen werden, die bei der Komponentenprüfung als fehlerhaft erkannt wurden. Unterstützte Werte: *ON, OFF*. Standard: *OFF*.
- **Display NCP Bad Length Warnings = Wert:** Steuert, ob NCP-Warnmeldungen bezüglich unzulässiger Länge angezeigt werden. Unterstützte Werte: *ON, OFF*. Standard: *OFF*.
- **Reject NCP Packets with Bad Lengths = Wert:** Legt fest, ob NCP-Pakete zurückgewiesen werden, die bei der Begrenzungsprüfung als fehlerhaft erkannt wurden. Dieser Parameter kann als Hilfsmittel zur Fehlersuche verwendet werden. Unterstützte Werte: *ON, OFF*. Standard: *OFF*.
- **Maximum Outstanding NCP Searches = Anzahl:** Bestimmt die maximale Anzahl von NCP-Verzeichnissuchläufen, die gleichzeitig durchgeführt werden können. Unterstützte Werte: *10* bis *1000*. Standard: *51*.
- **NCP Packet Signature Option = Nummer:** Steuert die NCP-Paketsignaturebene auf dem Server. Unterstützte Werte: *0* = Server kennzeichnet Pakete nicht (unabhängig von der Client-Ebene); *1* = Server kennzeichnet Pakete nur auf Anforderung des Client (Client-Ebene ist *2* oder höher); *2* = Server kennzeichnet Pakete, wenn der Client zur Kennzeichnung in der Lage ist (Client-Ebene ist *1* oder höher); *3* = Server kennzeichnet Pakete und fordert alle Clients dazu auf (andernfalls schlägt die Anmeldung fehl). Standard: *1*.
- **Enable IPX Checksums = Zahl:** Steuert die Aktivierung von IPX-Prüfsummen. Unterstützte Werte: *0* = Keine Prüfsummen; *1* = Prüfsummenbildung, wenn dies beim Client aktiviert ist; *2* = Anforderung von Prüfsummen. Standard: *1*.

NLMs

- **Allow Change to Client Rights = Wert:** Steuert, ob ein Auftrags-Server die Rechte eines Clients für NCP-Paketsignaturen übernehmen kann. Unterstützte Werte: *ON*, *OFF*. Standard: *ON*.
- **Allow LIP = Wert:** Aktiviert bzw. deaktiviert die Large Internet Packet (LIP)-Unterstützung. Unterstützte Werte: *ON*, *OFF*. Standard: *ON*.

Sonstige Parameter

- **Sound Bell for Alerts = Wert:** Steuert, ob ein Signalton ausgegeben wird, wenn eine Warnmeldung an der Konsole erscheint. Unterstützte Werte: *ON*, *OFF*. Standard: *ON*.
- **Replace Console Prompt with Server Name = Wert:** Steuert, ob die Konsoleneingabeaufforderung durch den Namen des NetWare-Servers ersetzt wird. Unterstützte Werte: *ON*, *OFF*. Standard: *ON*.
- **Alert Message Nodes = Anzahl:** Bestimmt die Anzahl der Warnmeldungsknoten, die vorher zugeordnet wurden. Unterstützte Werte: *10* bis *256*. Standard: *20*.
- **Worker Thread Execute In a Row Count = Anzahl:** Legt fest, wie oft der Scheduler aufeinanderfolgend neue Arbeit zuteilt, bevor er die Ausführung anderer Ablaufstränge zuläßt. Unterstützte Werte: *1* bis *20*. Standard: *10*.
- **Halt System on Invalid Parameters = Wert:** Legt fest, ob das System stoppt, sobald ungültige Parameter erkannt werden. Unterstützte Werte: *ON* = Das System wird angehalten, wenn ein ungültiger Parameter oder eine ungültige Bedingung erkannt werden; *OFF* = Das System zeigt eine Warnmeldung an und setzt die Ausführung fort, wenn ein ungültiger Parameter oder eine ungültige Bedingung erkannt werden. Standard: *OFF*.
- **Upgrade Low Priority Threads = Wert:** Bewirkt, daß Ablaufstränge niedriger Priorität auf normale Priorität gesetzt werden. Einige Module können die Ausführung von Modulen mit niedriger Priorität zum Stillstand bringen und dadurch die Dateikompression abbrechen oder andere Probleme auslösen. Unterstützte Werte: *ON*, *OFF*. Standard: *OFF*.

- **Display Relinquish Control Alerts = Wert:** Steuert, ob Warnmeldungen über die CPU-Steuerung an die Server-Konsole gesendet werden. Dieser Parameter kann als Hilfsmittel zur Fehlersuche verwendet werden. Unterstützte Werte: **ON** = Verwenden Sie diese Einstellung, wenn Sie Ihre eigenen ladbaren Module schreiben; **OFF** = Wählen Sie diese Einstellung, wenn Sie keine eigenen ladbaren Module schreiben. Standard: **OFF**.
- **Display Incomplete IPX Packet Alerts = Wert:** Legt fest, ob Warnmeldungen angezeigt werden, wenn IPX unvollständige Pakete empfängt. Dieser Parameter kann als Hilfsmittel zur Fehlersuche verwendet werden. Unterstützte Werte: **ON, OFF**. Standard: **ON**. Falls gewünscht, kann dieser Parameter in der Datei **STARTUP.NCF** gesetzt werden.
- **Display Old API Names = Wert:** Steuert die Anzeige von Nachrichten, die Aufrufe der NetWare-3-API betreffen. Dieser Parameter kann als Hilfsmittel zur Fehlersuche verwendet werden. Unterstützte Werte: **ON** = Verwenden Sie diese Einstellung, wenn Sie Ihre eigenen Module schreiben und NetWare-3.0-Module so aufrüsten, daß sie neuere APIs verwenden; **OFF** = Wählen Sie diese Einstellung, wenn Sie keine Module aufrüsten. Standard: **OFF**.
- **Developer Option = Wert:** Steuert, ob die zu einer Entwicklungsumgebung gehörenden Optionen aktiviert werden. Unterstützte Werte: **ON, OFF**. Standard: **OFF**. Falls gewünscht, kann dieser Parameter in der Datei **STARTUP.NCF** gesetzt werden.
- **Display Spurious Interrupt Alerts = Wert:** Steuert Warnmeldungen bei unechten Interrupts. Unterstützte Werte: **ON, OFF**. Standard: **ON**.
- **Display Lost Interrupt Alerts = Wert:** Steuert Warnmeldungen bei verlorenen Interrupts. Unterstützte Werte: **ON, OFF**. Standard: **ON**.
- **Pseudo Preemption Count = Anzahl:** Legt fest, wie oft Ablaufstränge Systemaufrufe zum Lesen oder Schreiben einer Datei machen können, bevor eine Umschaltung ausgelöst wird. Unterstützte Werte: **1** bis **4.294.967.295**. Standard: **10**.

- *Global Pseudo Preemption = Wert:* Legt fest, ob alle Ablaufstränge Pseudo-Preemption verwenden oder nicht. Unterstützte Werte: *ON*, *OFF*. Standard: *OFF*.
- *Maximum Service Processes = Anzahl:* Legt die maximale Anzahl der Service-Prozesse fest, die das Betriebssystem aktivieren kann. Unterstützte Werte: *5* bis *100*. Standard: *40*.
- *New Service Process Wait Time = Zahl:* Legt fest, wie lange das Betriebssystem mit einer Zuordnung wartet, wenn es die Anforderung eines weiteren Service-Prozesses empfängt. Unterstützte Werte: *0,3 Sekunden* bis *20 Sekunden*. Standard: *2,2 Sekunden*.
- *Automatically Repair Bad Volumes = Wert:* Legt fest, ob VREPAIR automatisch auf einem Datenträger ausgeführt wird, dessen Aktivierung fehlschlägt. Unterstützte Werte: *ON*, *OFF*. Standard: *ON*.
- *Allow Unencrypted Passwords = Wert:* Steuert die Verwendung von unverschlüsselten Paßwörtern. Wählen Sie die Einstellung *OFF*, wenn auf Ihren Servern NetWare 3.1x läuft. Unterstützte Werte: *ON*, *OFF*. Standard: *OFF*.

Fehlerbearbeitungsparameter

- *Server Log File State = Zahl:* Steuert, was geschieht, wenn die Datei *SYS$LOG.ERR* größer ist, als mit dem Parameter *Server Log File Overflow Size* vorgegeben. Unterstützte Werte: *0* = Die Datei *SYS$LOG.ERR* bleibt unverändert; *1* = Die Datei *SYS$LOG.ERR* wird gelöscht; *2* = Die Datei wird in *SYS$ERR.LOG* umbenannt. Standard: *1*.
- *Volume Log File State = Zahl:* Steuert, was geschieht, wenn die Datei *VOL$LOG.ERR* größer ist, als mit dem Parameter *Volume Log File Overflow Size* vorgegeben. Unterstützte Werte: *0* = Die Datei *VOL$LOG.ERR* bleibt unverändert; *1* = Die Datei *VOL$LOG.ERR* wird gelöscht; *2* = Die Datei wird in *VOL$ERR.LOG* umbenannt. Standard: *1*.
- *Volume TTS Log File State = Zahl:* Steuert, was geschieht, wenn die Datei *TTS$LOG.ERR* größer ist, als mit dem Parameter *Volume TTS Log File Overflow Size* vorgegeben. Unterstützte Werte: *0* = Die Datei *TTS$LOG.ERR* bleibt unverändert; *1* = Die Datei

NLMs

TTS$LOG.ERR wird gelöscht; *2* = Die Datei wird in *TTS$ERR.LOG* umbenannt. Standard: *1*.

■ **Server Log File Overflow Size = Zahl:** Bestimmt die maximale Größe der Datei **SYS$LOG.ERR**, bevor die Aktion ausgeführt wird, die der Parameter **Server Log File State** beschreibt. Unterstützte Werte: *65.536* bis *4.294.967.295 Byte*. Standard: *4.194.304 Byte*.

■ **Volume Log File Overflow Size = Zahl:** Bestimmt die maximale Größe der Datei **VOL$LOG.ERR**, bevor die Aktion ausgeführt wird, die der Parameter **Volume Log File State** beschreibt. Unterstützte Werte: *65.536* bis *4.294.967.295 Byte*. Standard: *4.194.304 Byte*.

■ **Volume TTS Log File Overflow Size = Zahl:** Bestimmt die maximale Größe der Datei **TTS$LOG.ERR**, bevor die Aktion ausgeführt wird, die der Parameter **Volume TTS Log File State** beschreibt. Unterstützte Werte: *65.536* bis *4.294.967.295 Byte*. Standard: *4.194.304 Byte*.

NetWare-Verzeichnis-Services-Parameter

■ **NDS Trace to Screen = Wert:** Aktiviert den NDS-Ablaufverfolgungsbildschirm. Dieser zeigt auf dem Monitor Informationen zu NDS-Ereignissen an. Unterstützte Werte: *ON, OFF*. Standard: *OFF*.

■ **NDS Trace to File = Wert:** Sendet Nachrichten über NDS-Ereignisse an die NDS-Ablaufverfolgungsdatei auf dem Datenträger SYS:. Die Standarddatei ist *SYSTEM\DSTRACE.DBG*. Unterstützte Werte: *ON, OFF*. Standard: *OFF*.

■ **NDS Trace Filename = Pfad\Name:** Bezeichnet den Pfad und den Namen der NDS-Ablaufverfolgungsdatei auf dem Datenträger **SYS:**. Maximale Länge: *255*. Standard: *SYSTEM\DSTRACE.DBG*.

■ **NDS Client NCP Retries = Anzahl:** Legt die Anzahl der NCP-Wiederholungsversuche fest, bevor der NDS-Client eine Verbindung wegen Zeitüberschreitung trennt. Unterstützte Werte: *1* bis *20*. Standard: *3*.

■ **NDS External Reference Life Span =Anzahl der Stunden:** Legt fest, wieviele Stunden ungenutzte externe Referenzen bestehen bleiben dürfen, bevor sie entfernt werden. Unterstützte Werte: *1* bis *384 Stunden*. Standard: *192 Stunden*.

■ **NDS Synchronization Interval = Anzahl der Minuten:** Legt fest, wieviel Zeit zwischen umfangreichen Synchronisierungsprüfungen vergeht. Sobald Sie diesen Wert ändern, führt das System die Synchronisierungsprüfung durch. Die Prüfung wird dann im festgelegten Intervall wiederholt. Unterstützte Werte: *2* bis *1440 Minuten* Standard: *30 Minuten*.

■ **NDS Synchronization Restrictions = Wert, Versionsnummernliste:** Legt fest, mit welchen Versionen der NetWare-Verzeichnis-Services der Server synchronisieren kann. Unterstützte Werte: *ON, OFF;* Versionsnummernliste. Maximale Länge der Versionsnummernliste: 132 Zeichen. Standard: *OFF*.

■ **NDS Servers Status = Wert:** Markiert den Status aller Server-Objekte in der lokalen Namensbank als *UP* oder *DOWN*. Unterstützte Werte: *UP, DOWN* nur für diejenigen Server, die tatsächlich heruntergefahren sind.

■ **NDS Janitor Interval = Anzahl der Minuten:** Bestimmt die Intervallänge in Minuten, nach der der Janitor-Prozeß ausgeführt wird. Sobald Sie diesen Wert ändern, wird der Janitor-Prozeß ausgeführt und dann stets nach Ablauf der festgesetzten Zeit wiederholt. Unterstützte Werte:*1* bis *10.080 Minuten*. Standard: *60 Minuten*.

■ •**NDS Backlink Interval = Anzahl der Minuten:** Bestimmt das Intervall in Minuten, in dem die Back-Link-Konsistenzprüfung durchgeführt wird. Wenn Sie diesen Wert ändern, wird die Prüfung sofort eingeleitet. Sie wird dann jeweils nach Ablauf des festgelegten Intervalls wiederholt. Unterstützte Werte: *2* bis *10.080 Minuten*. Standard: *780 Minuten*.

■ **NDS Trace File Length to Zero = Wert:** Löscht den Inhalt der Ablaufverfolgungsdatei. Die Datei selbst wird dabei nicht gelöscht. Sobald die Datei gelöscht wird, wird der Parameter auf *OFF* zurückgesetzt. Unterstützte Werte: *ON, OFF*. Standard: *OFF*.

■ **Bindery Context = Kontext; Kontext:** Bestimmt einen oder mehrere Behälter, die von den NetWare-Verzeichnis-Services für Bindery-Services benötigt werden. Maximum: 256 Zeichen. Bis zu 16 Kontexte.

6 Netzadministration

6.1 Allgemeines

In NetWare 4.1 besteht jede Form der Netzwerkverwaltung aus der Verwaltung von Objekten.

Das Kapitel Administration ist aber schwierig abzugrenzen. Im Grunde gehört jede Tätigkeit, die nach der Installation folgt, zu diesem Themenkomplex. Für viele dieser Aufgaben existieren jedoch eigene Kapitel (z. B. Drucken).

Deshalb beschränkt sich dieses Kapitel auf die grundlegenden Vorgehensweisen beim Verwalten von Objekten. D.h. Anlegen, Kopieren, Löschen und die Bestimmung der Objekteigenschaften, insbesondere der Rechte.

Konkret wird dabei auf das Anlegen der NDS-Struktur, das Verwalten von Benutzern und des Dateisystems eingegangen.

Die dabei verwendeten Hilfsprogramme, wie **NETADMIN.EXE**, **NWADMIN.EXE**, **FILER** usw. werden dabei erklärt und ihre Bedienung im Kapitel 4.5 genau beschrieben.

6.2 Objektverwaltung

NetWare 4.1 ist ein objektorientiertes Netzwerkbetriebssystem. D.h. jede Ressource, egal ob Benutzer, Server oder Drucker, erscheint in der NDS als Objekt. Jedes dieser Objekte hat spezielle Eigenschaften. Dazu gehören Name, Passwort, Rechte, usw. Die Arten der Eigenschaften ändern sich aber naturgemäß mit den Objekten.

6.2.1 Erzeugen von Objekten

Man muß generell zwei verschiedene Arten von Objekten unterscheiden. Sogenannte Behälterobjekte und Blattobjekte. Nur Behälterobjekte können andere Objekte beinhalten. Behälterobjekte sollten bei der Netzwerkinstallation angelegt werden, da sie die Struktur der Netzwerkdatenbank bestimmen. Soll die Struktur des Netzes nachträglich erweitert werden, wird sie jedoch analog zu Blattobjekten behandelt.

Der Name eines Objektes muß folgenden Regeln entsprechen:

- Der Name muß innerhalb eines Zweiges des NDS-Baumes eindeutig sein.
- Er kann bis zu 64 Zeichen lang sein. Es gibt aber zwei Ausnahmen: Länderobjekte sind immer 2 Zeichen lang und innerhalb eines Bindery Services sind nur 47 Zeichen zulässig.
- Es kann jedes Zeichen verwendet werden. Nur in Bindery Services sind folgende Zeichen auszuschließen:
  / \ : , * ?
- Unterstriche und Leerzeichen werden beide als Leerzeichen dargestellt. D. h. *Test Name* und *Test_Name* sind identische Namen. In Bindery Services werden Leerzeichen als Unterstriche dargestellt.
- Die Namen unterscheiden keine Groß-/Kleinschreibung. Allerdings wird der Name immer so angezeigt, wie er zuerst eingegeben worden ist.

1. **NETADMIN.EXE** starten und den Menüpunkt **OBJEKTE VERWALTEN** anwählen.
2. Den gewünschten Kontext anwählen.
3. Mit der Taste ⌨Einfg⌨ bestätigen.
4. Man erhält eine Auswahlliste der möglichen Objekte. Das gewünschte Objekt mit ⏎ auswählen.
5. Es erscheint ein Dialog, in dem die wichtigsten Eigenschaften, wie zum Beispiel der Name, abgefragt werden. Bei einigen Objekten sind mehrere Angaben zwingend erforderlich, z. B. der Nachname eines Benutzer-Objektes. Mit ⌨F10⌨ wird die Eintragung gespeichert.

Ausführung: Erzeugen eines Objektes mit dem
NetWareAdministrator NWADMIN.EXE

1. Nach dem Aufruf des Programmes erscheint der Verzeichnisbaum der NDS, beginnend mit dem aktuellen Kontext.
2. Gegebenenfalls Kontext über Menüpunkt **ANZEIGEN** wechseln.
3. Den Cursor mit der Maus oder den Cursortasten auf das Behälterobjekt positionieren, in dem das neue Objekt erzeugt werden soll.
4. Dann gibt es drei Möglichkeiten, das Erstellen des neuen Objektes einzuleiten.
   ◆ Taste ⌨Einfg⌨ drücken.
   ◆ Menüpunkt **OBJEKT/ERSTELLEN** anwählen.
   ◆ Rechte Maustaste drücken. Es erscheint ein Pop-Up-Menü. Dann wieder **ERSTELLEN** anwählen.
5. Man erhält eine Auswahlliste mit allen möglichen Objekten.
6. Das gewünschte Objekt durch Doppelklick oder ⏎ anwählen.
7. Es erscheint ein Dialog zum Einstellen des Namens und anderer zwingend erforderlicher Eigenschaften. Man kann auch anwählen, daß zusätzliche Eigenschaften, wie beispielsweise die Postadresse unmittelbar im Anschluß eingegeben werden. Mit der Schaltfläche **ERSTELLEN**, wird das Erzeugen eines neuen Objektes abgeschlossen.

6.2.2 **Verschieben von Objekten**

Das Verschieben von Behälter- und Blattobjekten unterscheidet sich grundlegend. Der Grund hierfür ist, daß Blattobjekte jederzeit verschoben werden können, während Behälterobjekte nur dann verschoben werden können, wenn der Behälter der Stamm einer NDS-Partition ist. Daher werden die jeweiligen Vorgehensweisen getrennt betrachtet.

Generell gilt, daß alle Referenzen, die sich auf das verschobene Objekt beziehen, automatisch durch die NDS-Verwaltung wiederhergestellt werden. Ausnahmen bilden nur Bezüge auf verschobene Objekte, die sich in der Datei *NET.CFG* der Arbeitsplatzrechner befinden. Dies kann jedoch mit Hilfe des Hilfsprogrammes **NCUPDATE.EXE** leicht bewerkstelligt werden.

Auch ist es empfehlenswert, für verschobene Objekte im bisherigen Kontext ein Alias zu erstellen. Andernfalls besteht die Gefahr, daß Benutzer das Objekt nicht mehr wiederfinden können, oder sich gar nicht mehr einloggen können. Aus diesem Grund wird beim Verschieben von Behälterobjekten standardmäßig ein Alias des Behälters und aller seiner enthaltener Objekte erzeugt.

Ausführung: Verschieben von Blattobjekten mit
NETADMIN.EXE

1. **NETADMIN** aufrufen.
2. Menüpunkt **OBJEKTE VERWALTEN** anwählen.
3. Cursor auf gewünschtes Objekt bewegen.
4. ⟨F10⟩ öffnet Pop-Up-Menü, dort Menüpunkt **VERSCHIEBEN** anwählen.
5. Das nächste Menü erscheint. Hier **NEUER KONTEXT** anwählen. Mit ⟨Einfg⟩ kann man den neuen Kontext suchen, mit ⟨F10⟩ übernehmen und mit ⟨←⟩ bestätigen.
6. Die Taste ⟨F10⟩ löst schließlich den eigentlichen Verschiebeprozeß aus.

Ausführung: Verschieben von Blattobjekten mit NWADMIN.EXE

1. Cursor auf das zu verschiebende Objekt positionieren.
2. Verschieben durch Taste [F7] oder über Menü **OBJEKT/VERSCHIEBEN** anwählen.
3. Es erscheint ein Dialogfenster, in dem man über die Schaltfläche **ZIEL**, den gewünschten Zielkontext anwählen kann.
4. Ein abschließendes Bestätigen mit der Schaltfläche **OK** verschiebt das Objekt.

Ausführung: Verschieben von Behälterobjekten mit den DOS-Programmen NETADMIN.EXE und PARTMGR.EXE

1. **NETADMIN** starten.
2. Cursor auf den zu verschiebenden Behälter positionieren und [F10] drücken.
3. Erscheint in der angezeigten Liste der Punkt **VERSCHIEBEN** nicht, NETADMIN verlassen. Ansonsten fortfahren, wie unter 10. beschrieben.
4. Programm **PARTMGR** starten.
5. **PARTITION VERWALTEN** anwählen.
6. Cursor auf gewünschten Behälter positionieren und [F10] drücken.
7. Neue Partition erstellen.
8. **PARTMGR** verlassen und **NETADMIN** erneut starten.
9. Wieder Behälter mit [F10] anwählen.
10. Punkt **VERSCHIEBEN** anwählen.
11. Fortfahren wie unter »Verschieben von Blattobjekten« beschrieben.

Ausführung: Verschieben von Behälterobjekten mit NWADMIN.EXE

1. Cursor auf den zu verschiebenden Behälter positionieren.
2. Menüpunkt **WERKZEUGE/PARTITIONSMANAGER** anwählen.
3. Im nun erscheinenden Dialogfenster Behälterobjekt anwählen.
4. Werden links neben dem Objektsymbol zwei, sich überlappende Quadrate angezeigt, ist das betreffende Objekt der Stamm einer

NDS-Partition. Dann kann sofort die Schaltfläche **PARTITION VER-SCHIEBEN** angewählt werden. Andernfalls erscheint eine entsprechende Meldung, daß eine neue Partition erstellt werden muß.

5. In diesem Fall entsprechenden Schalter drücken und bestätigen.
6. Danach Cursor wieder auf dem Objekt plazieren und **PARTITION VERSCHIEBEN** wählen.
7. Fortfahren, wie unter »Verschieben von Blattobjekten« beschrieben.

6.2.3 Umbenennen von Objekten

Behälter- und Blattobjekte können unter NetWare 4.1 problemlos umbenannt werden. Alle Bezüge, die in der NDS vorkommen, werden automatisch angepasst. Es empfiehlt sich jedoch, besonders bei Behälterobjekten, ein Alias zu erstellen. Anderenfalls besteht die Gefahr, daß Anwender Objekte nicht mehr finden können, wenn sie die neuen Namen nicht kennen. Schlimmstenfalls wird sogar das Anmelden am Netz unmöglich.

Ausführung: Umbennen mit NWADMIN

1. Menüpunkt **OBJEKT** wählen.
2. **UMBENENNEN** anwählen. Es erscheint eine Dialogbox, in der man den neuen Namen angeben kann. Außerdem kann angeben werden, ob der alte Name gespeichert werden soll. Das bedeutet, daß der alte Name in das Eigenschaftsfeld *sonstiger Name* geschrieben wird. Dadurch kann das Objekt immer noch gefunden werden. Zusätzlich kann man einstellen, daß automatisch ein Alias des umbenannten Objektes erstellt werden soll.

Ausführung: Umbenennnen mit NETADMIN.EXE

1. **NETADMIN** starten und **OBJEKTE VERWALTEN** wählen.
2. Objekt anwählen.
3. (F10) drücken.
4. Menüpunkt **UMBENENNEN** anwählen. Es erscheint eine Eingabemaske, in der der neuen Name eingetragen wird. Es besteht hier zwar ebenfalls die Möglichkeit anzugeben, daß der alte Name abgespeichert werden soll, die automatische Erzeugung eines Alias ist aber nicht möglich.

6.2.4 Löschen von Objekten

Das Löschen von Objekten erfolgt sowohl beim DOS-Hilfsprogramm **NETADMIN**, wie auch bei **NWADMIN** unter Windows, durch Positionieren des Cursors auf das entsprechende Objekt und Drücken von ⟨Entf⟩. Beim Administrator kann dies auch über den Menüpunkt Ob-JEKT oder die rechte Maustaste erreicht werden.

■ Wird ein Objekt entfernt, werden auch alle Bezüge auf dieses Objekt aus der NDS entfernt.

■ Gelöschte Objekte können nicht wiederhergestellt werden. Folgende Objekte können nicht direkt gelöscht werden:

◆ Behälterobjekte, die noch andere Objekte enthalten.

◆ Behälter, die Stamm einer Partition sind.

■ NetWare-Server können nicht mit **NETADMIN** gelöscht werden. Dazu muß der Partition Manager verwendet werden.

■ **Vorsicht:** Der Benutzer *Admin* darf nicht gelöscht werden, bevor ein Benutzer mit gleichwertigen Rechten eingerichtet worden ist. NetWare verhindert das nicht.

6.3 NDS-Strukturobjekte

Die Bedeutung und die Eigenschaften der NDS-Strukturobjekte werden im Kapitel NDS genauer erklärt. In diesem Kapitel sollen die Eigenschaften jedoch noch einmal aufgeführt werden. Weiter wird beschrieben, wie sie eingegeben bzw. verändert werden können.

6.3.1 Root

Das Objekt *Root* wird bei der Installation des Netzwerkes erzeugt und besitzt keine einstellbaren Eigenschaften. Das Objekt *Root* kann weder gelöscht, verschoben oder umbenannt werden. Allerdings können Rechte auf die Wurzel vergeben, und Rechte von Root auf andere Objekte vergeben werden.

Eine genauere Beschreibung der Rechtevergabe erfolgt im Unterkapitel »Rechte« (→ 6.6).

6.3.2 Land

Das Objekt *Land*, im Englischen *Country*, dient in großen Netzwerken zur besseren Aufteilung des Netzes. Sinnvoll ist diese Anwendung bei Konzernen mit Niederlassungen in mehreren Ländern oder Regionen. Land kann sowohl umbenannt, verschoben als auch gelöscht werden. Als Eigenschaft kann man eine kurze Beschreibung eingeben. Diese ist jedoch für die sichere Funktion des Netzes nicht relevant. Auch diesem Objekt können Rechte zuerkannt oder Berechtigte zugeteilt werden.

6.3.3 Organisation

Die Organisation stellt die nächste Ebene in der Hierarchie der NDS-Datenbank dar. Auch hier sind alle Objektverwaltungs-möglichkeiten gegeben. Zusätzlich weist die *Organisation* jedoch eine Fülle von Eigenschaften auf. Man kann diese Eigenschaften mit den Hilfsprogrammen **NETADMIN** oder **NWADMIN** eingeben, bzw. ändern. Die nachfolgende Vorgehensweise gilt im übrigen für alle Objekte.

Ausführung: Objekt-Eigenschaften ändern

1. **NETADMIN** starten und Cursor auf *Organisation* plazieren und (F10) drücken. **OBJEKTE VERWALTEN** wählen.
2. Danach wählt man **EIGENSCHAFTEN DIESES OBJEKTES ANZEIGEN ODER BEARBEITEN**. Man erhält ein Auswahlmenü der einzelnen Eigenschaftsgruppen.

   oder

1. Beim Windows Administratorprogramm (NWADMIN) positioniert man den Cursor auf die *Organisation*. Auf folgende Arten erhält man Zugriff auf die Eigenschaften:
2. (↵) eingeben.
3. Rechte Maustaste und **DETAILS**.
4. Menüpunkt **OBJEKT** und dann **DETAILS**.

Es fällt auf, daß der *NWADMIN* wesentlich mehr Eigenschaftsgruppen auflistet als das Programm *NETADMIN*. Das liegt wieder daran, daß das Windows-Programm nahezu alle Administrationsaufgaben bewältigen kann. Auf der DOS-Ebene ist dies auf mehrere Programme aufgeteilt.

6.3 Beschreibung der Eigenschaften

Die meisten Eigenschaften sind optional und haben eher informativen Charakter. Über ihre Notwendigkeit muß man selbst entscheiden. Es ist jedoch möglich, daß zukünftige Anwendungen auf sie zugreifen (z. B. Mailing und Faxanwendungen).

- Zu diesen Eigenschaften gehören solche Gruppen wie *Identifikation*, *Postadresse*, *Briefkasten*, *Fremde E-Mail Adresse*.
- Mit der Schaltfläche **SIEHE AUCH** kann man Objekte aufnehmen, zu denen ein gewisser Bezug besteht und deren Informationen auch in diesem Zusammenhang interessant sind.
- Die Eigenschaften, die sich auf das Drucken beziehen, werden im Kapitel »Drucken« beschrieben.
- Zum Verständnis des Punktes *Rechte auf Dateien und Verzeichnisse* siehe Kapitel »Rechte«.
- Das Anmeldeskript, das hier erstellt bzw. verändert werden kann, entspricht dem System Anmeldeskript älterer NetWare-Versionen

und gilt für alle Objekte, die die Oganisation enthält. Für jede *Organisation* existiert genau ein Anmeldeskript. Nach Möglichkeit sollten alle Anmeldeskripten hier verwaltet werden, und die Besonderheiten von Benutzern oder Gruppen durch Fallunterscheidungen realisiert werden. Näheres siehe im Kapitel »Anmeldeskripten«.

■ Der Punkt Eindringlingserkennung ermöglicht es, das Eindringen unbefugter Benutzer in die *Organisation* zu unterbinden. Man kann hier die Eindringlingserkennung aktivieren, festlegen wieviele fehlerhafte Anmeldeversuche gestattet sind und nach welcher Zeit der Fehlversuchszähler zurückgesetzt wird. Zusätzlich kann angegeben werden, für wie lange der Zugriff gesperrt bleibt, wenn ein Eindringling erkannt worden ist.

6.3.4 Organisatorische Einheit

Die *Organisatorische Einheit* (im Englischen *Organizational Unit*) ist die unterste Ebene in der Hierarchie der Behälterobjekte. Sie kann nur noch weitere Organisatorische Einheiten und Blattobjekte enthalten.

Bezüglich ihrer Eigenschaften gilt das gleiche, wie bei der Organisation. Nur sollte man das Anmeldeskript nur verwenden, wenn innerhalb der *Organisatorischen Einheit* eine ausreichend große Anzahl von Benutzern angesiedelt ist (größer 20), sonst wird die Pflege der Anmeldeldeskripten zu aufwendig.

6.4 Verwalten von Benutzern

Die Verwaltung von Benutzern ist eine der wesentlichen Aufgaben der Netzadministration. Dazu gehören das Anlegen und Löschen, sowie die Vergabe von Rechten für die jeweiligen Benutzer.

6.4.1 Das Objekt Benutzer

Nach dem Erzeugen eines neuen Benutzers kann man eine Fülle von Eigenschaften definieren.

■ Unter **IDENTIFIKATION** sind hauptsächlich informative Angaben zu machen. Eine Ausnahme stellt hierbei der Nachname dar, der schon bei der Erzeugung des Benutzer-Objektes zwingend erforderlich ist. Er kann hier aber geändert werden.

■ Unter **UMGEBUNG** werden Informationen angezeigt oder können geändert werden, die durchaus Relevanz für den Netzwerkbetrieb haben.

◆ **SPRACHE** bestimmt die Sprache, in der dem Benutzer Meldungen angezeigt werden.

◆ **NETZWERKADRESSE** zeigt die Adressen aller Arbeitsstationen an, von denen der jeweilige Benutzer angemeldet ist.

◆ **STANDARD SERVER** bestimmt den Server, von dem der Benutzer Meldungen erhält, und an den sich die Arbeitsstation wenden wird, wenn man sich am Netz anmeldet. Dieser Wert sollte der gleiche sein wie unter dem Punkt bevorzugter Server in der Datei *NET.CFG*.

◆ **STAMMVERZEICHNIS** zeigt das Stammverzeichnis des Benutzers an. Mit dem **NWADMIN** kann man das Stammverzeichnis zwar ändern, aber nicht erstellen. **NETADMIN.EXE** bietet diese Möglichkeit. Man kann das jedoch mit jedem Datei Manager nachholen.

◆ Die Punkte *Anmeldebeschränkungen*, *Paßwortbeschränkungen*, *Zeitbeschränkungen*, *Netzwerkadressen Beschränkungen*, *Eindringlingssperrungen*, *Kontostand* und *Datenträgerplatzbeschränkungen* sind in **NETADMIN.EXE** unter dem Menüpunkt **KONTOBESCHRÄNKUNGEN** zusammengefaßt. Bei

Verwendung von **NWADMIN** kann man sie direkt anwählen. Datenträgerplatzbeschränkungen sind hier unter dem Objekt *Datenträger* einzustellen.

Erklärung der Kontobeschränkungen

◆ Unter *Anmeldebeschränkungen* kann man das Konto eines Benutzers deaktivieren, das Ablaufdatum des Benutzerkontos festlegen und die Anzahl der Arbeitsplatzrechner beschränken, von denen aus ein Benutzer gleichzeitig angemeldet sein kann.

◆ Mit dem Dialog *Paßwortbeschränkungen* kann man dem Benutzer gestatten, sein Paßwort zu ändern. Man kann einstellen, ob ein Paßwort angefordert wird oder nicht. Man kann das Paßwort selbst ändern und dessen Mindestlänge festlegen. Man kann denn Benutzer dazu zwingen das Paßwort periodisch zu ändern und noch einige andere Dinge festlegen, die mit dem Kulanzverhalten bei Verwendung veralteter Paßwörter zu tun haben. Unter **NETADMIN** erfolgt die Änderung des Paßwortes eine Menüebene höher.

◆ *Zeitbeschränkungen* legen fest, an welchen Wochentagen zu welchen Uhrzeiten der Benutzer angemeldet sein darf. Das System warnt den Benutzer 5 Minuten vor dem Beginn einer gesperrten Zeitzone und meldet ihn 5 Minuten nach dem Erreichen vom Netz ab.

Achtung: Das kann zu Datenverlusten führen. Voreinstellung ist der unbegrenzte Zugang zum System.

◆ Mit *Netzwerkadressen Beschränkungen* ist es möglich, festzulegen, von welchen Rechnern aus sich ein Anwender anmelden darf.

◆ *Eindringlingssperrungen* zeigt den Status fehlerhafter Anmeldeversuche an.

◆ Unter *Kontostand* wird die aktuelle Kontosituation des Benutzers angezeigt. Außerdem ist es möglich, dem Anwender einen unbegrenzten Kredit zu gewähren.

◆ *Datenträgerplatzbeschränkungen* ermöglicht es, für jeden einzelnen Datenträger (Volume) festzulegen, wieviel Kbyte davon der Benutzer verwenden darf. Dies ist z. B. ein Schutzme-

6.4

chanismus gegen das Auslagern lokaler Daten der Benutzer auf das Netz.

◆ Mit Hilfe von *Gruppenmitgliedschaften* wird festgelegt, welchen Gruppen der Benutzer angehört.

◆ Unter *Sicherheit gleicht* kann man anderen Objekten die Rechte des angewählten Benutzers zuweisen.

◆ Mit *Rechte für Dateien und Verzeichnisse* legt man genau diese fest. Dabei sollte man die Vergabe von Rechten auf Dateiebene tunlichst vermeiden.

6.4.2 **Benutzerschablone**

Benutzerschablonen (engl. USER TEMPLATE) sind Vorlagen, die das Einrichten neuer Benutzer erleichtern sollen. In dieser Vorlage sind fast alle Eigenschaften eines Benutzers eintragbar. Ausnahme bilden dabei die Rechte.

■ Existiert eine Schablone, kann man diese Eigenschaften beim Anlegen eines neuen Benutzers übernehmen und sich so mühsame Schreibarbeit ersparen.

■ Für jedes Behälterobjekt kann man genau eine Benutzerschablone anlegen. Der Name ist immer **USER_TEMPLATE**.

■ Mit **NWADMIN** kann man die Schablone jederzeit über den Menüpunkt **OBJEKT** anlegen oder ändern.

■ Das Anlegen einer neuen Schablone mit dem Programm **NETADMIN** funktioniert nur, wenn man ein neues Behälterobjekt erzeugt. Nachträgliche Änderungen sind jedoch jederzeit möglich.

■ **Wichtig:** Es ist zu beachten, daß das Anlegen oder Ändern der Schablone nur Einfluß auf neu einzurichtende Benutzer hat. Bereits existierende Benutzer bleiben davon unberührt.

■ **Vorsicht:** Benennt man eine Benutzerschablone um, verwandelt sie sich in ein normales Benutzerobjekt. Es muß dann eine neue Benutzerschablone erzeugt werden.

6.4.3 **Gruppen**

Ein weiteres Objekt, das die Verwaltung von Benutzern vereinfacht, ist das Objekt **Gruppe**. Eine Gruppe ist eine Zusammenfassung mehrerer Benutzer. Die Gruppe ist jedoch kein Behälterobjekt, vielmehr sind die jeweiligen Benutzer der Gruppe als Eigenschaft zugeteilt.

Der Vorteil liegt darin, daß es genügt, einer Gruppe Zugriffsrechte auf das Dateisystem zu gewähren. Jedes Mitglied der Gruppe hat dann automatisch die gleichen Rechte wie die Gruppe. Man muß so also nur die Gruppenrechte verwalten und nicht die Rechte der einzelnen Benutzer.

■ Eine Gruppe wird wie jedes andere Blattobjekt auch mit **NETADMIN** oder **NWADMIN** erzeugt. Als wichtigste Eigenschaften sind dabei die Rechte auf das Dateisystem und die Mitglieder der Gruppe zu nennen.

■ Mitglieder werden aufgenommen oder gelöscht, indem man im Administrator unter **OBJEKTE/DETAILS** die Schaltfläche **MITGLIEDER** betätigt.

■ Unter **NETADMIN** wählt man unter **OBJEKTE VERWALTEN** die Gruppe mit [F10] an und selektiert **EIGENSCHAFTEN....** Unter **GRUPPENMITGLIEDER** kann man dann mit [Einfg] oder [Entf] Mitglieder aufnehmen oder löschen.

6.4.4 **Profil**

Das Objekt **Profil** enthält ein Anmeldeskript, das von mehreren Benutzern verwendet wird. Die Ausführungsreihenfoge der Anmeldeskripten beim Anmelden am Netz ist: *Behälter Anmeldeskript*, *Profil Anmeldeskript*, *Benutzer Anmeldeskript* (➔ Kapitel »Anmeldeskripten«).

■ Das *Profil Anmeldskript* wird dann ausgeführt, wenn in den Benutzereigenschaften ein Verweis auf das Profil existiert. Leider gibt es diese Kreuzverbindung nicht für Gruppen, was eigentlich zu erwarten wäre. Auch ist es nicht möglich, im Objekt **Profil**, als Eigenschaft Benutzer als Mitglieder aufzunehmen.

■ Man muß also in jedem Benutzerobjekt angeben, ob ein Profil, und wenn, welches verwendet wird. Der Grund hierfür ist, daß gewährleistet werden muß, daß zu jedem Benutzer nur genau ein *Profil Anmeldeskript* existiert.

- Mit dem **NWADMIN** kann man für den jeweiligen Benutzer über den Auswahlpunkt OBJEKT/ANMELDESKRIPT das Profil anwählen.
- Beim **NETADMIN** Programm erreicht man das über OBJEKTE VERWALTEN mit Benutzer, EIGENSCHAFTEN ANZEIGEN ODER, Menüpunkt GRUPPEN/SICHERHEITSGLEICHSETZUNG/PROFIL.

6.4.5 Alias

Ein **Alias** ist das Abbild eines Behälter- oder Blattobjektes. D.h., man legt ein Alias an, um dem Anwender ein Objekt »vorzugaukeln«, das sich in Wirklichkeit in einem ganz anderen Kontext befindet. Das hat den Vorteil, daß nicht erst der ganze NDS-Baum durchsucht werden muß, um das eigentliche Objekt zu finden.

- Dabei ist insbesondere ein Schalter, der für die gesamte NDS gilt, zu beachten. Er legt fest, ob eine Änderung der Eigenschaften des Alias-Objektes eine Änderung des tatsächlichen Objektes zur Folge hat oder nicht. Er sollte möglichst so gewählt werden, daß das Objekt mit geändert wird.
- Man erreicht diese Einstellung unter **NETADMIN** mit dem Menüpunkt DEM SUCHMUSTER ENTSPRECHEND VERWALTEN, *Alle Klassen anzeigen = Nein*.
- Bei **NWADMIN** unter Menüpunkt OPTIONEN/DIE TRUSTEES VOM OBJEKT MIT ALIAS ERMITTELN.
- **Wichtig:** Das Löschen eines Alias löscht nicht das dazugehörige Objekt.
- Legt man ein Alias an, wird man nach dessen Namen gefragt und nach dem Objekt, auf das es sich beziehen soll.
- Unter **NETADMIN** kann man mit [Einfg] nach dem gewünschten Objekt suchen, bei **NWADMIN** existiert eine Schaltfläche dafür.

6.4.6 Organisatorische Funktion

Mit Hilfe der *Organisatorischen Funktion* (engl. Organizational Role) ist es möglich, einem abstrakten Objekt Rechte zuzuweisen, und nicht einer konkreten Person. Das ist von Vorteil, wenn eine Position

Verwalten von Benutzern

6.4

von wechselnden Personen eingenommen wird, wie z. B. *Schichtleiter Fertigung*.

■ Man definiert die gewünschten Personen als Träger der Organisatorischen Funktion.

■ Meldet sich ein Träger am Netz an, hat er automatich die Rechte der Organisatorischen Funktion.

■ Dieses Objekt ähnelt stark dem Objekt Gruppe, nur daß zusätzlich eine Postadresse existiert.

■ Hat man eine Organisatorische Funktion eingerichtet, gibt man in **NWADMIN** die Träger über OBJEKTE/DETAILS/INDENTFIKATION ein.

■ Unter **NETADMIN** mit EIGENSCHAFTEN.../INDENTIFIKATION/TRÄGER.

6.4

6.5 Verwalten des Dateisystems

Die Dateidienste stellen neben den Druckdiensten wohl die wichtigste Ressource in einem Netzwerk da. Aus diesem Grund hat die Administration des Dateisystem auch besondere Bedeutung. Sie gewährleistet, daß die Anwender Zugriff auf die Dateidienste haben und dabei die Sicherheit der Daten erhalten bleibt.

6.5.1 Bei der Installation erzeugte Verzeichnisse und Dateien

Schon bei der Installation wird mindestens ein Datenträgerobjekt erzeugt, nämlich das Volume *SYS:*. Auf diesem befinden sich standardmäßig folgende Verzeichnisse.

◆ *DELETED.SAV* enthält gelöschte Dateien, bevor sie endgültig entfernt werden.

◆ *ETC* enthält Beispieldateien zur Konfiguration des Netzwerkes.

◆ *LOGIN* enthält Programme, die notwendig sind, um sich am Netz anzumelden.

◆ *MAIL* ist für Maildienste vorgesehen.

◆ *PUBLIC* beinhaltet Hilfsprogramme zur Netzwerk-administration, wie z. B. **NETADMIN.EXE**.

◆ *SYSTEM* enthält NetWare-Betriebssystemdateien, sowie weitere Hilfsprogramme zur Serveradministration.

6.5.2 Programm-, Daten-, Anwender- und Transferverzeichnisse

Die oben aufgeführten Verzeichnisse sind jedoch für einen vernünftigen Betrieb des Netzwerkes nicht ausreichend.

■ Für Programme, die nicht auf lokalen Festplatten liegen, oder um diskless boot zu ermöglichen, benötigt man Pogrammverzeichnisse bzw. Verzeichnisse, die die Betriebssysteme der Arbeitsplatzstationen enthalten. (Siehe Kapitel »Der Arbeitsplatz«).

■ Die Anwender greifen darüber hinaus auch auf gemeinsam genutzte Datenbestände zu. Auch diese sollten in eigenen Verzeichnissen stehen, um die Verwaltung der Rechte möglichst einfach zu gestalten. Daten- und Programmverzeichnisse sollten streng voneinander getrennt werden.

■ Darüber hinaus sollte jeder Benutzer ein eigenes Verzeichnis besitzen, in dem er persönliche Daten ablegen kann. Diese sogenannten Home-Directorys (Verzeichnisse) können beim Anlegen neuer Benutzer auch automatisch erzeugt werden.

■ Besteht der Wunsch, daß Daten auch zwischen einzelnen Benutzern transportiert werden sollen, kann man auch dafür ein Verzeichnis anlegen, in das jeder Daten ablegen, und von dem jeder Daten lesen darf. Allerdings ist die Datensicherheit dabei sehr gering, da jeder sehen kann, welche Daten von einem zum anderen Anwender geschickt werden. Soll dies nicht geschehen, ist es besser, dem betreffenden Anwender temporär Rechte auf das eigene Stammverzeichnis zu erteilen.

■ Lagern die Benutzer zu viele oder die selben Daten mehrfach aus, kann man die maximale Größe der einzelnen Verzeichnisse begrenzen. Mit dem **NWADMIN** geht das mit OBJEKT/DETAILS/FAKTEN. Bei **FILER** durch Anwählen mit [F10] und VERZEICHNIS-INFORMATION ANZEIGEN/FESTSETZEN.

6.5.3 Bearbeiten von Dateien und Verzeichnissen

Die hier beschriebenen Verwaltungsaufgaben sind:

◆ **Erstellen** von Dateien/Verzeichnissen.
◆ **Umbenennen** von Dateien/Verzeichnissen.
◆ **Kopieren** von Dateien/Verzeichnissen.
◆ **Verschieben** von Dateien/Verzeichnissen.
◆ **Löschen** von Dateien/Verzeichnissen.

Für diese Aufgaben existieren NetWare-Hilfsprogramme, nämlich **FILER.EXE** und der **NWADMIN**. Es ist aber auch möglich, die entsprechenden DOS-Kommandos wie **MD, COPY** etc. zu verwenden. Am einfachsten ist es vermutlich, gewohnte Dateimanager zu verwenden.

■ Verzeichnisse **erstellen** kann man sowohl mit **FILER** als auch mit dem Administrator durch plazieren des Cursors auf das übergeordnete Verzeichnis und drücken der Taste (Einfg). Dateien können nicht erzeugt werden.

■ **Umbenennen** kann man bei **FILER** mit (F3), beim Administrator mit (F7).

■ **Kopieren** von Dateien/Verzeichnissen erfolgt beim Administrator über (F8). Es existiert aber auch die bei Windows übliche Drag&Drop-Funktion. Markierungen von mehreren Objekten erreicht man durch Drücken der Taste (o) und Bewegen mit den Cursortasten. Unter **FILER** erreicht man die Kopierfunktion durch Anwählen mit (F10), Markierungen mit (F5).

■ **Verschieben** kann man unter Windows mit (F7). Bei **FILER** durch Auswahl des entsprechenden Menüpunktes nach Anwahl mit (F10).

■ **Löschen** kann man in beiden Programmen mit der Taste (Entf).

6.5.4 Dateiattribute

Dateien und Verzeichnisse besitzen sogenannte Attribute. Das sind Eigenschaften, die es ermöglichen, Dateien schreibzuschützen, zu verstecken, mehreren Anwendern gleichzeitig zugänglich zu machen, usw.

■ Man bezeichnet Attribute auch als **Flags**.

■ Einige dieser Attribute existieren auch unter DOS. NetWare kennt jedoch wesentlich mehr Attribute. Die Attribute, die auch unter DOS Verwendung finden, können weiterhin mit dem DOS-Befehl **ATTRIB** verändert werden. Man benötigt allerdings das Recht **Modifizieren** für die entsprechende Datei/ das entsprechende Verzeichnis.

■ Es gibt Attribute, die nur auf Dateiebene vorhanden sind.

■ Es ist zu beachten, daß Attribute für alle Benutzer gültig sind. So kann beispielsweise auch der Supervisor zunächst einmal keine schreibgeschützte Datei löschen. Da er jedoch das Recht **Modifizieren** besitzt, kann er natürlich den Schreibschutz aufheben und dann die Datei löschen.

■ Objekte des NDS-Baumes besitzen keine Dateiattribute.

   ◆ *A (Archive Needed)*: Dieser Schalter zeigt an, daß die Datei seit der letzten Datensicherung verändert worden ist, d.h. eine Ar

Verwalten des Dateisystems

6.5

chivierung erforderlich ist. Dieses Flag wird automatisch gesetzt. Es existiert nur auf Dateiebene und ist auch ein DOS-Attribut.

◆ *CI (Copy Inhibit)*: Verbietet Macintosh Anwendern das Kopieren von Dateien (Nur Datei).

◆ *DC (Don't Compress)*: Verhindert, daß eine Datei komprimiert werden kann (Datei& Verzeichnis).

◆ *DI (Delete Inhibit)*: Verhindert das Löschen von Dateien (Datei & Verzeichnis).

◆ *DM (Don't Migrate)*: Verhindert, daß Daten auf Massenspeicher ausgelagert werden (Datei & Verzeichnis).

◆ *DS (Don't Suballocate)*: Verbietet es, Dateien in Blöcke aufzuteilen (Nur Datei).

◆ *H (Hidden)*: Versteckt Dateien vor dem DIR-Kommando, von DOS und verhindert damit auch das Löschen. Mit dem Hilfsprogramm **FILER** oder dem Kommando **NDIR** findet man aber auch diese Dateien. Außerdem bieten viele Dateimanager die Möglichkeit auch versteckte Dateien anzuzeigen (Datei & Verzeichnis, auch unter DOS).

◆ *I (Index)*: Erlaubt den schnellen Zugriff auf sehr große Dateien, die mehr als 64 FAT-Einträge besitzen. Dieses Attribut wird automatisch gesetzt (Nur Datei).

◆ *IC (Immediate Compress)*: Dadurch werden Daten sofort komprimiert wenn die entsprechende Datei geschlossen wird. Auf Verzeichnisebene wird jede Datei komprimiert, wenn eine Datei geschlossen wird (Datei & Verzeichnis).

◆ *N (Normal)*: Zeigt an, daß das Read/Write Attribut gesetzt ist und das Shareable Attribut nicht. Das ist die Voreinstellung beim Anlegen neuer Dateien oder Verzeichnisse (Datei & Verzeichnis).

◆ *P (Purge)*: Ist dieses Flag gesetzt, wird die Datei sofort endgültig von der Festplatte entfernt, sobald sie gelöscht wird (→ »Wiederherstellen von Dateien«) (Datei & Verzeichnis).

◆ *RI (Rename Inibit)*: Verhindert das Umbenennen (Datei & Verzeichnis)

♦ **RO(Read Only):** Schreibschutz. Das **Nur Lesen**-Attribut verhindert die Änderung von Dateiinhalten (nur Datei, auch DOS Attribut).

♦ **RW (Read/Write):** Erlaubt es, Dateien zu verändern. Dateien werden standardmäßig mit diesem Attribut ausgestattet (nur Datei).

♦ **SH (Shareable):** Erlaubt es, daß mehrere Benutzer gleichzeitig auf die Datei zugreifen können. Sollte nur für schreibgeschützte Dateien verwendet werden, da es sonst zu Konflikten kommen kann (nur Datei).

♦ **SY (System):** Versteckt Dateien ähnlich wie **Hidden**. Wird meistens für Betriebssystemdateien verwendet (Datei & Verzeichnis, auch DOS Flag).

♦ **T (Transactional):** Gestattet es dem Transaction Tracking System diese Datei zu verwalten (nur Datei)

♦ **X (Execute Only):** Verhindert das Kopieren oder Ändern der Datei. Umbenennen ist gestattet. Wird für ausführbare Dateien (Programme) verwendet. Dieses Attribut kann nur durch Löschen der Datei entfernt werden (nur Datei).

Zur Bearbeitung der Datei stehen mehrere Hilfsmittel zur Verfügung.

■ Die zusätzlichen NetWare-Flags kann man mit **FILER** oder **NWADMIN** setzen oder wegnehmen.

■ Beim **NWADMIN** erreicht man die Atribute durch **OBJEKTE/DETAILS** oder ⏎. Dann Schaltfläche **ATTRIBUTE**.

■ Bei **FILER** Datei oder Verzeichnis mit [F10] anwählen und dann **VERZEICHNIS(DATEI)INFORMATION ANZEIGEN/FESTSETZEN**.

6.5.5 Wiederherstellen gelöschter Dateien

■ Gelöschte Dateien werden bei NetWare nicht sofort von der Festplatte entfernt, sondern zunächst im Verzeichnis *DELETED.SAV* zwischengespeichert.

■ Dort verbleiben sie, bis sie entweder vom Netzwerkverwalter explizit entfernt werden, oder sich die Festplattenkapazität dem Ende zuneigt. NetWare 4.1 entfernt dann die Dateien in der Reihenfolge, in der sie gelöscht wurden. Dateien, die entfernt worden sind, kann man nicht mehr retten!

■ Man kann nicht nur gelöschte Dateien existierender Verzeichnisse wiederherstellen, sondern auch Dateien, deren Verzeichnisse bereits gelöscht sind. Allerdings kann dann nicht mehr festgestellt werden, in welchem Verzeichnis sie sich ursprünglich befunden haben.

■ Gelöschte Verzeichnisse muß man neu anlegen.

■ Zu diesem Zweck existiert im **NWADMIN** unter dem Menüpunkt **WERKZEUGE**, die Option **WIEDERHERSTELLEN**. Unter *Ursprung* kann man wählen, ob sich die gelöschten Dateien im aktuellen Verzeichnis befunden haben, oder ob ihr Verzeichnis bereits gelöscht worden ist. Man kann sich dann die entsprechenden Dateien auflisten lassen und anschließend wiederherstellen, oder aber auch für immer von der Festplatte entfernen.

■ **FILER** bietet nach dem Aufruf zwei eigene Menüpunkte zum Wiederherstellen oder endgültigen Entfernen von Dateien.

6.5.6 Objekt Datenträger

■ Datenträgerobjekte werden eigentlich bei der Server-Installation angelegt. Dennoch sind einige Eigenschaften auch in diesem Zusammenhang interessant.

■ Datenträgerobjekte (Volumes) entsprechen nicht notwendigerweise den Serverfestplatten. Sie können vielmehr Teil einer Festplatte sein oder sich über mehrere Festplatten erstrecken.

■ Unter den Eigenschaften des Objektes befinden sich einige interessante Statistikangaben, die Aussagen über die Auslastung der Festplatten geben und dem Administrator Hinweise geben, wann es an der Zeit ist, die Kapazität zu vergrößern.

■ Man kann aber auch Rechte auf das Objekt vergeben und die Festplattenkapazität, die den Anwendern zugebilligt wird beschränken.

■ Bei **NWADMIN** erreicht man diese Funktionen über **OBJEKT/DETAILS**. Bei **NETADMIN** durch Anwählen des Datenträgerobjektes mit F10 und **EIGENSCHAFTEN DIESES OBJEKTES....**

6.5.7 Objekt Verzeichniszuordnung

Verzeichniszuordnungen erleichtern, wie der Name schon sagt, die Verzeichniszuordnung (engl. mapping) in Anmeldeskripten oder Batchfiles.

Diese Objekte verweisen auf ein Verzeichnis des Dateisystems. Der Trick dabei ist, daß man bei einem Mapping in einem Anmeldeskript nicht das echte Verzeichnis angibt, sondern das Objekt Verzeichniszuordnung. Das ermöglicht es, das Mapping zu verändern, ohne das Login Script zu ändern.

Liegt zum Beispiel das Betriebssystem einer Arbeitsstation in einem Netzverzeichnis (z. B. ..\DOS50), so erzeugt man ein Verzeichniszuordnungsobjekt namens **DOS**, das mit diesem Verzeichnis verknüpft ist, und setzt ein Suchlaufwerk auf dieses Objekt. Ändert sich nun die Betriebssystemversion, so spielt man die neue Software in ein anderes Verzeichnis (z.B. ..\DOS622) und legt die Verknüpfung des Verzeichniszuordnungsobjektes auf das neue Verzeichnis.

Mit NWADMIN ändert man die Verzeichnisverknüpfung durch **Objekt/Details/Identifikation/Pfad**. Unter **NETADMIN** mit ⌷F10⌷, **Eigenschaften/dentifikation**.

6.5.8 Mapping

Für den Benutzer erscheinen Netzwerkverzeichnisse so, als wären sie lokale Laufwerke. Diese verknüpft man mit Hilfe von **MAP**.

■ **MAP** kann sowohl von der DOS-Kommandozeile, in einem Batchfile oder in einem Anmeldeskript verwendet werden.

■ **MAP** ermöglicht nicht nur die Zuordnung von Verzeichnissen auf Laufwerksbuchstaben. Man kann auch Verzeichnisse mit in den Suchpfad aufnehmen.

■ Es sind pro User maximal 16 gleichzeitige Suchpfade einschließlich der DOS-Suchpfade möglich.

■ Man kann das »gemappte« Verzeichnis auch zur Root des Laufwerks machen. Das verhindert zum einen, daß der Anwender sich im Verzeichnisbaum weiter nach oben bewegen kann. Zum anderen benötigen manche Programme ihre Dateien in einer Root.

Die Syntax von **MAP** ist:

MAP [*Option*] [*Laufwerk:=Pfad*]

Dabei können mehrere Mappings auf einmal vorgenommen werden, wenn die Parameter durch Strichpunkte voneinander getrennt sind, wie z. B.

MAP *I:=SYS:PUBLIC; J:=SYS:PROGS\WINDOWS*

Es gibt folgende Optionen:

◆ *DISPLAY ON/OFF* bestimmt, ob die Laufwerkszuordnungen während des Anmeldens angezeigt werden. Voreinstellung ON. Dieser Parameter ist nur in Anmeldeskripten verfügbar.

◆ *ERRORS ON/OFF* bestimmt, ob Fehlermeldungen während des Anmeldens angezeigt werden. Voreinstellung **ON**. Dieser Parameter ist nur in Anmeldeskripten verfügbar.

◆ *INS* fügt eine Suchlaufwerkszuweisung zwischen schon Bestehenden ein.

◆ *DEL* enfernt eine Zuweisung.

◆ *ROOT* macht das zugewiesene Verzeichnis zum untersten Verzeichnis des Netzlaufwerks.

◆ *C (CHANGE)* wandelt Suchlaufwerke in normale Netzlaufwerke, und normale Netzlaufwerke in Suchlaufwerke um.

◆ *NP (No prompt)*: Existiert für das gewünschte Laufwerk bereits eine Zuweisung, wird im Normalfall gefragt, ob die Zuweisung überschrieben werden soll. *NP* bewirkt ein Überschreiben ohne vorherige Abfrage. Existiert nicht in Anmeldeskripten.

◆ *P (Physical)* weist das Laufwerk einem physikalischen Volume und nicht dem Namen des Datenträgerobjektes zu. Wird bei Namenskonflikten verwendet.

◆ *N (Next)* bewirkt, daß der nächste freie Laufwerksbuchstabe verwendet wird.

■ Anstelle der Angabe eines Laufwerksbuchstabens, kann man auch **n* eingeben. (*n = Zahl*). Dann wird das *n*-te Netzwerklaufwerk verwendet. Ist das erste Netzlaufwerk D:, dann bewirkt z. B. *MAP *3=..*, daß F: verwendet wird (D=1, E=2, F=3). Das hat den Vorteil, daß ein Anwender, der sich von Arbeitsstationen mit einer abweichenden Anzahl lokaler Laufwerke anmeldet, immer gültige Zuordnungen erhält. Auch wenn sich die entsprechenden Buchstaben ändern.

■ Man kann lokale Laufwerke auch Netzverzeichnissen zuordnen, sie sind dann aber nicht mehr verfügbar, bis die Zuweisung aufgehoben wird.

■ Bei der Verwendung von Suchlaufwerken ist darauf zu achten, daß existierende DOS-Suchpfade nicht überschrieben werden. Das erreicht man mit der Option *INS*.

■ Um die Reihenfolge der bestehenden Suchpfade nicht durcheinander zu bringen, empfiehlt es sich immer das höchstmögliche Suchlaufwerk anzugeben.

6.5

6.6 Rechte

Rechte sind Eigenschaften eines Objektes, die bestimmen, was dieses Objekt mit einem anderen Objekt tun darf und was nicht (wie zum Beispiel Erzeugen, Umbenennen, Löschen usw). Die Rechte werden erteilt, indem man einem Objekt einen Berechtigten (Trustee) zuweist und die Rechte festlegt, die er auf dieses Objekt hat.

Man muß zwei Gruppen von Rechten unterscheiden, auch wenn sie sich in ihrer Handhabung kaum unterscheiden.

1. Rechte auf Objekte und deren Eigenschaften
2. Rechte auf Dateiverzeichnisse und Dateien.

■ Im ersten Fall besitzt jedes Objekt als Teil der NDS-Datenbank eine sogenannte ACL (Access Control List). Das ist eine Liste, in der eingetragen ist, welcher Berechtigte (Trustee) welche Rechte auf dieses Objekt besitzt.

■ Für Verzeichnis- und Dateirechte existiert eine ähnliche Liste, nur ist diese nicht Teil der NDS sondern des Dateisystems.

■ Rechte auf ein Objekt werden auf untergeordnete Objekte vererbt. (→ Unterkapitel »Vererbte Rechte«). Beispiel: Hat ein Trustee, in der Regel ein Benutzer oder eine Gruppe, Rechte auf ein Verzeichnis, dann hat er diese Rechte auch auf alle untergeordneten Verzeichnisse und Dateien. Diese Vererbung kann allerdings durch einen **Filter für vererbte Rechte** eingeschränkt werden.

■ Die Rechte, die ein Trustee auf ein Objekt hat, sind also letztendlich eine Kombination aus direkt zugewiesenen, vererbten und Rechten durch Gruppenzugehörigkeiten. Man nennt die resultierenden Rechte dann **effektive Rechte**.

6.6.1 Objekt- und Eigenschaftsrechte

■ Objektrechte gehören zu Objekten der NDS-Datenbank. Sie haben keinen Einfluß auf die Eigenschaftsrechte des Objekts, mit Ausnahme des Supervisor Rechtes.

◆ **Supervisor** ist ein Recht, das jeden Zugriff und alle Privilegien gewährt. Es beinhaltet auch den vollen Zugriff auf die Eigenschaftsrechte. Es ist jedoch möglich, dieses Recht durch den Filter für vererbte Rechte auszublenden.

◆ **Browse** ermöglicht es, das Objekt in der NDS zu sehen und zu suchen.

◆ **Erstellen** erlaubt es, neue Objekte unterhalb dieses Objektes im NDS-Baum zu erstellen. Blattobjekte besitzen dieses Recht nicht, da sie keine Unterordnungen haben.

◆ **Löschen** gestattet das Entfernen des Objektes aus dem NDS-Baum.

◆ **Umbenennen** erlaubt es, dem Objekt einen neuen Namen zu geben.

■ Eigenschaftsrechte regeln nicht den Zugriff auf das Objekt selbst, sondern auf dessen Eigenschaften. Diese Rechte sind nicht nur für alle Eigenschaften eines Objektes auf einmal verfügbar, sie können vielmehr auch für jede einzelne Eigenschaft getrennt vergeben werden.

◆ **Supervisor** garantiert Rechte auf die Objekteigenschaften. Es kann jedoch durch den Filter für vererbte Rechte ausgeblendet werden.

◆ **Vergleichen** ermöglicht es die Werte zweier Eigenschaften auf *gleich* oder *ungleich* zu vergleichen, ohne diese Eigenschaften lesen zu können. Das Leserecht beinhaltet dieses Recht.

◆ **Lesen** erlaubt es, sich die Eigenschaften eines Objektes anzusehen. **Vergleichen** ist eine Untermenge von **Lesen**.

◆ Das Recht **Schreiben** erlaubt es, jede Eigenschaft des Objektes hinzuzufügen, zu verändern oder zu löschen.

◆ **Eigenen Namen hinzufügen oder löschen** gestattet einem Trustee, sich selbst als Eigenschaft eines Objektes aufzunehmen oder zu entfernen. Als Beispiel sei hier eine Gruppe erwähnt, zu der man sich selbst als Mitglied hinzufügen oder entfernen darf, wenn man diese Recht besitzt.

■ Verwendet man zur Vergabe der oben aufgeführten Rechte **NWADMIN,** kann man dies prinzipiell auf zwei Arten tun:

◆ Entweder wählt man ein Objekt und legt fest, welches andere Objekt Rechte darauf hat (Trustee davon ist).

◆ Oder man wählt wieder ein Objekt und legt fest, welche Rechte es auf andere Objekte hat.

◆ Dazu existieren unter dem Menüpunkt **Objekt** die beiden Unterpunkte **Trustees dieses Objekts** und **Rechte für andere Objekte**. Man erreicht sie auch über die rechte Maustaste.

◆ Wählt man **Trustees dieses Objekts**, erscheint ein Dialog, in dem die Berechtigten auf dieses Objekt angezeigt werden. Es erscheinen jedoch nur solche, die eine direkte Zuordnung zu diesem Objekt haben. Objekte, die Rechte auf Grund von Vererbung oder Gruppenmitgliedschaft haben, sind nicht zu sehen. In diesem Dialog kann man dann neue Trustees aufnehmen und ihnen sowohl Objekt- als auch Eigenschaftsrechte zuteilen.

◆ Nach Anwahl von **Rechte für andere Objekte** wird man zunächst gefragt, in welchem Kontext das Programm nach Objekten suchen soll, auf die dieses Objekt Rechte hat. Ist die Suche beendet, werden die gefundenen Objekte angezeigt. Man kann dann neue Objekte aufnehmen und Rechte vergeben, wenn man die entsprechenden Rechte auf diese Objekte hat.

Ausführung: Trustees bearbeiten

1. Das Programm **NETADMIN** starten. Es bietet nur die erste Möglichkeit (→ weiter vorne).
2. **Objekte verwalten** wählen.
3. Man positioniert den Cursor auf ein Objekt, dessen Trustees man ändern möchte, und drückt ⌷F10⌷.
4. Unter **Trustees für dieses Objekt anzeigen/bearbeiten** wählt man **Trustees**.
5. Man erhält eine Liste aller Eigenschaften, Rechte und Trustees und kann mit ⌷Einfg⌷ neue Trustees dazunehmen, oder mit ⌷↵⌷ die entsprechenden Rechte in einer Liste ändern.

6.6.2 Verzeichnis- und Dateirechte

Verzeichnis- und Dateirechte sind nicht in der NDS-Datenbank enthalten, sondern gehören zum Dateisystem. Das deshalb, weil Verzeichnisse und Dateien keine Objekte sind, sondern bestenfalls als

Eigenschaften des Objektes Datenträger angesehen werden können. Sie werden deshalb gesondert betrachtet.

- Für Dateien und Verzeichnisse existieren die gleichen Rechte. Es ist jedoch nicht zu empfehlen, auf Dateiebene Rechte zu vergeben. Der Verwaltungsaufwand wäre enorm. Auch hier werden Verzeichnisrechte auf untergeordnete Verzeichnisse vererbt.

- Dieser Prozess ist wieder durch einen sogenannten Filter für vererbte Rechte zu beeinflussen (→ 6.6.3).
    - **Supervisor** garantiert alle Rechte auf das Verzeichnis mit allen Dateien und Unterverzeichnissen. Dieses Recht kann durch den **Filter für vererbte Rechte** nicht ausgeblendet werden.
    - **Lesen** erlaubt es, Dateien anzusehen oder Programme zu starten.
    - **Schreiben** gestattet es, den Dateiinhalt zu verändern.
    - **Erstellen** ermöglicht, neue Dateien oder Unterverzeichnisse anzulegen.
    - **Löschen** gibt das Recht Dateien, Verzeichnisse oder Unterverzeichnisse zu entfernen.
    - Durch **Modifizieren** erhält man das Recht Dateien oder Verzeichnisse umzubenennen oder deren Attribute zu ändern. Es gestattet aber nicht, den Inhalt einer Datei zu ändern. Dazu wird das Recht **Schreiben** benötigt.
    - Mit dem Recht **Dateiabfrage** kann man Dateien oder Verzeichnisse sehen, bzw. finden (z. B. mit **DIR**).
    - **Zugriffsteuerung** gestattet es, die Rechtevergabe auf diese Datei oder dieses Verzeichnis vorzunehmen.

Ausführung: Datei- und Verzeichnis zum Bearbeiten

Zur Vergabe der Datei- und Verzeichnisrechte existieren unterschiedliche Werkzeuge. Auf DOS-Ebene **NETADMIN.EXE**, **FILER.EXE** und **RIGHTS.EXE**, unter Windows der **NWADMIN**.

- **NWADMIN**

1. Beim **NWADMIN** positioniert man den Cursor auf ein Objekt, meistens einen Benutzer oder eine Gruppe, und wählt **OBJEKT/DETAILS**.

2. Dann können mit Hilfe von **Rechte auf Dateien und Verzeichnisse** Zugriffsrechte vergeben werden.
3. Es geht jedoch auch umgekehrt, indem man sich auf das gewünschte Verzeichnis positioniert und **Objekt/Details** anwählt.
4. Über **Trustees dieses Verzeichnisses** kann man dann Berechtigte anwählen und ihnen Rechte zuweisen.
5. Um eine einheitliche Verwaltung des Netzes zu erreichen, kann man unter dem Objekt Datenträger das Dateisystem sehen und bearbeiten. Es scheint dann, als wäre ein Datenträger ein Behälterobjekt. Dies ist jedoch nicht der Fall.

■ NETADMIN
1. Mit **NETADMIN** wählt man unter **Objekte verwalten** mit ⟨F10⟩ ein Objekt aus und erhält dann mit **Rechte zu Verzeichnissen und Dateien anzeigen/bearbeiten** die Möglichkeit, die entsprechenden Rechte zu vergeben.

■ FILER
1. **FILER.EXE** steht für den umgekehrten Weg. Nach Aufruf des Programmes kann man über **Verwaltung von Dateien und Verzeichnissen** das gewünschte Verzeichnis/Datei mit ⟨F10⟩ anwählen. Mit **Verzeichnisinformationen anzeigen/festsetzen** gelangt man zu einer Eingabemaske, in der die gewünschte Rechtevergabe erfolgen kann.

Rechte

6.6

6.6.3 Vererbte Rechte

Wie bereits im Unterkapitel »Rechte« erwähnt, gelten die Rechte, die auf einen Behälter oder ein Dateiverzeichnis gewährt wurden, auch für alle untergeordneten Objekte bzw. Verzeichnisse. Man spricht von Vererbung.

■ Diese Vererbung kann jedoch mit Hilfe eines sogenannten **Filters für vererbte Rechte** beeinflußt werden. Dieser Filter stellt eine Maske dar, in der standardmäßig alle möglichen Rechte eingetragen sind. Entfernt man nun ein Recht aus dieser Maske, so kann dieses Recht nicht an untergeordnete Einheiten weitergereicht werden, auch wenn der Trustee dieses Recht auf höherer Ebene besitzt. Es kommt auch bei dem Objekt, das den Filter besitzt, nicht mehr zum tragen.

■ Ist einem Trustee explizit eine Zuordnung auf ein Objekt erteilt worden, so wird der Filter des Objektes ignoriert. Ebenso alle übergeordneten Filter.

■ Das **Supervisor**-Recht auf Verzeichnisse und Dateien kann nicht ausgeblendet werden.

■ Der **Filter für vererbte Rechte** ist also ein wichtiger Faktor bei der Bestimmung, welche Rechte ein Objekt auf ein anderes hat. Dazu kommen noch Rechte, die ein Objekt durch Mitgliedschaft bei anderen Objekten besitzt. Die resultierenden Rechte auf ein Objekt nennt man **effektive Rechte**.

Zur Bearbeitung der Vererbungsfilter stehen unterschiedliche Werkzeuge zur Verfügung. Zum einen der **NWADMIN**, mit dem alle Filter bearbeitet werden können, und zum anderen das DOS-Programm **NETADMIN.EXE**, das zum Ändern der NDS-Objekte dient. Die Datei- und Verzeichnisfilter können auf DOS-Ebene mit Hilfe von **FILER.EXE** oder **RIGHTS.EXE** festgelegt werden.

Ausführung: Filter für vererbte Rechte verwenden

■ NWADMIN

1. Mit dem **NWADMIN** editiert man die Objektvererbungsfilter, indem man ein Objekt anwählt und über **OBJEKT/TRUSTEES DIESES OBJEKTES** zur Schaltfäche **FILTER FÜR VERERBTE RECHTE** gelangt.

2. Jetzt kann man die Filtermaske festlegen. Die Einstellung der Datei-, bzw. Verzeichnisfilter erreicht man, indem man das gewünschte Verzeichnis anwählt und mit **OBJEKT/DETAILS** die Schaltfläche **TRUSTEES DIESES VERZEICHNISSES** drückt.
3. Hier ist jetzt der Vererbungsfilter, mit Ausnahme des Supervisor-Rechtes, einstellbar.

■ NETADMIN

1. Unter DOS **NETADMIN** starten und **OBJEKTE VERWALTEN** wählen.
2. Objekt mit F10 anwählen.
3. **TRUSTEES FÜR DIESES OBJEKT...** wählen.
4. **FILTER FÜR VERERBTE RECHTE** wählen.
5. Dann mit Einfg entweder alle Eigenschaften bzw. Objektrechte oder gezielte Eigenschaften anwählen und Filter festlegen.

■ FILER

1. Unter DOS das Programm **FILER.EXE** starten.
2. **VERWALTEN VON DATEIEN UND VERZEICHNISSEN** wählen, dann Cursor auf Verzeichnis/Datei positionieren und mit F10 selektieren.
3. Menüpunkt **VERZEICHNISINFORMATION ANZEIGEN/FESTSETZEN** führt zum **FILTER FÜR VERERBTE RECHTE**.

Rechte

6.6

6.7 Dienstprogramme

Zur Bewältigung der vielfältigen Administrationsaufgaben unter Net-Ware 4.1 stehen eine Fülle von Dienstprogrammen zur Verfügung. Diese können unter Windows mit **NWADMIN** durchgeführt werden. Unter DOS teilen sich mehrere Programme diese Aufgabe. Das Windows-Programm bzw. die DOS-Programme haben jeweils Vor- und Nachteile.

■ Mit Hilfe der DOS-Menü- und Kommandoprogramme sind für den geübten Netzwerkverwalter die gewünschten Aufgaben oft schneller auszuführen.

■ Demgegenüber sind mit dem **NWADMIN,** nahezu alle Aufgaben mit einem einzigen Programm zu erledigen. Darüber hinaus bietet die graphische Oberfläche den Vorteil, jederzeit einen guten Überblick über die Struktur des NDS-Baumes zu behalten.

6.7.1 NetWare-Administrator

Der **NWADMIN** ist ein Windows-Programm, das neben der graphischen Oberfläche, die sich sehr gut zur Darstellung des NDS-Baumes eignet, die Funktionaltät mehrerer DOS-Textmodus-Hilfsprogramme beinhaltet. Das sind im einzelnen **NETADMIN.EXE,**
FILER.EXE, PCONSOLE.EXE und **PARTMGR.EXE.** Es ist also nicht notwendig, für unterschiedliche Aufgaben das Programm zu verlassen und ein anderes zu starten, wie es bei den DOS-Programmen der Fall ist. Ein weiterer Vorteil des Administrators ist die recht gute Online-Hilfe.

■ Der Programmdateiname des NWADMINs ist **NWADMIN.EXE** und findet sich nach der Installation im Verzeichnis **SYS:PUBLIC**.

■ Die Datei **NWADMIN.INI** muß sich bei lokaler Installation im Windows-Programmverzeichnis oder bei Netzinstallation im Windows-Heimatverzeichnis des Benutzers befinden.

■ Bei der Arbeitsplatzinstallation, wird standardmäßig kein Icon für **NWADMIN** in der Gruppe NetWare-Tools angelegt. Das ist sinnvoll, da nicht jeder Benutzer Zugang zu diesem Hilfsmittel haben soll. Das Icon muß von Hand mit dem Programm-Manager aufgenommen werden.

■ Zur Ausführung des Programms sollte Windows im erweiterten Modus laufen, und es sollten mindestens 4 Mbyte RAM verfügbar sein.

Nach dem Start von **NWADMIN.EXE** erhält man in etwa folgendes Bild.

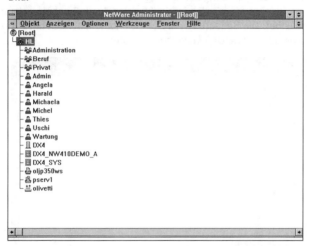

■ Es ist gekennzeichnet durch eine Menüleiste mit den Punkten **OBJEKT**, **ANZEIGEN**, **OPTIONEN**, **WERKZEUGE**, **FENSTER** und **HILFE**.

■ Darunter befindet sich ein Suchfenster, (engl. Browse Window) auf dem ein Teil des NDS-Verzeichnisbaumes angezeigt wird. Hier wird der aktuelle Kontextbehälter mit all seinen Objekten angezeigt.

■ Die Objekte, die untergeordnete Behälter beinhalten, werden zunächst nicht angezeigt. Man erhält sie aber durch Doppelklick auf den entsprechenden Behälter oder durch Positionieren des Cursors auf dem Behälter und Drücken der Taste ⊕ des Zahlenblocks.

■ Durch erneutes Doppelklicken oder die (Num 0)-Taste, kann man sie wieder ausblenden.

- Der aktuelle Kontext in dem man sich befindet, wird in der Überschrift des Suchfensters angezeigt.
- Man kann diesen Kontext jederzeit ändern und mehrere Suchfenster mit unterschiedlichen Kontexten gleichzeitig öffnen. Das wird bei der Beschreibung der Menüpunkte erklärt.
- Die Objektarten werden im Suchfenster durch Symbole gekennzeichnet. Die Bedeutung der Symbole kann man sich mit HILFE/INHALT/SUCHEN/*Objektsymbole* ansehen.

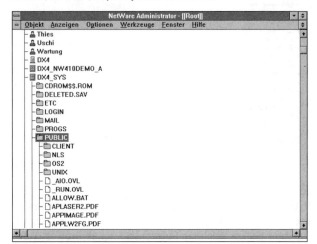

- Eine besondere Bedeutung kommt dem Objekt **Datenträger** (Volume) zu. Durch Doppelklick bzw. ⊕ wird das darauf enthaltene Dateisystem angezeigt. Das ist zunächst einmal verwirrend, da sich das Blattobjekt Datenträger wie ein Behälterobjekt verhält. Das erleichtert aber die Arbeit, da man dadurch auf Datei- und Verzeichnisebene genauso arbeiten kann wie im NDS-Verzeichnisbaum. D. h. das Löschen, Kopieren, usw. von Dateien und Verzeichnissen verhält sich analog zu dem von Objekten. Der Inhalt von Verzeichnissen und Unterverzeichnissen kann wieder mit Doppelklick oder ⊕ angezeigt werden.

■ Eine schnelle Art ein Objekt, ein Verzeichnis oder eine Datei im Suchfenster zu finden, besteht darin, einfach den entsprechenden Namen einzugeben. Der Cursor springt auf

das nächste Objekt mit passendem Namensbeginn und es erschient ein kleines Dialogfenster. Hier kann man entweder das unterlegte Objekt anwählen oder das nächste Objekt mit passendem Namen suchen.

■ Die Menüleiste erreicht man auf dreierlei Arten.

◆ Anklicken mit der Maus.

◆ [F10] drücken, mit Cursortasten auf Menüpunkt und dann [↵].

◆ [Alt] drücken und den Buchstaben, der im Menüpunkt unterstrichen ist.

Erklärung des Menüpunkts OBJEKT

■ ERSTELLEN: Durch diesen Menüpunkt kann man neue Objekte oder Dateien/Unterverzeichnisse erstellen.

◆ Man erreicht diese Funktion auch über [Einfg] oder über die rechte Maustaste.

◆ Diese Option ist jedoch nur anwählbar, wenn man sich auf einem Behälterobjekt, bzw. einem Dateiverzeichnis befindet.

◆ Erzeugt man neue Objekte, erhält man eine Auswahlliste möglicher Objekte. Ihr Umfang ist abhängig vom jeweiligen Kontext.

◆ Nach Anwahl des gewünschten Objektes und Angabe des Namens und anderer, eventuell zwingend benötigter Eigenschaften, ist das neue Objekt erzeugt.

■ DETAILS: Diese Funktion ist auch mit [↵] bzw. über die rechte Maustaste zu erreichen.

◆ Es erscheint eine Dialogbox, in der alle Eigenschaften zu einem Objekt eingegeben werden können.

◆ Auf der rechten Seite des Fensters sind eine Reihe von Schaltflächen angeordnet, mit deren Hilfe die unterschiedlichen Eigenschaftsgruppen angewählt werden sollen.

◆ Es ist zu beachten, daß sich die Schaltflächen am unteren Fensterrand auf alle Eigenschaftsgruppen beziehen. D. h. **OK** speichert also Eintragungen in allen Gruppenbildern ab – **ABBRECHEN** verwirft alle Eintragungen.

◆ Es ist also Vorsicht geboten, da man häufig nur zur Eigenschaftsgruppe **IDENTIFIKATION** zurück möchte, und dann aber ärgerlicherweise auf dem NDS-Verzeichnisbaum landet.

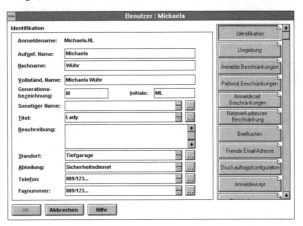

■ Die Wirkungsweise der Punkte **RECHTE FÜR ANDERE OBJEKTE** und **TRUSTEES DIESES OBJEKTES...** wird im Unterkapitel »Rechte« genauer beschrieben. Diese Funktionen sind auch über die rechte Maustaste zu erreichen.

■ Mit Hilfe von **VERSCHIEBEN,** bzw. [F7] ist es möglich, Blattobjekte im NDS-Baum zu verschieben. Es können aber auch Dateien und Verzeichnisse im Dateisystem verschoben werden (auch von einem Datenträgerobjekt zu einem anderen).

- Mit **KOPIEREN,** bzw. `F8` kann man Dateien und Verzeichnisse kopieren (auch auf ein anderes Datenträgerobjekt/Volume). NDS-Objekte kann man nicht kopieren, da sie immer einmalig sind.
- Mit **UMBENENNEN** kann man Objekte, Dateien und Verzeichnisse umbenennen.
- Mit **LÖSCHEN** kann man Objekte, Dateien und Verzeichnisse löschen.
  - ◆ **Vorsicht:** Objekte können nicht wiederhergestellt werden.
  - ◆ Diese Funktion kann auch mit `Entf` oder über die rechte Maustaste erreicht werden.
- **BENUTZERSCHABLONE** erstellt/editiert für eine Organisation oder Organisatorische Einheit genau eine Vorlage für später anzulegende Anwender. Es erscheint der gleiche Dialog wie unter **DETAILS** beschrieben.
- **SUCHEN** öffnet ein Dialogfenster, das es ermöglicht, nach beliebigen Objekten oder deren Eigenschaften in einem Behälter zu suchen, wie z. B. alle Benutzer im aktuellen Behälter.
  - ◆ Werden Objekte gefunden, wird ein Fenster geöffnet, in dem alle gefundenen Objekte aufgelistet sind.
  - ◆ Diese Objekte können dann, wie in jedem anderen Suchfenster auch, bearbeitet werden. Das ist sehr hilfreich, wenn man beispielsweise nur die Benutzer eines Behälters bearbeiten will.
- Mit der Option **DRUCKEN** kann man die im Suchfenster aufgeführten Objekte ausdrucken. Dabei kann man anwählen, ob die Objekte als einspaltige oder zweispaltige Liste ausgedruckt werden sollen. Darüber hinaus besteht die Möglichkeit in eine Datei zu drucken.
- **DRUCKEINRICHTUNG** führt zum in Windows üblichen Dialog zur Druckerkonfiguration.
- Mit **BEENDEN** oder `Alt`+`F4` verläßt man **NWADMIN**.

Beschreibung des Menüpunktes ANZEIGEN

■ **KONTEXT EINSTELLEN:** Dient zum Anzeigen von Teilen des NDS-Baumes.

◆ Der gewählte Kontext wird in der Überschrift des Fensters angezeigt.

◆ Es werden nur die Objekte angezeigt, die sich im gewählten Behälter befinden.

◆ Das Behälterobjekt befindet sich ganz oben im Fenster. Ein »sich Bewegen« auf eine übergeordnete Ebene des NDS-Baumes mit der Maus ist nicht möglich.

◆ Bei Verwendung mehrerer Fenster ist es so möglich, sich sehr komfortabel durch den NDS-Baum zu manövrieren.

◆ Es empfiehlt sich, auch für Datenträgerobjekte eigene Fenster zu öffnen, in denen sich das Datenträgerobjekt als Spitze befindet.

■ **EINSCHLIESSEN** gestattet es, nur ausgewählte Objekte bzw. Dateien anzuzeigen.

Dabei sind folgende Auswahlkriterien möglich (auch in Kombination):

◆ Auswahl nach Objektklassen

◆ Auswahl nach Objektnamen (Filter der Anfangsbuchstaben)

◆ DOS-Dateinamensfilter. Dabei können die für DOS-üblichen Platzhalter * und ? verwendet werden.

◆ Es ist zu beachten, daß die getroffenen Einstellungen nicht sofort wirksam werden, sondern erst nach erneutem Erweitern des Behälterobjektes. Ist die Anzeige des Behälters bereits erweitert gewesen, werden alle enthaltenen Objekte angezeigt. So muß man sie zunächst ausblenden. (z. B. mit Doppelklick) und danach wieder erweitern.

6.7

■ **NACH OBJEKTKLASSE SORTIEREN** öffnet eine Dialogbox, mit deren Hilfe man die Reihenfolge einstellen kann, in der die jeweiligen Objektarten angezeigt werden.
  ◆ Das funktioniert, indem man den Cursor in der Auswahlliste auf einem Objekt positioniert und mit den beiden Schaltflächen **NACH OBEN** und **NACH UNTEN** (rechts in der Dialogbox) das Objekt in der Liste auf und ab bewegt, bis es sich an der gewünschten Position befindet.
  ◆ Die getroffene Einstellung kann als Standard abgespeichert werden, der dann jederzeit wieder abgerufen werden kann.
  ◆ Die neue Sortierreihenfolge wird erst wirksam, wenn ein Behälterobjekt erweitert wird. Gegebenenfalls zuerst ausblenden.

■ **ERWEITERN** bewirkt, daß alle Objekte, die in einem Behälter enthalten sind, angezeigt werden.

  ◆ Man muß sich auf einem Behälter befinden, um diesen Punkt anwählen zu können.
  ◆ Ein globales Erweitern gibt es nicht.
  ◆ Diese Funktion wird auch ausgelöst, wenn man auf einem ausgeblendeten Behälter mit der Maus doppelklickt oder die ⊞-Taste drückt.

■ **AUSBLENDEN** entfernt alle Objekte, die einem Objekt untergeordnet sind aus der Anzeige. Es ist das Gegenstück zu Erweitern. Doppelklick wechselt zwischen Ausblenden und Erweitern hin und her. Ausblenden kann man auch mit der ⊟-Taste.

Einstellungen unter Menüpunkt OPTIONEN

■ *Einstellungen bei Beendigung speichern* bewirkt, daß bei erneutem Aufruf **NWADMIN** die gewählten Einstellungen für die Browser-Fenster, wie Kontext, Sortierreihenfolge usw., wieder verwendet werden. Ansonsten startet das Programm mit den Einstellungen, die zuletzt abgespeichert wurden.

- *Hinweise anzeigen* zeigt eine einzeilige Erklärung des jeweiligen Menüpunktes in der Überschrift des Administrators an.
- *Löschen mit Bestätigung* bewirkt, daß jede Löschoperation zusätzlich bestätigt werden muß. Diese Option sollte eingeschaltet sein, da gelöschte Objekte nicht wieder gerettet werden können.
- Ist *Alias-Trustees ermitteln* eingeschaltet, werden die Trustees des Alias selbst, und nicht die des dazugehörigen Objektes verwaltet.
- Ist *Trustees vom Objekt mit Alias ermitteln* eingeschaltet, werden die Trustees des Objektes verwaltet, auf die sich das Alias bezieht. Das ist die vorzuziehende Einstellung.

Menüpunkte unter WERKZEUGE

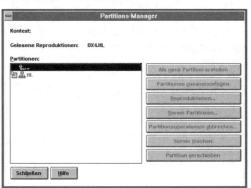

- **PARTITIONS-MANAGER:** Mit Hilfe dieses Werkzeugs kann man Partitionen und Partitionsreproduktionen verwalten (genaueres zu diesen Themen im Kapitel NDS). Das Abgebildete Suchfenster zeigt nur Behälter- und Serverobjekte an. Behälter, die Stamm einer Partition sind werden durch zwei sich überlappende Quadrate gekennzeichnet. Mit den rechts angeordneten Schaltflächen können nen folgende Operationen durchgeführt werden:
  - ◆ **ALS NEUE PARTITION ERSTELLEN:** Der Cursor muß dazu auf einem Behälterobjekt stehen, das nicht der Stamm einer Partition ist. Durch Betätigen der Schaltfläche wird das gewählte Ob-

jekt Stamm einer neuen Partition. Das kann einige Zeit in Anspruch nehmen.

◆ **PARTITION ZUSAMMENFÜGEN:** Bindet die gewählte Partition an den nächst höher gelegenen Partitionsstamm. Das betreffende Objekt ist dann nicht länger Partitionsstamm. Der Cursor muß sich auf einem Partitionsstamm befinden.

◆ **REPRODUKTIONEN:** Ermöglicht es, die Reproduktionen des gewählten Partitionsstammes zu verwalten.

◆ **SERVER-PARTITIONEN:** Zeigt Informationen über die auf dem gewählten Serverobjekt befindlichen Reproduktionen an. Es können keine Veränderungen vorgenommen werden.

◆ **PARTITIONSOPERATIONEN ABBRECHEN...:** Bricht lang andauernde Vorgänge wie Partition erstellen oder zusammenfügen ab.

◆ Mit **SERVER LÖSCHEN** kann man einen Server aus dem NDS-Baum entfernen. Der Server muß dazu heruntergefahren sein.

◆ Mit Hilfe von **PARTITION VERSCHIEBEN** kann man Partitionen im NDS-Baum bewegen. Das gewählte Objekt muß ein Partitionsstamm sein. Das ist auch die einzige Möglichkeit um Behälterobjekte zu verschieben. Vorgehensweise: Behälter zu Partitionsstamm machen – Stamm verschieben – Stamm zusammenfügen.

■ **DURCHSUCHEN:** Mit diesem Menüpunkt erzeugt man ein neues Suchfenster. Dabei ist das aktuelle Objekt die Spitze des neuen Fensters.

◆ Erlaubte Objekte sind Behälterobjekte, Datenträgerobjekte und Dateiverzeichnisse.

◆ Zwischen den einzelnen Suchfenstern kann man mit ⌨Strg+↹ hin- und herwechseln.

◆ Fenster schließt man mit Doppelklick auf das Kästchen links oben im Fenster, oder mit ⌨Strg+F4.

■ **WIEDERHERSTELLEN:** Dieser Menüpunkt kann nur aktiviert werden, wenn man sich auf oder unterhalb eines Datenträgerobjektes befindet.

◆ Die erscheinende Dialogbox dient dem Retten bzw. dem endgültigen Entfernen gelöschter Dateien. Dazu existieren im oberen Bereich des Fensters drei Auswahlfelder.

◆ Unter *Einschließen* kann man einen Namensfilter mit DOS-Platzhaltern angeben.

◆ **Sortieroptionen** ermöglicht es, die gelöschten Dateien nach unterschiedlichen Kriterien wie Name oder Datum aufzulisten.

◆ **Ursprung** wählt, ob sich die Dateien im aktuellen Verzeichnis befinden oder ob das Verzeichnis, in dem sie sich befunden haben, ebenfalls schon gelöscht ist.

◆ Mit der Schaltfläche **AUFLISTEN** erhält man dann eine Liste der gelöschten Dateien.

◆ Diese kann man dann anwählen und entweder endgültig vom Datenträger entfernen, oder wiederherstellen.

■ **FERNKONSOLE** startet in einer DOS-Box das Programm **RCONSOLE.EXE**, das in einem eigenen Unterkapitel erklärt wird. Sollten bei Verwendung der Fernkonsole Probleme auftreten, empfiehlt Novell, Windows zu verlassen und **RCONSOLE.EXE** von DOS aus zu starten.

Menüpunkt FENSTER

■ Die hier aufgeführten Unterpunkte entsprechen dem gewohnten Standard von Windows-Programmen. In Kürze:

◆ **ÜBERLAPPEND** stellt die Fenster kaskadiert dar.

◆ **Nebeneinander** stellt die Fenster senkrecht angeordet nebeneinander dar.

◆ **Symbole anordnen** ordnet Fenster, die auf Symbolgröße verkleinert sind, sauber an.

◆ **Alles schliessen** schließt alle vorhandenen Suchfenster. Darunter sind alle Suchfenster aufgelistet. Durch Angabe der Fensternummer wechselt man zum entsprechenden Fenster. Es sind maximal neun Suchfenster gleichzeitig möglich.

Menüpunkt Hilfe

■ Die Online-Hilfe von NWADMIN kann gute Dienste leisten. In der Regel sollte man sich damit immer weiterhelfen können. Es existieren folgende Unterpunkte:

◆ **Neue Merkmale** weist auf die Änderungen zu älteren Versionen von **NWADMIN** hin.

◆ **Inhalt** führt zur Online Hilfe.

◆ **Glossar** enthält eine alphabetische Liste der wichtigsten Begriffe.

◆ **Fehlermeldungen: NWADMIN** gibt im Fehlerfall eine Nummer aus. Hier kann man sich den dazugehörigen Klartext holen.

◆ **Info zu...** teilt einem die Version des Administrators mit. Darüber hinaus erfährt man seinen Anmeldenamen und Informationen über die Ressourcen der verwendeten Arbeitsstation.

Hinweise zu Drag & Drop

■ **NWADMIN** ist mit Drag & Drop Technik ausgestattet. Sie entspricht dem gewohnten Windows-Standard und ist innerhalb des Dateisystems identisch mit dem des Windows-Dateimanagers. Hier sind die wichtigsten Funktionen noch einmal kurz zusammengefasst.

◆ **Kopieren** (nur im Dateisystem) kann man, indem man den Mauscursor auf eine Datei oder ein Verzeichnis positioniert. Die linke Maustaste drücken und bei gedrückter Maustaste die Datei in das gewünschte Verzeichnis ziehen.

◆ **Verschieben** funktioniert genauso, nur daß dabei (Strg) gedrückt wird.

◆ Mehrere Dateien und Objekte werden gleichzeitig **markiert**, indem man ⓪ hält und ↑, ↓ drückt.

■ Das Kopieren von Objekten ist nicht möglich. Daher wird das Ziehen von Objekten auf andere Objekte zur Vergabe von Trustee-rechten genutzt. D.h. das Objekt, das auf ein anderes Objekt gezogen wird, wird Trustee des Objektes, auf das es gezogen worden ist. Natürlich erfolgt diese Zuordnung nicht sofort. Es wird vielmehr der gleiche Dialog aufgerufen, wie unter dem Menüpunkt **OBJEKT/TRUSTEES DIESES OBJEKTS** (→ Unterkapitel »Rechte«). In diesem Dialog ist dann allerdings das gezogene Objekt bereits in die Liste der hinzuzunehmenden Trustees aufgenommen.

Häufig vorkommende Schaltflächen

In den bisher beschriebenen Dialogen finden zwei Schaltflächen immer wieder Verwendung:

MEHR-Schaltfläche.

■ Diese Schaltfläche signalisiert, daß in dem links daneben stehenden Feld mehr als ein Eintrag stehen kann. Betätigt man sie, erscheint eine Dialogbox zur Eingabe weiterer Einträge.

SUCHEN-Schaltfläche.

■ Diese Schaltfläche dient zum Auswählen eines Objektes, wenn man den genauen Kontextnamen eines Objektes nicht kennt.

■ Man erhält folgende Dialogbox:

◆ In der oberen Zeile steht der Name des angewählten Objektes.

◆ In den mittleren beiden Feldern kann man Filter für Objektnamen oder den Kontext vergeben.

◆ Die unteren beiden Kästen haben folgende Bedeutung: der rechte Kasten dient dazu, sich durch den NDS-Baum zu bewegen. Der linke Kasten dient zur Auswahl des gewünschten Objektes. Mit **OK** wird das angewählte Objekt dann in die Anforderung übernommen.

6.7.2 **NETADMIN.EXE**

NETADMIN.EXE ist ein DOS-Hilfsprogramm im Textmodus. Es dient der Verwaltung von NDS-Objekten. Nach der Installation befindet es sich im Verzeichnis *SYS:PUBLIC*.

Ausführung: NETADMIN starten

Das Programm mit **NETADMIN** starten. Man erhält folgenden Bildschirm:

Oben links im Bild stehen die Programmversion, der aktuelle Kontext und der Anmeldename des Anwenders. Oben rechts steht das aktuelle Datum und die Uhrzeit. Am unteren Bildrand steht ein kurzer Hilfetext, bzw. Erläuterungen zum jeweiligen Menüpunkt oder Objekt, auf dem sich der Cursor gerade befindet.

Ganz unten sind die möglichen Tastatureingaben und die dadurch ausgeführten Aktionen aufgeführt. Folgende Tastenbelegungen sind grundlegend, und auch in allen anderen DOS-Dienstprogrammen der NetWare anzutreffen.

Grundlegende Bedienung

- ■ (F1) stellt über die am unteren Bildrand aufgelisteten Erläuterungen hinausgehende Hilfestellungen bereit.
- ■ (Esc) verläßt das jeweilige Menü oder das Programm und bricht Eingaben ab.
- ■ (↵) wählt Menüpunkt oder Objekt an bzw. wechselt den Kontext.
- ■ (F10) führt zu Bearbeitungsmasken des Objektes bzw. übernimmt geänderte Werte.
- ■ (Einfg) erzeugt neues Objekt. Eine zweite Funktion von (Einfg) ist das Öffnen von Suchlisten. Ist beispielsweise eine Eigenschaft eines Objektes ein anderes Objekt, so wird ein Suchfenster angezeigt, mit dem man sich durch den NDS-Baum bewegen, und das gesuchte Objekt mit (↵) übernehmen kann. Diese Funktion ist immer dann sehr nützlich, wenn nach einem Objekt oder Kontext gefragt wird, dessen Namen man nicht genau kennt.
- ■ (Entf) löscht Objekte.
- ■ (F5) markiert bzw. entfernt Markierungen von Objekten.
- ■ (Alt)+(F1) zeigt weitere Tastaturbefehle an, wenn deren Erklärungen nicht mehr in die unterste Zeile passen.

Das Startbild enthält ein Auswahlmenü mit vier Menüpunkten.

Ausführung: Objekte verwalten

1. **NETADMIN** starten.
2. **OBJEKTE VERWALTEN** (↵), führt zu einem Suchbildschirm, in dem man den Kontext wechseln, Objekte erzeugen, entfernen oder bearbeiten kann.
- ■ Man bewegt sich durch den Kontext, indem man Behälterobjekte mit (↵) anwählt. Man erkennt Behälterobjekte an einem + vor ihren Namen.
- ■ Übergeordnete Behälter erreicht man durch Anwahl der beiden Punkte, oben im Fenster, mit (↵).
- ■ Im rechten Teil des Fensters wird die Objektklasse des jeweiligen Objektes angezeigt. Ein * zeigt an, daß das zugehörige Behälterobjekt Stamm einer Partition ist.
- ■ Mit (Einfg) kann man in dieser Maske neue Objekte erzeugen.

6.7

- Mit ⌨Entf⌨ löscht man Objekte.
- Will man ein Objekt bearbeiten, positioniert man den Cursor auf dem Objekt und drückt ⌨F10⌨. Bei Blattobjekten kann auch ⌨↵⌨ verwendet werden.

In diesem Auswahlmenü stehen folgende Möglichkeiten zur Bearbeitung des Objektes zur Verfügung:

6.7

- **EIGENSCHAFTEN DIESES OBJEKTES ANZEIGEN ODER BEARBEITEN** führt zu einer Auswahl der Eigenschaftsgruppen des Objektes. Durch Auswahl der gewünschten Gruppe gelangt man zu Eingabemasken für die entsprechenden Eigenschaften.
- Mit **UMBENENNEN** kann man Objekten einen neuen Namen geben. Es wird auch gefragt, ob der alte Name im Feld *sonstige Namen* gespeichert werden soll. Das erleichtert die Suche für Benutzer, die von der Umbenennung nichts erfahren haben.
- Mit **VERSCHIEBEN** kann man Blattobjekte im NDS-Baum bewegen. Behälterobjekte kann man nur dann verschieben, wenn sie Stamm einer Partition sind (➔ Unterkapitel »Partitions-Manager«). Es wird dann automatisch ein Alias des entsprechenden Behälters erzeugt.
- Mit **LÖSCHEN** entfernt man Objekte aus dem NDS-Baum. Behälterobjekte kann man nur löschen, wenn sie keine Objekte enthalten. **Vorsicht:** Gelöschte Objekte können nicht wieder hergestellt werden und müssen neu erzeugt werden.
- **RECHTE ZU VERZEICHNISSEN UND DATEIEN ANZEIGEN/BEARBEITEN** führt zu einer Eingabemaske, in der man festlegen kann, welche Zugriffsrechte das Objekt auf bestimmte Dateien oder Verzeichnisse hat (➔ Unterkapitel »Rechte«). Dabei leistet die ⌨Einfg⌨-Taste

zum Finden der gewünschten Information und der korrekten Pfadangabe hilfreiche Dienste.

■ Mit **Trustees für dieses Objekt anzeigen/bearbeiten** legt man die Objekte fest, die Rechte auf das angewählte Objekt haben sollen, und auch welche Rechte sie haben sollen. Desweiteren kann man auch den Filter für vererbte Rechte bearbeiten und sich die effektiven Rechte ansehen (→ Unterkapitel »Rechte«).

Ausführung: Filter für Objekte verwenden

1. **NETADMIN** starten.

■ Der Menüpunkt **Dem Suchmuster entsprechend verwalten** in der Hauptauswahl des Startbildes, ermöglicht es, Filter für Objekte zu setzen, die angezeigt werden sollen. Es ist möglich, nur spezielle Objektklassen anzuwählen, z. B. Benutzer. Darüber hinaus kann man nach Namen suchen. Dabei ist die Verwendung des DOS-Platzhalterzeichens * erlaubt. Gibt man z. B. bei Objektnamen *B an, und bei Objektklassen nur Benutzer, so werden nur Benutzer angezeigt, deren Name mit einem *B* beginnt.

Ausführung: Kontext wechseln

1. **NETADMIN** starten.
2. **Kontext wechseln** erlaubt, einen Kontext voreinzustellen, damit man sich bei der Bearbeitung von Objekten nicht durch den gesamten NDS-Baum bewegen muß. Dabei ist wieder die `Einfg`-Taste sehr hilfreich.

Ausführung: Objekte suchen

1. **NETADMIN** starten.
2. **Suche** ermöglicht es, Objekte nach Kontext, Objektklasse und bestimmten Eigenschaften zu sortieren und diese dann, wie unter **Objekte verwalten,** zu bearbeiten. Man kann sich zum Beispiel nur die Benutzer eines Kontextes mit der Eigenschaft *Abteilung gleich Forschung* auflisten lassen.

6.7.3 FILER.EXE

FILER ist ein DOS-Programm im Textmodus, das zur Bearbeitung der Server-Dateisysteme dient. Mit Hilfe von **FILER** können Dateien und Verzeichnisse erstellt, gelöscht, kopiert und umbenannt werden.

Darüber hinaus dient das Programm zur Rechtevergabe auf Verzeichnisse und Dateien und der Bearbeitung der Attribute.

FILER.EXE befindet sich nach der Installation im Verzeichnis *SYS:PUBLIC*.

Ausführung: FILER starten

1. **FILER** ⏎.

   Nach dem Start von **FILER** erhält man folgenden Bildschirm:

- ◆ Oben links im Bild stehen die Programmversion, der aktuelle Kontext, der Anmeldename des Anwenders, das aktuelle Datenträgerobjekt (Volume) und der aktuelle Pfad.
- ◆ Oben rechts steht das aktuelle Datum und die Uhrzeit.
- ◆ Am unteren Bildrand steht ein kurzer Hilfetext, bzw. Erläuterungen zum jeweiligen Menüpunkt auf dem sich der Cursor gerade befindet.
- ◆ Ganz unten werden die möglichen Tastatureingaben und die dadurch ausgeführten Aktionen angezeigt.

Bedienung

- ▣ `F1` stellt über die am unteren Bildrand aufgelisteten Erläuterungen hinausgehende Hilfestellungen bereit.
- ▣ `Esc` verläßt das jeweilige Menü oder das Programm und bricht Eingaben ab.
- ▣ `↵` wählt Menüpunkt oder Verzeichnis an, bzw. wechselt den Kontext. Auf Dateiebene führt `↵` zum Bearbeitungsauswahlmenü.
- ▣ `F10` führt zu Bearbeitungsmasken der Datei oder des Verzeichnisses, bzw. übernimmt geänderte Werte.
- ▣ `Einfg` erzeugt ein neues Verzeichnis. Eine zweite Funktion von `Einfg` ist das öffnen von Suchlisten. Man kann sich dadurch Pfad- oder Objektnamenseingaben erleichtern.
- ▣ `Entf` löscht Datei oder Verzeichnis.
- ▣ `F5` markiert bzw. entfernt Markierungen von Dateien und Verzeichnissen.
- ▣ `F6` ermöglicht das gleichzeitige Markieren von Dateien oder Verzeichnissen mit Hilfe eines Namensfilters. Der Filter kann den DOS Platzhalter * beinhalten.
- ▣ Mit `F3` kann man Dateien oder Verzeichnisse umbenennen.
- ▣ `Alt`+`F1` zeigt weitere Tastaturbefehle an, wenn deren Erklärungen nicht mehr in die unterste Zeile passen.

Ausführung: Dateien und Verzeichnisse verwalten

1. FILER `↵`.
2. **VERWALTUNG VON DATEIEN UND VERZEICHNISSEN** führt zu einem Suchbildschirm, der bekannten DOS-Dateimanagern ähnelt. Man kann sich hier mit Hilfe der Cursortasten und der `↵`-Taste im Dateisystem bewegen, aber auch auf andere Datenträgerobjekte (Volumes) wechseln.

- ▣ Wählt man ein Unterverzeichnis mit `F10` an, gelangt man zu einem Auswahlmenü, in dem man folgende Aufgaben erfüllen kann:

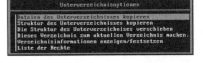

Sidebar: Dienstprogramme

Sidebar: 6.7

- ◆ Dateien kopieren.
- ◆ Verzeichnis mit Unterverzeichnissen kopieren (Struktur kopieren).
- ◆ Verzeichnisse mit Unterverzeichnissen verschieben (Struktur verschieben).
- ◆ Das angewählte Verzeichnis zum aktuellen Verzeichnis machen.
- ◆ **VERZEICHNISINFORMATIONEN ANZEIGEN/FESTSETZEN.** Das beinhaltet das Festlegen von Dateiattributen, die Bearbeitung des Filters für vererbte Rechte und der Trustees auf dieses Verzeichnis. Außerdem kann man die maximal erlaubte Größe des Verzeichnisses festlegen.
- ◆ Eine Liste der Trustees und ihrer Rechte auf dieses Verzeichnis anzeigen lassen.
- ■ Wählt man eine Datei mit ⌐F10⌐ oder ⌐↵⌐ an, erhält man eine ähnliche Auswahlliste mit folgenden Optionen:
  - ◆ Datei kopieren.
  - ◆ Dateiinhalt anzeigen.
  - ◆ Datei verschieben.
  - ◆ Liste mit **TRUSTEES AUF DIESE DATEI UND DEREN RECHTE** anzeigen.
  - ◆ **DATEIINFORMATIONEN ANZEIGEN/VERÄNDERN:** Hier kann man Dateiattribute und den Filter für vererbte Rechte festlegen. Auch können Trustees für diese Datei aufgenommen oder entfernt werden.

Ausführung: Suchmuster verwenden

1. **FILER** ⌐↵⌐.
2. **NACH SUCHMUSTER VERWALTEN** gestattet es, Filter (mit DOS-Platzhalter *) anzugeben. Man kann gezielt Dateien und Verzeichnisse mit einem Suchmuster ein- bzw. ausschließen. Darüber hinaus kann man festlegen, ob System- und versteckte Dateien angezeigt werden sollen oder nicht.

   Mit dem nächsten Hauptmenüpunkt kann man das aktuelle Verzeichnis auswählen.

Ausführung: Datenträgerinformationen anzeigen

1. FILER ⏎.
2. **DATENTRÄGERINFORMATIONEN ANZEIGEN** führt zu Statistik- und Eigenschaftsangaben, die Informationen über die Auslastung oder den Zeitpunkt der letzten Datensicherung bereithalten.

Ausführung: Mit gelöschten Dateien arbeiten

1. FILER ⏎.
2. **GELÖSCHTE DATEIEN WIEDERHERSTELLEN** ermöglicht es, Dateien, die noch nicht endgültig vom Datenträger entfernt worden sind zu retten. Dabei kann man sowohl Dateien aus bestehenden Unterverzeichnissen, als auch Dateien aus bereits gelöschten Verzeichnissen retten. Man kann die gesuchten Dateien nach Namen filtern (mit DOS-Platzhalter *) und die Sortierreihenfolge festlegen, d.h. nach Name, Größe, Datum oder dem Anwender, der die Datei gelöscht hat, sortieren. Diese Reihenfolge kann man entweder über einen Menüunterpunkt oder F3 bestimmen.
3. Mit **GELÖSCHTE DATEIEN ENTFERNEN** kann man Dateien, die zwar gelöscht, aber noch nicht entfernt worden sind, endgültig entfernen. Diese Dateien können dann nicht wiederhergestellt werden.

Ausführung: FILER konfigurieren

1. FILER ⏎.
2. Mit Hilfe des letzten Menüpunktes sind die **FILER STANDARD-OPTIONEN** einzustellen. Hier kann man angeben, ob Löschvorgänge oder Überschreibungen bestätigt werden sollen, ob Dateien komprimiert kopiert werden sollen und ob die Dateiattribute beim Kopieren beibehalten werden sollen.

6.7.4 Partitions-Manager

Das DOS-Programm **PARTMGR.EXE** ermöglicht die Verwaltung von NDS-Partitionen und deren Replikationen (näheres zu Partitionen → Kapitel »NDS«).
Nach der Installation befindet sich dieses Programm im Verzeichnis *SYS:PUBLIC*.

Der Aufbau und die Bedienung des Programms entspricht dem NetWare-Standard für Dienstprogramme (→ auch **NETADMIN.EXE** und **FILER.EXE**).

Ausführung: Partitions-Manager verwenden

1. **PARTMGR** ⏎.

Die Hauptauswahl auf dem Startbildschirm beschränkt sich auf zwei Punkte.

- ◆ **KONTEXTWECHSEL** ermöglicht es, den aktuellen Kontext einzustellen.
- ◆ Der interessante Punkt aber ist **PARTITIONEN VERWALTEN**. Man gelangt zu einem Suchbildschirm, der nur Behälterobjekte und Serverobjekte anzeigt.

■ Mit Hilfe von ⬆, ⬇ und ⏎ kann man sich durch den gesamten NDS-Baum bewegen.

■ Auf der rechten Seite wird die Objektklasse des Behälters angezeigt. Ist der Behälter Stamm einer Partition, steht hier *Partition*.

■ Wählt man ein Objekt mit ⌨F10⌨ an, hat man folgende Möglichkeiten:

- ◆ Ist das angewählte Behälterobjekt kein Partitionsstamm, kann man eine neue Partition erstellen.
- ◆ Ist das angewählte Behälterobjekt Stamm einer Partititon, kann man entweder die Replikationen der Partition verwalten, länger andauernde Partitionsoperationen wie Erstellen oder Zusammenführen beenden, oder die Partition mit der übergeordneten Partition zusammenfügen. Unter der Bearbeitung der Replikationen versteht man zum einen das Festlegen des Replikationstyps, d.h. der Replikationstyp kann entweder *Haupt-*, *Nur-Lesen-*, *Schreib/Lesen* oder *Untergeordnet* sein. Hauptreplikationen sind nicht veränderbar. Man kann aber auch Aktualisierungen an andere Replikationen senden oder von ihnen empfangen.
- ◆ Ist das angewählte Objekt ein NetWare-Server, erhält man mit ⌨F10⌨ oder ⏎ eine Liste der auf dem Server gespeicherten Partitionen und ihres Replikationstyps. Änderungen können hier nicht vorgenommen werden.

6.7.5 RIGHTS.EXE

RIGHTS ist ein DOS-Kommandozeilenprogramm zur Vergabe von Rechten auf Dateien, Verzeichnisse oder Datenträgerobjekte (Volumes).
Es befindet sich nach der Installation im Verzeichnis **SYS:PUBLIC**.
Syntax:

RIGHTS *pfad* [[+ | –] *Rechte*] [*/Option...*]

- **Pfad**: Gibt den Pfad auf ein Verzeichnis oder ein Datenträgerobjekt an. Bei Dateien muß er den Dateinamen mit beinhalten. Für das aktuelle Verzeichnis wird ein ».« angegeben. Man kann DOS-Platzhalter verwenden.
- **Rechte**: Steht für eine Liste der zu vergebenden Rechte. Ein **+** fügt ein Recht hinzu, ein »-« entfernt ein Recht. Wird die Liste ohne **+** oder - Zeichen angegeben, so werden die ursprünglichen Rechte durch sie ersetzt. Werden keine Rechte angegeben, so dient **RIGHTS** zum Anzeigen der vorhandenen Rechte. Verfügbare Datei- und Verzeichnisrechte sind:
  - **S**: Supervisor (enthält alle anderen Rechte).
  - **R**: Leserecht (Read).
  - **W**: Schreibrecht (Write).
  - **C**: Recht neue Dateien/Unterverzeichnisse zu erstellen (Create).
  - **E**: Löschen (Erase).
  - **M**: Modifizieren (Modify).
  - **F**: Anzeigerecht (Benutzer sieht Datei) (File).
  - **A**: Das Recht, die Zugriffsrechte anderer Benutzer auf diese Datei zu ändern.
  - **N**: Keine Rechte.
  - **ALL**: Alle Rechte außer Supervisor.
- Die verfügbaren **Optionen** von **RIGHTS** sind:
  - **/NAME=**: Trustee festlegen.
  - **/T**: Trustees anzeigen.
  - **/F**: Vererbungsfilter anzeigen oder modifizieren.
  - **/I**: Zeigt an, woher die vererbten Rechte stammen.
  - **/S**: Bearbeitet alle untergeordneten Verzeichnisse.
  - **/C**: Gibt Bildschirmausgaben fortlaufend aus.

- ◆ **/VER**: Zeigt Programmversion an.
- ◆ *REM*: Entfernt Trustee (in Verbindung mit */NAME*).
- ◆ /?: Gibt Hilfebildschirm aus.

Beispiele

Um Trustee Werner zu entfernen:

RIGHTS *DT1/SYS:PUBLIC -T /NAME=Werner*

Um Werner Schreib- und Leserecht auf das aktuelle Verzeichnis zu gewähren:

RIGHTS *. R W /NAME=Werner*

Um alle Rechte aus dem Vererbungsfilter des aktuellen Verzeichnisses zu entfernen

RIGHTS *. -ALL /F*

6.7.6 NCUPDATE.EXE

NCUPDATE ist ein DOS-Kommandozeilenprogramm, das dazu dient, die Arbeitsplatz-Konfigurationsdatei *NET.CFG* automatisch anzupassen, wenn ein Behälter verschoben oder umbenannt worden ist, und sich dadurch eventuell verwendete Namenskontexte verändert haben.

Das Programm hat nur wenige Parameter:

- ◆ **/VER**: Zeigt Versionsnummer des Programms an.
- ◆ **/NP**: Führt die Aktualisierungen durch, ohne vom Anwender Bestätigungen zu verlangen.
- ◆ /?: Gibt einen Hilfebildschirm aus.

7 Anmeldeskripten

7.1 Allgemeines

Anmeldeskripten sind Dateien, die eine Reihe von Anweisungen enthalten, die eine Arbeitsstation für den Netzbetrieb einrichten. Sie sind mit DOS Batchdateien vergleichbar und werden beim Anmelden am Netz vom Programm *LOGIN.EXE* ausgeführt.

Folgende Aufgaben werden von Anmeldeskripten (engl. Login Scripts) durchgeführt:

- Netzwerklaufwerke verbinden.
- Suchlaufwerke einrichten.
- Externe Programme ausführen.
- Umgebungsvariablen setzen.
- Meldungen während des Anmeldens ausgeben.

Dabei ist es möglich, in Abhängigkeit von Variablen, wie z. B. Anmeldename, Gruppenzugehörigkeit oder Uhrzeit, nur bestimmte Teile des Skriptes auszuführen.

7.2 Arten von Anmeldeskripten

Es gibt vier Arten von Anmeldeskripten: das **Behälter Anmeldeskript**, das **Profil Anmeldeskript**, das **Benutzer Anmeldeskript** und das **Standard Anmeldeskript**.
Die drei ersten Anmeldeskripten sind nicht zwingend erforderlich, sondern optional. Ein Anmelden am Netz ist auch ohne diese Skripten erfolgreich.

- Das **Behälter Anmeldeskript** wird als erstes ausgeführt wenn sich ein Benutzer anmeldet, der sich in diesem Behälter befindet. Es entspricht in etwa dem System Anmeldeskript früherer NetWare Versionen. Dieses Skript ist eine Eigenschaft des jeweiligen Behälters. Es ist zu beachten, daß nur das Behälter Anmeldeskript ausgeführt wird, in dem sich der Benutzer befindet. Etwaige Anmeldeskripten die sich auf einer höheren Ebene im NDS-Baum befinden, spielen keine Rolle.

- Das **Profil Anmeldeskript** wird, falls vorhanden, danach ausgeführt. Das Profil ist ein Objekt des NDS Baumes. Für jeden Anwender kann als Eigenschaft die Zugehörigkeit zu genau einem Profil festgelegt werden. Dieses wird allerdings nur dann ausgeführt, wenn der Anwender ein Trustee des Profils ist. Mehrere Anwender können ein und dasselbe Profil verwenden. Das erleichtert die Administrationsarbeit. Anwender können zwar nur zu einem Profil eine Zugehörigkeit besitzen, dennoch kann beim Anmelden ein anderes Profil ausgeführt werden, wenn es als Parameter dem Programm **LOGIN** übergeben wird.

  LOGIN *Anwender /p Profil*

- Das **Benutzer Anmeldeskript** wird als letztes ausgeführt. Es ist eine Eigenschaft des Benutzer Objektes und gilt nur für diesen Benutzer.

- Das **Standard Anmeldeskript** wird immer dann ausgeführt, wenn für den Anwender kein Benutzer Anmeldeskript existiert. Es ist nicht veränderbar. Es wird auch dann ausgeführt, wenn ein Behälter oder Profil Anmeldeskript existiert. Seine Ausführung kann allerdings mit dem Kommando **NO_DEFAULT** im Behälter- oder Profil- Anmeldeskript unterdrückt werden.

■ Die Reihenfolge bei der Ausführung der Anmeldeskripten ist also: **Behälter-, Profil-, Anwender/Standard-Anmeldeskript**. Dabei kann es natürlich zu Konflikten kommen, wenn beispielsweise der gleiche Laufwerksbuchstabe, in verschiedenen Skripten, unterschiedlichen Verzeichnissen zugeordnet wird. Es ist so, daß sich in diesem Fall das zuletzt ausgeführte Skript durchsetzt und etwaige vorherige Einstellungen überschreibt.

■ Generell gilt, daß man so wenige Anmeldeskripten verwenden sollte wie möglich. Benutzer Anmeldeskripten sollten nur in Ausnahmefällen eingesetzt werden. Es ist auch in Behälter Skripten möglich, Besonderheiten von Gruppen oder einzelnen Anwendern zu berücksichtigen. Dazu dienen Variablen wie Anmeldename oder Gruppenzugehörigkeit. Diese können in Fallunterscheidungen benutzt werden, um so individuelle Einstellungen zu erzeugen.

■ Die Verwendung von zu vielen Anmeldeskripten macht die Pflege sehr unübersichtlich und aufwendig.

7.2

7.3 Bearbeitung von Anmeldeskripten

Anmeldeskripten unterscheiden sich dadurch, zu welchem Objekt sie gehören. Ein Behälter Anmeldeskript ist also die Eigenschaft einer Organisation oder einer organisatorischen Einheit. Ein Profil Anmeldeskript ist die Eigenschaft eines Profil Objektes. Ein Benutzer Anmeldeskript ist die Eigenschaft eines Benutzer Objektes. In allen Skripten können die gleichen Kommandos verwendet werden.

Ausführung: Bearbeiten eines Anmeldeskriptes mit dem NetWare Administrator

1. Cursor auf das gewünschte Objekt stellen. **OBJEKT/DETAILS** anwählen und hier die Schaltfläche **ANMELDESKRIPT** drücken. Es erscheint ein editierbares Fenster. Hier kann man jetzt das Anmeldeskript eingeben oder ein bestehendes verändern.

2. Es bestehen die in Windows üblichen Editiermöglichkeiten. D. h. man kann Blöcke markieren, kopieren usw. Da dabei die Windows-Zwischenablage verwendet wird ist es so möglich, das Anmeldeskript auch in andere Objekte zu kopieren oder das Skript in einen anderen Editor oder eine Textverarbeitung zu übertragen und von dort auszudrucken (in die Ablage einfügen mit ⌜Strg⌝+⌜Einfg⌝; aus der Ablage kopieren mit ⌜⇧⌝+⌜Einfg⌝).

3. Mit der Schaltfläche **OK** werden die Eintragungen gespeichert. Vorsicht: **OK** übernimmt auch die Änderungen, die an anderen Eigenschaften vorgenommen worden sind.

   ◆ Damit ein Profil Anmeldeskript wirksam werden kann, sind noch zwei weitere Aufgaben zu erledigen. Es müssen noch die Benutzer festgelegt werden, bei deren Anmeldung das Profil ausgeführt wird.

4. Dazu das entsprechende Benutzer Objekt anwählen und über **OBJEKT/DETAILS** die Schaltfläche **ANMELDESKRIPT** betätigen.

5. Hier kann man dann das Profil direkt eingeben oder danach suchen.

6. Jetzt muß dem Benutzer noch erlaubt werden, das Profil Anmeldeskript zu verwenden. Dazu das Profil anwählen und mit **OBJEKT/TRUSTEES DIESES OBJEKTES** den Benutzer als Trustee des Profils aufnehmen.

■ Diese beiden Schritte müssen für jeden Benutzer des Profils durchgeführt werden.

Ausführung: Bearbeiten mit NETADMIN.EXE

1. Auch hier muß zunächst das gewünschte Objekt, also Behälter, Profil oder Benutzer, mit ⏹F10⏹ oder ⏹↵⏹ angewählt werden. Mit **Eigenschaften dieses Objektes anzeigen oder bearbeiten** gelangt man zu einem Menü.

2. Hier Punkt **Anmeldeskript** wählen. Existiert noch kein Skript, so wird man gefragt, ob man das eines anderen Objektes kopieren möchte. Bestätigt man dies, so muß man das betreffende Objekt entweder eingeben oder mit ⏹Einfg⏹ danach suchen.

3. Es erscheint ein Fenster, in dem das Login Script editiert werden kann. Auch hier ist es möglich, Blöcke zu markieren und zu kopieren. Das geschieht mit der ⏹F5⏹ Taste. Bewegt man danach den Cursor, wird der Text markiert. Mit ⏹Entf⏹ wird der markierte Text nicht nur gelöscht, sondern gleichzeitig in die Zwischenablage von NETADMIN kopiert. Man kann ihn dann anschließend entweder hier oder an anderer Stelle wieder einfügen. Ein Einfügen in die Zwischenablage ohne Löschen gibt es nicht. Der Text verbleibt auch in der Ablage, wenn man das Objekt verläßt und ein neues anwählt. Dadurch ist es möglich, Anmeldeskripten oder Teile davon in andere Skripten zu kopieren.

4. Das geänderte Anmeldeskript wird mit ⏹F10⏹ abgespeichert.

■ Bei der Verwendung von Profilen ist es wieder nötig, das Profil als Eigenschaft des Benutzers einzutragen und den Benutzer zum Trustee des Profils zu machen (→ Rechte).

■ Will man Anmeldeskripten von der DOS-Ebene aus ausdrucken, so muß man das Dienstprogramm **NLIST** benutzen und die Ausgabe vom Bildschirm auf eine Druckerschnittstelle umleiten. **NLIST** ist ein Programm zum Ausdrucken von Objekten oder deren Eigenschaften. Eine Syntaxbeschreibung zu **NLIST** erhält man mit:

NLIST /? ALL

■ Es ist notwendig, daß der aktuelle Kontext über dem des Behälters steht, dessen Eigenschaften man ausdrucken möchte.

7.4 Syntax von Anmeldeskripten

Beim Erstellen oder Ändern von Anmeldeskripten ist folgendes zu beachten:

- Groß- und Kleinschreibung werden nicht unterschieden. Allerdings müssen Variablen und Sonderzeichen (#, %, ", _) genau so angegeben werden, wie in den Kommandos beschrieben.
- Pro Zeile nur ein Kommando eingeben.
- Eine Zeile kann maximal 150 Zeichen lang sein. Allerdings sollte sie, aus Gründen der Lesbarkeit, nicht länger als 78 Zeichen sein.
- Eine Leerzeile stört den Ablauf des Anmeldeskriptes nicht und sollte zur optischen Aufgliederung des Skriptes verwendet werden.
- Kommentarzeilen beginnen mit **REM, REMARK,** Stern »*« oder einem Strichpunkt »;«. Kommentare müssen immer in eigenen Zeilen stehen.
- Die Abfolge der Befehle ist beliebig. Allerdings sollte man darauf achten, daß sie einer gewissen Logik nicht entbehrt. So ist es z. B. unsinnig, eine Laufwerksbezeichnung zu verwenden, die zuvor noch nicht festgelegt worden ist.

7.5 Kommandos von Anmeldeskripten

Es stehen folgende Kommandos und Variablen für die Erstellung eines Anmeldeskripts zur Verfügung. Angaben in eckigen Klammern sind optional. Ein senkrechter Strich symbolisiert die Auswahlmöglichkeit zwischen linker und rechter Angabe.

- ■ **#[*Pfad*] DATEINAME [*Parameter*]:** Mit # ist es möglich, ein externes Programm auszuführen. Parameter sind die Parameter, die dem Programm an der Kommandozeile übergeben werden. Batch-Dateien können nicht ausgeführt werden.
  Beispiel:
  #CAPTURE P=*Drucker1 LPT2*

- ■ **ATTACH [*Server* [/*Benutzer* [;*Paßwort*]]]:** Mit ATTACH kann man sich an einem Server einer älteren NetWare Version oder dem Bindery Service anmelden.
  Beispiel:
  ATTACH *NW312/SCHOLZ;UNFUG*

- ■ **BREAK ON|OFF:** Mit **BREAK ON** ist es möglich, die Ausführung eines Anmeldeskriptes mit ⌨Strg+⌨Pause oder ⌨Strg+⌨C abzubrechen. Das hat keinen Einfluß auf die DOS-Einstellung. Die Voreinstellung ist OFF.

- ■ **CLS:** **CLS** löscht den Bildschirm.

- ■ **COMSPEC= [*Pfad*]*COMMAND.COM*:** **COMSPEC** wird verwendet, um festzulegen, wo sich der DOS-Kommandointerpreter befindet. Der Befehl wird verwendet, wenn das Betriebssystem vom Netzwerk geladen wird. Ist das Betriebssystem auf einer lokalen Festplatte, sollte **COMSPEC** nicht verwendet werden.

- ■ **CONTEXT *Kontext*:** **CONTEXT** legt den Kontext fest, in dem sich der Anwender nach dem Anmelden am Netz befindet.

- ■ **DISPLAY [*Pfad*]*Dateiname*:** **DISPLAY** zeigt eine ASCII-Textdatei am Bildschirm an.

- ■ **DOS SET:** Siehe Kommando SET.

- **DOS VERIFY *ON/OFF*:** Bei der Einstellung ON prüft DOS, ob Daten fehlerfrei in eine Datei geschrieben worden sind, indem sie zurückgelesen werden. Voreinstellung ist OFF.
- **DRIVE *Laufwerk*: | *n:** Mit dieser Anweisung kann man das aktuelle Laufwerk nach dem Anmelden festlegen. Man kann entweder den Laufwerksbuchstaben eingeben oder die Laufwerksnummer mit einem vorangestellten Stern »*«.
  Beispiel:
  DRIVE *C*:
- **EXIT "*filename [Parameter]*":** EXIT beendet das Anmeldeskript. Optional kann ein Programm inklusive benötigter Parameter angegeben werden, das nach dem Anmeldeskript ausgeführt werden soll. **EXIT** wird nicht am Ende des Anmeldeskripts benötigt. Es dient vielmehr dazu, in einer Fallunterscheidung das Anmeldeskript vorzeitig zu beenden.
  Beispiel:
  EXIT "WIN"
- **FDISPLAY [Pfad] Dateiname:** FDISPLAY zeigt, ähnlich wie Display, eine Textdatei an. Allerdings unterdrückt **FDISPLAY** nicht druckbare Zeichen und Zeichen größer 127 (auch Tabulatoren).
- **FIRE *n*:** FIRE erzeugt ein akustisches Phaser-Signal. n steht für die Anzahl der Signale.
- **GOTO *Sprungmarke*:** Sprungbefehl zum Verzweigen in einem Anmeldeskript. Sollte nicht verwendet werden, um in eine **IF...THEN** Bedingung zu verzweigen oder diese zu verlassen (Spaghetti Code). Wird vorzugsweise für Schleifen verwendet.
  Beispiel:
  SET I="*o*"
  SCHLEIFE:
  SET I=<*i*> + "*1*"
  Kommandos...
  IF <*X*> < "*9*" THEN GOTO SCHLEIFE

Dieses Beispiel führt die Kommandos neun mal aus.

```
IF Bedingung [AND/OR Bedingung ] THEN
  Befehle...
[ELSE
  Befehle]
[END]
```

Mit der IF...THEN...ELSE Anweisung können Fallunterscheidungen innerhalb eines Anmeldeskriptes getroffen werden. Es gelten folgende Regeln:

◆ Mit **AND** oder **OR** können mehrere Bedingungen verknüpft werden.

◆ Folgt auf **THEN** nur ein Befehl, so kann er in der selben Zeile stehen. **END** ist dann nicht notwendig. Die Anweisung **WRITE** muß immer in einer eigenen Zeile stehen.

◆ Werte in den Bedingungsabfragen müssen in Anführungszeichen stehen.

◆ **ELSE** ist optional

◆ Die **IF...THEN** Anweisungen können verschachtelt werden. Maximale Schachtelungstiefe: 10.

◆ Es gibt folgende Operatoren für Bedingungen:

=	gleich
<>	ungleich
>=	größer gleich
<	kleiner
<=	kleiner gleich

Beispiel:

```
IF MEMBER OF "wartung" THEN
  MAP U:=SYS:\USER\WARTUNG
ELSE
  MAP U:=SYS:\USER\%LOGIN_NAME
END
```

■ **INCLUDE** [*Pfad*]*Dateiname* oder **INCLUDE** *Objektname*: Mit INCLUDE kann man entweder beliebige Textdateien, die gültige Anmeldebefehle enthalten, oder die Anmeldeskripten anderer Objekte in das Anmeldeskript einfügen. Die eingebundene Datei oder das eingebundene Anmeldeskript kann ebenfalls **INCLUDE**-Anweisungen enthalten. Eine Beschränkung der Verschachtelungstiefe gibt es nicht.

- ■ **LASTLOGINTIME:** Zeigt dem Anwender an, wann er sich das letzte Mal angemeldet hat.
- ■ **MAP [Option] [Laufwerk:=Pfad]: MAP** weist Laufwerksbuchstaben Netzverzeichnisse zu oder erzeugt Suchlaufwerke. Für eine genaue Beschreibung von **MAP** → Kapitel »Netzadministration«.
  - ◆ **NO_DEFAULT:** Solange für den Anwender kein Benutzer Anmeldeskript existiert, wird an dessen Stelle das Standard Anmeldeskript ausgeführt. Mit **NO_DEFAULT** kann das unterdrückt werden.
- ■ **NOSWAP:** Standardmäßig wird das Programm **LOGIN** in den extended oder expanded Memory ausgelagert, wenn ein externes Programm mit dem Befehl # ausgeführt wird. Mit **NO_SWAP** kann das unterdrückt werden.
- ■ **PAUSE: PAUSE** hält die Ausführung des Anmeldeskriptes an. Es wird die Meldung Fortfahren mit beliebiger Taste ... ausgegeben. Drückt der Anwender eine Taste, so wird die Ausführung des Skripts fortgesetzt.
- ■ **PCCOMPATIBLE:** Muß angegeben werden, um den Befehl **EXIT** ausführen zu können, wenn sich der **LONG MACHINE NAME** von *IBM_PC* unterscheidet. Der **LONG MACHINE NAME** muß in der Datei *NET.CFG* angegeben sein.
- ■ **PROFILE** *Profilobjektname*: Mit **PROFILE** ist es möglich, die Profilzuordnung eines Benutzers zu überschreiben und statt dessen das angegebene Profil zu benutzen. **PROFILE** überschreibt auch den entsprechenden Parameter beim Aufruf von **LOGIN**. **PROFIL** muß sich in einem Behälter Anmeldeskript befinden, da es vor dem Profil ausgeführt wird.
- ■ **REMARK: REMARK, REM,** »*« oder »;« leitet eine Kommentarzeile ein.

■ **SCRIPT_SERVER:** Anwender von NetWare 2.3 können mit diesem Befehl einen Server anwählen, von dem das Bindery Anmeldeskript ausgeführt wird.

■ **[TEMP] SET** *Name="Wert"*: Mit **SET** können DOS-Umgebungsvariablen definiert und mit einem Wert besetzt werden. Soll diese Variable nur während der Ausführung des Anmeldeskriptes gültig sein, so wird das mit **TEMP** erreicht. Eine DOS-Variable kann auch als Anmeldeskript-Variable verwendet werden. Sie muß dann aber in eckige Klammern gesetzt werden.

   Beispiel:

   TEMP SET *SZ="3"*

■ **SET_TIME** *ON/OFF*: Mit diesem Befehl kann festgelegt werden, ob die Uhrzeit des Arbeitsplatzrechners auf die Uhrzeit des NetWare Servers gesetzt wird. Die Voreinstellung ist ON.

■ **SHIFT** [*n*]: Mit **SHIFT** kann man die Reihenfolge festlegen, in der die Parameter des Programms **LOGIN** abgearbeitet werden. Diese Parameter werden in Anmeldeskripten mit **%***n* abgefragt. (1. Parameter **%*1***, 2. Parameter **%*2*** usw...). Dabei ist **%*1*** immer der Anmeldename. Hat **LOGIN** z. B. 3 Parameter, so kann immer **%*1*** abgefragt werden. Den nächsten Parameter erhält man mit **SHIFT**. Das ist in Schleifen zum Abfragen der Parameter sehr hilfreich. *n* bestimmt, um wieviel Parameter weitergeschoben werden soll. Negative Werte schieben in die andere Richtung. Voreinstellung ist 1.

■ **SWAP** [*Pfad*]: Mit **SWAP** kann man das Programm **LOGIN** in den hohen Speicherbereich auslagern, wenn ein externes Programm ausgeführt werden soll. Standardmäßig wird **LOGIN** in den extended oder expanded Memory ausgelagert. Wird ein Pfad angegeben, dann wird **LOGIN** nicht in den hohen Speicherbereich, sondern in eine temporäre Datei auf der Festplatte ausgelagert. Diese Datei befindet sich im angegebenen Pfad.

■ **WRITE** "[*Text*] [% *Variable*]" [;] [*Variable*]: Mit **WRITE** ist es möglich, Meldungen auf dem Bildschirm auszugeben. Dabei können Variablenwerte ausgegeben werden. Wird die Variable innerhalb der Anführungszeichen angegeben, so muß % als Zeichen vorne angefügt werden. Will man die Variable anhängen, so muß zwischen dem Text in Anführungszeichen und der Variablen ein Strichpunkt stehen. % ist dann nicht notwendig.

◆ Es stehen folgende Formatierungsmöglichkeiten zur Verfügung:

\r	positioniert an den Anfang der Zeile
\n	positioniert in die nächste Zeile
\"	Zeigt Anführungszeichen an
\7	erzeugt einen Ton

◆ Die Variablen können direkt in der Meldung miteinander verknüpft werden. Es existieren folgende Operatoren:

*, /	Multiplikation, Division
+, −	Addition, Subtraktion
>>, <<	Verschieben um Zehnerstellen
	(1 << 2 = 100)

Beispiel:

WRITE "*Schönen* % *GREETING_TIME* % *LOGIN_NAME***"**

Variablen (Identifier)

◆ **DAY:** Tag des Monats (01 – 31).

◆ **DAY_OF_WEEK:** Wochentag (Montag, Dienstag ...).

◆ **DOS Umgebungsvariable:** DOS Umgebungsvariablen können verwendet werden, wenn sie in eckige Klammern gesetzt werden. Bei der Verwendung der Befehle **MAP**, **COMSPEC** und **FIRE** muß vor die eckige Klammer noch ein % gesetzt werden.

◆ **ERROR_LEVEL:** Enthält eine Fehlermeldungsummer.

◆ **FILE_SERVER:** Name des NetWare Servers.

◆ **FULL_NAME:** Vollständiger Name des Anwenders.

◆ **GREETING_TIME:** Tageszeit (Morgen, Nachmittag oder Abend).

◆ **HOUR:** Stunde (1 – 12).

◆ **HOUR24:** Stunde (0 – 23).

◆ **LAST_NAME:** Nachname des Anwenders.

◆ **LOGIN_CONTEXT:** Kontext des Benutzers.

- ◆ **LOGIN_NAME:** Anmeldename (wird auf 8 Stellen gekürzt).
- ◆ **MEMBER OF "Gruppe":** Wahr, wenn Anwender Mitglied der angegebenen Gruppe ist.
- ◆ **MINUTE:** Minute (0 – 59).
- ◆ **MONTH:** Monatszahl (1 – 12).
- ◆ **MONTH_NAME:** Monatsname (Januar, Februar ...).
- ◆ **NDAY_OF_WEEK:** Nummer des Tages (1 -7; 1 = Sonntag).
- ◆ **NOT_MEMBER_OF "Gruppe":** Wahr, wenn Anwender nicht Mitglied der angegebenen Gruppe ist.
- ◆ **Objekt-Eigenschaften:** Man kann die Eigenschaften eines Objektes wie jede andere Variable verwenden. Enthält ihr Name ein Leerzeichen, so ist sie in Anführungszeichen zu setzen.
- ◆ **PASWORD_EXPIRES:** Anzahl der Tage, die das Paßwort noch gültig ist.
- ◆ **SECOND:** Sekunden (0 – 59).
- ◆ **SHORT_YEAR:** Zweistellige Jahreszahl..
- ◆ **YEAR:** Vierstellige Jahreszahl.

% n Parameter, die dem LOGIN Programm an der Kommandozeile übergeben werden. *n* steht für die Position des Parameters.

7.5

8 Drucken im Netz

8.1 Allgemeines

Die Benutzung vorhandener Drucker durch mehrere Anwender ist einer der großen Vorteile eines Netzwerks und ermöglicht enorme Kostenersparnisse gegenüber der Verwendung von Einzelplatzdruckern. Das Netzwerkbetriebssystem muß dabei sicherstellen, daß die Druckaufträge bei den richtigen Druckern landen und daß sich die Druckaufträge der einzelnen Anwender nicht überlagern.

Bei Einzelplatzdruckern gestaltet sich der Druck relativ einfach. Sollen die eingegebenen Daten, z. B. der formatierte Text einer Textverarbeitung ausgedruckt werden, so übergibt das Programm die Daten an einen Druckertreiber. Dieser Druckertreiber übersetzt die Daten in ein Format, das der Drucker versteht, und sendet sie an eine serielle oder parallele Schnittstelle, je nachdem wo der Drucker angeschlossen ist.

Da es für Drucker keine einheitliche Sprache zur Ansteuerung gibt, muß für den verwendeten Drucker der passende Treiber vorhanden sein. Dieser Treiber wird entweder vom Anwendungsprogramm selbst, dem Betriebssystem oder dem Druckerhersteller bereitgestellt.

Bis zu diesem Punkt funktioniert der Ausdruck im Netz identisch. Allerdings greift an der Stelle, an der die Druckdaten an die Schnittstelle gesendet werden, ein weiterer Treiber ein, der die Daten in das Netzwerk umleitet.

Die Daten werden dann in einer Datei auf dem Fileserver in einer sogenannten Druckerwarteschlange zwischengespeichert. Nur so ist es möglich, daß mehrere Anwender auf den selben Drucker zugreifen können.

Diese Warteschlange wird nun von einem Druckserver verwaltet. Sind Daten in der Warteschlange vorhanden, und ist der Drucker bereit Daten entgegenzunehmen, so sendet der Druckserver die Daten an den Drucker.

Sind alle Daten am Drucker angelangt, wird der Druckauftrag aus der Warteschlange entfernt. Durch dieses Vorgehen kann sichergestellt werden, daß Druckaufträge korrekt ausgeführt werden, auch wenn der Drucker zeitweise nicht betriebsbereit ist. Auch ist es möglich, die Druckaufträge mit unterschiedlichen Prioritäten auszuführen oder sie erst zu bestimmten Uhrzeiten zu starten.

Die verwendeten Drucker können dabei sowohl am Fileserver als auch an Arbeitsplatzrechnern angeschlossen sein.

Die Übertragung an die eigentlichen Druckerschnittstellen übernimmt ein weiterer Treiber, der entweder auf dem Fileserver oder der Arbeitsstation laufen muß.

Es muß für jeden verwendeten Netzwerkdrucker ein solcher Treiber existieren.

Zu den Anforderungen, die an netzwerkfähige Drucker gestellt werden kann man sagen, daß jeder Drucker, der an einem Arbeitsplatzrechner ordnungsgemäß funktioniert, auch im Netz verwendet werden kann. Allerdings sollte man beachten, daß seine Kapazität bezüglich Durchsatz eventuell nicht mehr ausreicht, wenn mehrere Anwender auf ihn zugreifen.

8.2 Druckobjekte

Für den oben beschriebenen Vorgang existieren in der NDS-Datenbank drei Objekte. Die **Druckerwarteschlange**, der **Druckserver** und der **Drucker**. Jedes dieser Objekte muß zumindest einmal existieren, damit ein Ausdruck über das Netzwerk funktionieren kann.

8.2.1 Die Druckerwarteschlange

Die Druckerwarteschlange kann als Objekt einer Organisation oder einer organisatorischen Einheit erzeugt werden.
Novell empfiehlt, für jeden vorhandenen Drucker eine eigene Warteschlange anzulegen, am besten mit einem zum Drucker passenden Namen.

Ausführung: Erzeugen der Warteschlange mit dem NetWare Administrator

1. Cursor auf ORGANISATION oder ORGANISATORISCHE EINHEIT plazieren.
2. (Einfg) drücken.
3. Objekt DRUCKERWARTESCHLANGE aus Liste anwählen. Es erscheint ein Dialog, in dem man den Warteschlangennamen eingeben muß. Zusätzlich ist es nötig, ein Datenträgerobjekt anzugeben, auf dem die Druckdaten in der Warteschlange zwischengespeichert werden.

Der Dialog beinhaltet noch weitere Optionen:
- **Verzeichnis Services Warteschlange** ist die Voreinstellung für eine NDS-Warteschlange.
- **Hinweis auf eine Bindery Warteschlange** ermöglicht es, ein Warteschlangenobjekt anzulegen, das sich auf eine Warteschlange bezieht, die auf einem NetWare 3 Server liegt. Dadurch wird es möglich, Druckaufträge zu verwalten, die außerhalb des aktuellen NDS-Baumes liegen. Zusätzlich kann man NDS Druckaufträge auf einen Netware 3 Druckserver umlenken.
- Man kann anwählen, daß zusätzliche Eigenschaften direkt bei der Erzeugung mit eingegeben werden.

1. **PCONSOLE** aufrufen (in *SYS:PUBLIC*).
2. Den richtigen **Kontext** anwählen.
3. Menüpunkt **Druckerwarteschlangen** anwählen.
4. ⌨Einfg drücken.
5. Gewünschten Namen der Warteschlange eingeben.
6. Es wird nach einem Datenträgerobjekt gefragt, auf dem sich die
   Warteschlange befinden soll. Mit ⌨Einfg ist es möglich, danach zu
   suchen.
7. Um ein Druckerwarteschlangenobjekt zu erzeugen, das auf eine
   Warteschlange auf einem NetWare 3 Server zeigt, muß man nach
   Anwahl des Hauptmenüpunktes **Druckerwarteschlangen** ⌨F6
   drücken.

Eigenschaften von Druckerwarteschlangen ansehen oder ändern mit dem NetWare Administrator

Über **Objekt/Details** gelangt man zu den Eigenschaften.

- Unter **Identifikation** kann man informative Angaben zu sonstigen Namen, Standort usw. eintragen.
  - ◆ Mit Hilfe der drei Kästchen links unten, kann man verhindern, daß auf die Warteschlange zugegriffen wird, solange man sich mit Wartungsarbeiten befaßt. Man kann verhindern, daß Benutzer neue Druckaufträge in die Warteschlange einreihen, daß Druckaufträge vom Druckserver abgearbeitet werden und daß neue Druckserver mit der Warteschlange verbunden werden. Diese Kästchen werden als Operator-Flaggen bezeichnet.
- Unter **Zuordnungen** kann man sich ansehen, welche Druck-Server Zugriff auf die Warteschlange haben und welche Drucker die Warteschlange bedienen. Änderungen können nicht vorgenommen werden.
- Unter **Operator** kann man Anwender hinzufügen oder löschen, die Verwaltungsarbeiten an der Druckerwarteschlange vornehmen dürfen.

Druckobjekte

8.2

■ **Benutzer** führt zu einer Liste von Objekten, die Druckaufträge an die Warteschlange senden und diese dann verwalten dürfen. Man kann einen Anwender in diese Liste aufnehmen oder löschen.

■ **Auftragsliste** zeigt eine Liste der Druckaufträge mit Name, Reihenfolge, verwendetem Formular, Status und noch einigen anderen Informationen. Ist der jeweilige Auftrag von einem selbst, oder ist man Operator der Warteschlange, so kann man sich den Identifikationscode des Druckauftrages ansehen. Man kann den Auftrag anhalten, erneut starten oder aus der Warteschlange entfernen.

Eigenschaften von Druckerwarteschlangen ansehen oder ändern mit PCONSOLE.EXE

Nach Anwahl des entsprechenden **Kontextes** und des Menüpunkts **Druckerwarteschlangen** erhält man folgende Auswahl:

■ **Druckaufträge** ermöglicht, wie beim NetWare Administrator, das Verwalten von Ausdrucken. Darüber hinaus besteht aber noch die Möglichkeit, über ⌜Einfg⌝ direkt Dateien der Arbeitsstation oder des Fileservers auszudrucken.

■ **Status** zeigt die akuelle Anzahl von Druckaufträgen und aktiver Druckserver an. Zusätzlich sind hier, wie oben beschrieben, die Operator-Flaggen zum Zugriffsschutz auf die Warteschlange einstellbar.

■ **Angeschlossene Druckserver** zeigt eine Liste der Druckserver an, die die Warteschlange derzeit bedienen.

■ **Informationen** zeigt die Objekt-ID, den zugehörigen NetWare Server und den Datenträger an, auf dem die Druckaufträge zwischengespeichert werden.

■ **Benutzer** ermöglicht es, Anwender aufzunehmen oder zu löschen, die Druckaufträge an die Warteschlange senden dürfen. Sie können ihre Aufträge dann auch verwalten.

■ Unter **Operator** kann man Warteschlangenverwalter aufnehmen bzw. entfernen.

■ Unter **Druck-Server** kann man sich nicht nur ansehen, welche Druckserver die Warteschlange bedienen, sondern auch weitere dazunehmen bzw. bestehende Verbindungen löschen.

8.2.2 **Der Drucker**

Von der Reihenfolge des Datenflusses aus gesehen, müßte als zweites Unterkapitel eigentlich der Druckserver folgen. Bei der Installation der Druckdienste ist es jedoch sinnvoller, in der Reihenfolge Druckerwarteschlange- Drucker- Druckserver vorzugehen.

Will man nämlich direkt bei der Installation die gewünschten Zuordnungen zwischen Drucker, Warteschlange und Druckserver angeben, so sind die anzugebenden Objekte bereits vorhanden.

Ausführung: Erzeugen des Objektes Drucker mit dem NetWare Administrator

1. Cursor auf gewünschte **Organisation** bzw. **Organisatorische Einheit** stellen.
2. `Einfg` drücken.
3. Objekt **Drucker** aus Liste anwählen. Es erscheint ein Dialog, in dem der Name des Drucker-Objektes angefordert wird. Zusätzlich kann man wählen, daß unmittelbar im Anschluß die Objekteigenschaften editiert werden sollen. Das ist eine sinnvolle Vorgehensweise, wenn man die oben beschriebene Reihenfolge einhält.

■ Darüber hinaus können auch gleich weitere Drucker erstellt werden.

Ausführung: Erzeugen des Objekts Drucker mit PCONSOLE.EXE

1. Mit Hilfe des Menüpunktes **Kontext wechseln** die gewünschte **Organisation** oder **Organisatorische Einheit** anwählen.
2. Danach aus der Hauptauswahl **Drucker** mit `↵` anwählen.
3. Mit `Einfg` erstellt man einen neuen Drucker. Dabei wird man nur nach dem Namen gefragt.

8.2

■ Will man dann die Objekteigenschaften, insbesondere die Zuordnung zu einer Warteschlange sofort eingeben, dann muß man den Cursor in der Auswahlliste auf den neuen Drucker stellen und ⏎ drücken.

Ausführung: **Druckereigenschaften mit dem NetWare Administrator ändern**

1. Cursor auf **DRUCKER** stellen und **OBJEKT/DETAILS** anwählen.

■ Unter **IDENTIFIKATION** sind in der Hauptsache informative Angaben zu machen oder anzusehen.

■ Unter **Zuordnungen** kann man Druckerwarteschlangen aufnehmen oder löschen, die den Drucker bedienen dürfen. Dabei kann man angeben, mit welcher Priorität die Druckaufträge aus den einzelnen Warteschlangen abgearbeitet werden sollen. Es sind Werte zwischen 1 und 10 einstellbar. Dabei steht 1 für die höchste Priorität.

■ Unter **KONFIGURATION** sind wichtige Einstellungen zur Verwendung der Hardware und deren Ansteuerung zu machen:

◆ Unter *Druckertyp* wird die Schnittstelle angewählt, an die der Drucker angeschlossen ist.

◆ Je nach verwendeter Schnittstelle sind unter *Kommunikation* weitere Angaben zu machen. Bei Verwendung von parallelen oder seriellen Schnittstellen sind hier die entsprechenden Parameter einzutragen (Port-Nummer, Angaben zu Interrupts). Besonders wichtig ist die Einstellung *Manuelles-* oder *Automatisches Laden*. *Manuelles Laden* besagt, daß der Port Treiber **NPRINTER** von Hand auf dem Fileserver oder der Arbeitsstation gestartet werden muß. Automatisches Laden lädt das Modul beim Starten des Moduls PSERVER von selbst. Das funktioniert nur bei Druckern, die an den Fileserver angeschlossen sind, auf dem PSERVER läuft (→ Unterkapitel PSERVER).

◆ Mit *Banner-Typ* kann man anwählen, ob eventuell verwendete Bannerseiten (Titelseiten) im Text- oder im Postscript- Modus an den Drucker gesendet werden sollen.

◆ *Service Intervall* legt fest, wie oft der Druck-Server überprüft ob Druckaufträge in der Warteschlange vorhanden sind. Die Voreinstellung ist alle 5 Sekunden (Wertebereich 1 – 255).

◆ *Puffergröße* gibt die Datenmenge (in Kbyte) an, die auf einmal an den Drucker gesendet werden kann (Wertebereich 3 – 20 Kbyte).

◆ STARTFORMAT gibt an, welches Druckerformular verwendet werden soll, wenn der NetWare-Schnittstellentreiber NPRINTER geladen wird. Druckerformulare werden in der ORGANISATION oder in der ORGANISATORISCHEN EINHEIT definiert. Die dabei zugeordnete Nummer muß hier angegeben werden (Wertebereich 0 – 255).

◆ Unter *Netzwerkadressenbeschränkung* kann man die Adresse einstellen, die der Drucker verwenden darf.

◆ Unter *Service Modus für Formulare* kann man aus mehreren Modi wählen, wie sich der Druck-Server bei einem Formularwechsel verhalten soll, z. B. immer neues Formular sofort anfordern, oder erst nachdem alle Aufträge mit dem gerade aktiven Formular gedruckt sind.

■ Unter BENACHRICHTIGUNG wird festgelegt, wer eine Meldung erhält wenn der Drucker gewartet werden muß (Papierfach leer usw.). Die Voreinstellung ist der Auftragsinhaber. Zusätzlich kann man einstellen, zu welchem Zeitpunkt nach Auftreten des Fehlers die Meldung erzeugt und in welchen Intervallen sie wiederholt werden soll.

■ MERKMALE enthält Informationen zu dem jeweiligen Drucker. Diese Informationen dienen nur zum Suchen von Druckern mit gewissen Eigenschaften. Mögliche Angaben sind: Druckersprache, Puffergröße, Schriftarten und Kassetten.

■ Unter DRUCKERSTATUS kann man sich nicht nur Informationen zum Drucker und dem aktuellen Auftrag ansehen. Es ist auch möglich, den Auftrag anzuhalten, fortzusetzen oder abzubrechen. Außerdem kann man das verwendete Formular wechseln oder einen Seitenvorschub auslösen.

Ausführung: Druckereigenschaften mit PCONSOLE.EXE
ändern

1. Durch die Anwahl des Hauptmenüpunkts **DRUCKER** gelangt man zu einer Auswahlliste der vorhandenen Druckerobjekte.
2. Mit ⏎ einen Drucker anwählen. Man erhält das Konfigurationsmenü für diesen Drucker. Hier sind die gleichen Einstellungen vorzunehmen, wie im vorangegangenen Abschnitt beschrieben.

Das Serviceintervall heißt hier Probenintervall. Eine Beschränkung der Netzwerkadresse kann hier nicht gemacht werden. Dafür besteht die Möglichkeit, unter **DRUCKERSTATUS/DRUCKERSTEUERUNG** den oberen Rand des jeweiligen Formulars zu markieren. Das ist eine hilfreiche Option zum Einrichten von Druckern, die Endlos-Papier verwenden.

8.2.3 Der Druck-Server

Das letzte Objekt, daß für einen erfolgreichen Ausdruck notwendig ist, ist das Druck-Server Objekt.

Dieses Objekt beinhaltet Informationen über Zuordnungen zu Druckern, verwaltet den Ausdruck aber nicht selbst. Dazu muß auf dem File-Server das Modul PSERVER.NLM laufen (➜ Unterkapitel »PSERVER«).

Jeder Druck-Server kann bis zu 255 Drucker bedienen. Allerdings geht die Performance natürlich mit zunehmender Druckerzahl zurück.

Ausführung: Einrichten von Druck-Servern mit dem
NetWare Administrator

1. Cursor auf die gewünschte **ORGANISATION** oder **ORGANISATORISCHE EINHEIT** positionieren.
2. ⌈Einfg⌋ drücken.
3. Es erscheint eine Auswahlliste. Aus dieser das Objekt **DRUCK-SERVER** wählen.

Der nachfolgende Dialog fordert einen Namen für den neuen Druck-Server an und ermöglicht es, dabei zusätzliche Eigenschaften einzugeben oder weitere Druck-Server einzurichten. Dazu müssen zwei Auswahlkästchen angekreuzt werden.

Ausführung: Einrichten von Druck-Servern mit PCONSOLE.EXE

1. Über den Menüpunkt **KONTEXT WECHSELN** den Kontext so einstellen, daß der Druck-Server am richtigen Platz im NDS Verzeichnis-Baums eingefügt wird.
2. Danach Menüpunkt **DRUCK-SERVER** mit ⏎ anwählen.
3. Es erscheint eine Liste mit allen bereits existierenden Druck-Servern.
4. Mit ⌨Einfg⌨ erzeugt man einen neuen Druck-Server. Dabei wird der Name angefordert.
   Nach der Eingabe des Namens erscheint der neue Druck-Server in der Auswahlliste. Der Cursor steht dann darauf.
   Will man direkt im Anschluß die Eigenschaften des Druck-Servers festlegen, genügt es, ⏎ zu drücken.

Ausführung: Eigenschaften des Druck-Servers mit dem NetWare Administrator festlegen

1. Cursor auf **DRUCK-SERVER** positionieren und **OBJEKT/DETAILS** anwählen.
2. Unter **IDENTIFIKATION** sind die üblichen Informationen einzutragen.
   ◆ Darüber hinaus kann man sich ansehen, welche Netzwerkadresse der Fileserver hat, auf dem das Modul **PSERVER** läuft.
   ◆ Außerdem wird die Versionsnummer des Moduls **PSERVER** angezeigt, und ob das Modul gerade läuft.
   ◆ Hat man die entsprechenden Rechte auf das Druck-Server Objekt, kann man hier ein Passwort zum Schutz vor unberechtigtem Zugriff festlegen.
   ◆ Das Modul **PSERVER**, das auf einem NetWare Server läuft, kann von hier aus nicht gestartet werden. Es ist aber möglich, ein laufendes Modul zu entladen.

- Unter **ZUORDNUNGEN** wird festgelegt, welche Drucker der Druck-Server bedienen soll. Man kann Drucker hinzunehmen oder entfernen. Ein Druck-Server kann bis zu 255 Drucker verwalten.
- Unter **BENUTZER** werden die Benutzer festgelegt, die den Status und die Konfiguration des Druck-Servers lesen dürfen.
- **OPERATOR.** Hier werden die Anwender festgelegt, die das Recht haben, den Druck-Server und die Drucker, die er bedient, zu verwalten. Es können neue Operatoren hinzugefügt oder bestehende entfernt werden.
- Das **REVISIONSPROTOKOLL** ist eine ASCII-Datei auf dem Fileserver, die Informationen über die durchgeführten Druckaufträge enthält.
  - ◆ In den Einträgen kann man sehen, wer gedruckt hat, wann ein Auftrag in die Warteschlange eingereiht worden ist, wann er ausgedruckt worden ist, an welchem Drucker er gedruckt worden ist und wie groß er gewesen ist.
  - ◆ Standardmäßig wird kein Revisionsprotokoll geführt. Es muß erst in diesem Dialog aktiviert werden.
  - ◆ Es ist außerdem notwendig, das Modul **PSERVER** zu entladen und neu zu starten, bevor mit der Aufzeichnung begonnen wird.
  - ◆ Im Dialog **REVISIONSPROTOKOLL** kann man den Dateinamen festlegen.
  - ◆ Die Protokolldatei würde mit der Zeit anwachsen, bis sie den gesamten freien Festplattenplatz des File-Servers einnimmt. Um dies zu verhindern, kann man ihre Größe beschränken, indem man eine maximale Anzahl von aufzuzeichnenden Aufträgen festlegt oder die Dateigröße in kByte begrenzt. Allerdings besteht dann die Gefahr, Aufzeichnungen zu verlieren.
  - ◆ Die Revisionsdatei kann man sich hier anzeigen lassen oder löschen.
  - ◆ Man kann die Revision auch deaktivieren. Allerdings muß auch dann PSERVER entladen und neu gestartet werden.

■ **DRUCKEINRICHTUNG** zeigt ein graphisches Layout der Druckkonfiguration. Dabei ist zu sehen, welche Druckobjekte einander zugeordnet sind. Dieses Layout kann man sich auch im Objekt **ORGANISATION** bzw. **ORGANISATORISCHE EINHEIT** ansehen.

◆ Der Baum kann durch Doppelklicken auf ein Objekt erweitert oder ausgeblendet werden.

◆ Ein Fehlersymbol am linken Bildrand zeigt etwaige Druckprobleme an.

◆ Positioniert man den Cursor auf ein Drucksymbol im Baum und drückt **STATUS**, so erhält man Hinweise auf den Zustand des Objektes und seine wichtigsten Eigenschaften.

Eigenschaften des Druck-Servers mit PCONSOLE.EXE ändern

Nachdem man den richtigen Kontext eingestellt hat, gelangt man über den Menüpunkt **DRUCK-SERVER** zu einer Auswahlliste der verfügbaren Druck-Server.

Hat man den gewünschten Druck-Server mit ⊡ angewählt, erhält man ein Auswahlmenü zur Einstellung der Eigenschaften:

■ **DRUCKER** ermöglicht es, die Druckerzuordnung festzulegen. Der große Vorteil gegenüber dem NetWare Administrator liegt dabei darin, daß man durch Anwahl des Druckers mit ⊡ direkt die Druckerkonfiguration ändern kann (→ Objekt Drucker). Es können bis zu 255 Drucker aufgenommen werden.

■ **ANGABEN UND STATUS** enthält Angaben zum verwendeten Modul **PSERVER** und darüber wieviele Drucker bedient werden.

■ Mit **BENUTZER** kann man festlegen, welche Anwender den Status und die Konfiguration des Druck-Servers lesen dürfen.

■ Mit **OPERATOREN** legt man die Verwalter des Druck-Servers fest.

■ Unter **BESCHREIBUNG** kann man zusätzliche Informationen zum Druck-Server angeben. Eine Angabe von Standort, Organisation usw. wie mit dem NetWare Administrator, ist nicht möglich.

■ **REVISION** gestattet es, das Revisionsprotokoll zu verwalten. Dabei ist die gleiche Vorgehensweise zu beachten, die bei der Bearbeitung mit dem NetWare Administrator beschrieben worden ist.

8.2.4 Schnellkonfiguration

Eine einfache und schnelle Methode Druckdienste einzurichten ohne irgendwelche Zuordnungen zu vergessen, bietet das Programm **PCONSOLE.EXE**. Wählt man im Hauptmenü den Punkt Schnellkonfiguration, gelangt man zu einer Eingabeseite, in der man alle Angaben, die für einen ordnungsgemäßen Ausdruck nötig sind, treffen kann. Das Programm bietet dabei eine Voreinstellung an, die man einfach übernehmen kann. Schon ist ein neuer Druckdienst eingerichtet. Es empfiehlt sich aber, einige dieser Angaben abzuändern, bevor man die entsprechenden Objekte erzeugen läßt.

- ■ *Druck-Server*: Existiert im aktuellen Kontext noch kein Druck-Server, so schlägt das Programm den Namen PS-Kontext vor. Ansonsten wird der erste verfügbare Druck-Server im aktuellen Kontext angezeigt. Man kann den Namen jedoch mit F3 ändern. Noch schneller ändert man jedoch den Namen des Druck-Servers, indem man die Vorgabe überschreibt.

- ■ Darunter werden Namen für den neu einzurichtenden *Drucker* und die zugehörige *Warteschlange* vorgeschlagen. Es ist nicht möglich, einen Drucker einer bereits existierenden Warteschlange zuzuweisen. Novell empfiehlt generell, für jeden Drucker eine eigene Warteschlange einzurichten. Die vorgeschlagenen Namen sind Pn bzw. Qn. Dabei ist n eine fortlaufende Zahl. Sie erhöht sich mit jeder ohne Namensänderung durchgeführten Schnellkonfiguration.

- ■ Es ist dringend anzuraten, die Namen für Drucker und Warteschlange zu ändern. Ihre Namen sollten nach Möglichkeit eine kurze Beschreibung des physikalisch verwendeten Druckers und dessen Standort enthalten. Da Objekte im gleichen Kontext nicht denselben Namen haben dürfen, kann man sie durch ein vorgestelltes p bzw. q kennzeichnen.

- ■ Unter *Druckerwarteschlangendatenträger* gibt man das Datenträgerobjekt an, auf dem die Druckaufträge in der Warteschlange zwischengespeichert werden. Vorschlag ist der nächste verfügbare Datenträger. Mit ⏎ und anschließendem Einfg kann man den gewünschten Datenträger auswählen.

- *Bannertyp* legt fest, ob eine eventuell auszugebende Titelseite (Banner) im Text- oder Postscript-Modus an den Drucker geschickt werden soll.
- Unter *Druckertyp* kann man die wichtigsten Druckerkonfigurationen zur verwendeten Schnittstelle und dem Standort eintragen. Die Bedeutung von *manuelles/automatisches Laden* wird im Kapitel PSERVER erklärt.

Mit F10 speichert man die Angaben ab. Das Programm erzeugt dann die neuen Objekte und trägt ihre Zuordnungen ein.

8.3   Das Modul PSERVER.NLM

Mit dem Anlegen der Druckobjekte ist die Arbeit zum Einrichten eines Druckdienstes noch nicht erledigt. Es ist noch nicht festgelegt, wie der Druckauftrag, der von einer Anwendung erzeugt worden ist, in das Netzwerk gelangt. Zum anderen muß der Druckauftrag noch von der Warteschlange an den Drucker gelangen. Hiervon handelt dieses Unterkapitel.

Das Objekt Druck-Server steuert nicht die Datenübertragung von der Warteschlange an den Drucker. Es enthält vielmehr Informationen darüber, welche Drucker bedient werden. Den eigentlichen Datentransport übernimmt ein Programm, das auf dem NetWare Server läuft. Es ist ein ladbares Modul und heißt **PSERVER.NLM**.

Das Programm **PSERVER.EXE**, das in früheren NetWare-Versionen dazu benutzt wurde, DOS-Arbeitsstationen als dedizierte Druck-Server einzusetzen, gibt es nicht mehr. Allerdings können diese Druck-Server innerhalb von Bindery-Diensten weiter benutzt werden.

Zum Ausgleich kann das Fileserver-Modul jetzt 255, anstelle früherer 16 Drucker unterstützen. Die speicherresidenten Treiber für das Drucken über eine Arbeitsstation sind zum Teil schneller geworden (Remote Druck). Sie belasten daher die normalen Anwendungsprogramme nicht mehr so stark.

Ausführung: Starten von PSERVER.NLM

Man startet das Programm mit **load PSERVER**. PSERVER ist ein menügesteuertes Programm. Nach dem Aufruf wird der Name des zu verwendenden Druck-Server-Objekts angefordert. Es besteht jedoch die Möglichkeit, mit ⌨Einfg danach zu suchen, und den Druck-Server mit ⏎ anzuwählen.

Gibt man beim Programmaufruf das Print-Server-Objekt mit an, erfolgt diese Abfrage nicht. Dadurch kann man **PSERVER** durch einen Eintrag in der Datei *AUTOEXEC.NCF* automatisch starten. Es ist der komplette Kontextpfad anzugeben, z. B.

   load PSERVER .PS1.NOVELL

Auf einem NetWare-Server kann das Modul **PSERVER** nur einmal geladen werden. Dieses Modul kann jedoch bis zu 255 Drucker unterstützen.

Das Modul muß jedesmal entladen und neu gestartet werden, wenn an den Druckobjekten etwas verändert worden ist. Wird zum Beispiel im Objekt Druck-Server ein neuer Drucker eingetragen, so kann er erst angesteuert werden, wenn **PSERVER** erneut gestartet worden ist.

Man kann **PSERVER** auf drei verschiedene Arten entladen:

- Im **PSERVER**-Hauptmenü durch Drücken von ⎋.
- Von der Systemkonsole mit **UNLOAD PSERVER**.
- Oder bei der Verwaltung der Druck-Server-Objekte mit dem Net-Ware-Administrator oder **PCONSOLE.EXE**.

Ausführung: Konfigurieren von PSERVER

Das Menü von **PSERVER** enthält nur zwei Punkte, nämlich **DRUCKER-STATUS** und **DRUCK-SERVER-INFORMATIONEN**.

1. Mit **DRUCKERSTATUS** gelangt man zu einer Liste der bedienten Drucker.
2. Den gewünschten Drucker mit ⏎ anwählen. Man erhält einige Informationen über den Drucker und seinen Status. Weiter kann man einige Einstellungen ändern oder Aktionen durchführen.

   ◆ Unter **DRUCKERSTEUERUNG** kann man Druckaufträge anhalten, starten oder abbrechen. Man kann einen Seitenvorschub veranlassen oder den Seitenanfang markieren. Diese Markierung dient der Einrichtung von Druckern mit Endlos-Papier.

   ◆ Unter **BEDIENTE WARTESCHLANGEN** kann man Warteschlangen hinzufügen oder entfernen.

   ◆ **SERVICE MODUS** bietet eine Anwahl der unterstützten Verfahren bei anstehenden Formularwechseln.

   ◆ Mit **AKTIV. FORMULAR** kann man ein anderes Formular installieren.

Der andere Hauptmenüpunkt **DRUCK-SERVER-INFORMATIONEN** zeigt Daten über das Modul **PSERVER.NLM**.

Unter aktueller Status kann man PSERVER herunterfahren, und zwar entweder sofort oder nach Erledigung der aktiven Druckaufträge.

8.3

8.4 NPRINTER

Das Modul **PSERVER.NLM** alleine genügt nicht, um die Verbindung zu den Druckern herzustellen.

Für jeden Drucker ist noch ein Schnittstellentreiber notwendig: **NPRINTER**.

Dieses Programm ist entweder ein ladbares NetWare Modul **NPRINTER.NLM**, oder ein DOS-Treiberprogramm **NPRINTER.EXE**. Das hängt davon ab, ob der jeweilige Drucker an einem NetWare-Server oder einer DOS-Arbeitsstation angeschlossen ist.

Ausführung: Starten von NPRINTER.NLM

Ist ein Drucker an dem Fileserver angeschlossen auf dem **PSERVER.NLM** läuft, dann kann **NPRINTER.NLM** beim Start von **PSERVER.NLM** automatisch mitgeladen werden. Dazu dient die Einstellung **AUTOMATISCHES LADEN** im Drucker-Objekt.

Bei Druckern, die an einem anderen NetWare-Server oder einer Arbeitsstation angeschlossen sind, funktioniert das nicht. Hier muß auf dem jeweiligen Rechner für jeden angeschlossenen Drucker das Programm **NPRINTER** gestartet werden. Im Drucker-Objekt muß die Option **MANUELLES LADEN** gewählt worden sein.

NPRINTER kann pro Rechner bis zu siebenmal gestartet werden, da IBM-kompatible Rechner über bis zu 3 parallele und 4 serielle Schnittstellen verfügen.

Die Syntax zum manuellen Laden von **NPRINTER.NLM** auf einem Fileserver ist:

> load NPRINTER *Druck-Servername Druckernummer*

Die zum Drucker gehörende Nummer kann man sich mit dem NetWare-Administrator bzw. **PCONSOLE** im Drucker-Server-Objekt ansehen.

Es erscheint ein Statusbildschirm, in dem man den Treiber mit `Esc` wieder entladen kann.

Mit **unload NPRINTER** werden alle Schnittstellentreiber entladen.

Ausführung: Starten und Konfigurieren von NPRINTER.EXE

NPRINTER.EXE, das Programm zum Einrichten der DOS-Schnittstellentreiber, kann auf zwei Arten verwendet werden: *menüunterstützt* oder als *Kommandozeilenprogramm*.

1. Ruft man **NPRINTER** ohne Parameter auf, so erscheint eine Liste der verfügbaren Druck-Server. Hier kann man den gewünschten Druck-Server mit ⊡ anwählen. Danach erscheint eine Liste der zugeordneten Drucker. Hier Drucker mit ⊡ anwählen. Diese Vorgehensweise ist zwar komfortabel, eignet sich jedoch nicht zum Automatisieren, z. B. in der *AUTOEXEC.BAT,* nach dem Anmelden am Netz.

Oder

Um einen Treiber über die Kommandozeile zu installieren, gibt man folgendes ein:

NPRINTER *Druck-Servername Druckernummer*

Oder

NPRINTER *Druckername* (mit Kontext)

■ Darüber hinaus existieren noch einige weitere Parameter zum Anpassen des Schnittstellentreibers:

◆ *B=(3 – 20)* überschreibt die voreingestellte Puffergröße.

◆ */S* zeigt den Status aller geladenen Schnittstellentreiber.

◆ *T=(1-9)* bestimmt die Priorität des Druckens. Je größer die Zahl, desto langsamer wird gedruckt. Dafür erhalten die im Vordergrund laufenden Anwendungen mehr Rechenleistung. Die Voreinstellung ist 1.

◆ */U* entlädt den zuletzt geladenen Treiber.

◆ */VER* zeigt die Version von **NPRINTER.EXE** an. Zusätzlich wird eine Liste von Dateien aufgeführt, die zum Betrieb von **NPRINTER.EXE** benötigt werden. Das ist dann hilfreich, wenn man **NPRINTER** von der lokalen Festplatte ausführen möchte ohne sich am Netz anzumelden.

◆ */?* oder */H* zeigt einen Hilfebildschirm.

■ Auch auf DOS-Arbeitsstationen kann **NPRINTER** bis zu siebenmal aufgerufen werden.

■ **NPRINTER** ist ein speicherresidentes Programm und muß daher vor dem Aufruf von MS Windows oder in der Datei *WINSTART.BAT* gestartet werden.

■ Drucker-Objekte, die an Arbeitsplätzen angeschlossen sind auf denen MS Windows läuft, sollten auf Abfragemodus eingestellt sein (kein Interrupt). Soll jedoch trotzdem ein Interrupt verwendet werden, so müssen in der Datei *SYSTEM.INI* unter der Überschrift [386Enh] folgende Einträge vorgenommen werden:

```
SSAutoAssign=0
Ssirq= - 1
```

◆ Dabei wird SS durch die verwendete Schnittstelle ersetzt. Also COM1, COM2, LPT1,...

8.5 Drucken unter DOS und Windows

Die bisher beschriebenen Einstellungen der Druckdienste sind noch nicht ausreichend. Es fehlt noch die Umleitung des Ausdruckes, der auf einer Arbeitsstation erzeugt worden ist in das Netzwerk.

Dazu ist ein Treiber notwendig, der die Daten abfängt, bevor sie an der parallelen Schnittstelle ankommen.

Er sendet sie statt dessen zur Warteschlange. Manche Anwendungen besitzen bereits solche Treiber, mit denen eine solche Umleitung möglich ist. Die genaue Vorgehensweise ist der Anleitung des jeweiligen Programms zu entnehmen.

8.5.1 Drucken unter DOS

Zum Drucken aus Anwendungen heraus, die keine Unterstützung für das Drucken im Netzwerk besitzen, dienen die Programme **CAPTURE** und **NPRINT**.

Ausführung: Drucken im Netz mit NPRINT

NPRINT ist ein Programm, das es ermöglicht, eine Datei auf einem Netzwerkdrucker auszudrucken. Die Datei kann eine ASCII-Textdatei sein, oder eine Datei, die die komplette Formatierung für den Drucker beinhaltet, also auch eine Grafikdatei. Viele Anwendungsprogramme bieten die Möglichkeit *Drucken in eine Datei*. Eine so erzeugte Datei kann man dann mit **NPRINT** ausdrucken.

Syntax:

> **NPRINT** *Dateiname p=Druckername* [*/Optionen*]
>
> Oder
>
> **NPRINT** *Dateiname q=Warteschlangenname* [*/Optionen*]
>
> Oder
>
> **NPRINT** *Dateiname j=Druckauftragskonfiguration*

■ Der Drucker- bzw. Warteschlangenname muß gegebenenfalls den kompletten Kontext enthalten. Bei Verwendung einer Druckauftragskonfiguration sind keine weiteren Optionen anzugeben, es sei denn, man will eine Konfiguration überschreiben.

■ Die Voreinstellung druckt eine Bannerseite und löst einen Seitenvorschub aus. Das kann jedoch über die folgenden Optionen unterdrückt werden:

◆ *NB* kein Banner

◆ *NFF* kein Seitenvorschub

■ **NPRINT** hat noch eine Vielzahl weiterer Optionen, die man sich durch **NPRINT** /? *ALL* ansehen kann.

Das Zeichen »/« wird nur bei den Optionen /? (Hilfe) und /VER (Version) benötigt.

NPRINT ist kein speicherresidenter Treiber, der eine Schnittstelle permanent umleitet, sondern dient immer nur zum Ausdrucken einer einzelnen Datei.

Ausführung: Drucken im Netz mit CAPTURE

CAPTURE ist ein Programm, mit dem man eine lokale Schnittstelle dauerhaft in das Netzwerk umleiten kann.

■ Es empfiehlt sich, den Aufruf von **CAPTURE** in der *AUTOEXEC.BAT* oder einem Anmeldeskript zu verwenden.

■ **CAPTURE** kann mehrmals aufgerufen werden, um mehr als eine lokale Schnittstelle in das Netz umzuleiten.

■ **CAPTURE** kann keine serielle Schnittstelle umleiten.

■ **CAPTURE** erzeugt standardmäßig eine Bannerseite zu Beginn des Druckauftrags und einen Seitenvorschub am Ende.

■ Hier einige gebräuchliche Aufrufe von **CAPTURE**:

◆ CAPTURE *p=Druckername LPT1*

◆ CAPTURE *q=Warteschlange L=1 NB NFF*

■ **CAPTURE** besitzt eine Fülle von Optionen. Im folgenden sind die wichtigsten erklärt. Um eine vollständige Erklärung der Optionen zu erhalten, kann man CAPTURE mit den Optionen /? *ALL* aufrufen

◆ *AU*: Gibt an, daß umgeleitete Daten abgeschlossen und an den Drucker gesendet werden, wenn das Anwendungsprogramm verlassen wird. Das ist die Voreinstellung.

◆ *B=Text Bannerseite*: Gibt an, was in der unteren Hälfte der Titelseite gedruckt wird. Maximal 12 Zeichen. Voreinstellung ist die umgeleitete Schnittstelle, z. B. LPT2.

8.5

- ◆ **NAM**=Text: Gibt an, was in der oberen Hälfte der Titelseite ausgedruckt wird. Text kann maximal 12 Zeichen lang sein. Voreinstellung ist der Anmeldename des Anwenders.
- ◆ **C**=n: Gibt die Anzahl der Kopien an (n: 1 -65000).
- ◆ **EC**: Beendet die Umleitung einer Schnittstelle. Wird keine Schnittstelle angegeben, so wird die Umleitung auf LPT1 aufgehoben. Wird als zweite Option **ALL** angegeben, so werden alle Umleitungen beendet.
- ◆ **J**=Name: Gibt an, welche Druckauftragskonfiguration verwendet werden soll. Es sind keine weiteren Angaben nötig.
- ◆ **L**=n oder **LPTn**: Gibt die umzuleitende Schnittstelle an. Der Vorgabewert von maximal drei parallelen Schnittstellen kann durch einen Eintrag in der Datei **NET.CFG** bis auf 9 erhöht werden. Dadurch ist es möglich, auf maximal 9 unterschiedlichen Netzwerkdruckern zu drucken.
- ◆ **NB:** Unterdrückt die Bannerseite.
- ◆ **NFF:** Unterdrückt den Seitenvorschub am Ende des Druckauftrags. Die meisten Anwendungen erzeugen einen Seitenvorschub am Ende, so daß man mit der Voreinstellung immer eine leere Seite erzeugt.
- ◆ **NT:** Legt fest, daß Tabulatorzeichen nicht in Leerzeichen verwandelt werden, wenn die Daten an den Drucker geschickt werden. Man nennt das auch Byte Stream. Das ist die Voreinstellung und ist bei Graphikausdrucken sogar zwingend erforderlich.
- ◆ **P**=Name: Spezifiziert, auf welchem Drucker ausgedruckt werden soll. Liegt der Drucker in einem anderen Kontext, so ist der vollständige Name einzugeben. Option **P** und **Q** schließen sich gegenseitig aus.
- ◆ **Q**=Name: Spezifiziert den Namen der Druckerwarteschlange. Option **P** und **Q** schließen sich gegenseitig aus.
- ◆ **TI**=Sekunden: Gibt an, nach welcher Zeit ein Druckauftrag abgebrochen wird, wenn er bis dahin nicht beendet worden ist. Der Wert sollte erhöht werden, wenn ein Auftrag gar nicht oder

8.5

nur teilweise gedruckt wird, z. B. bei umfangreichen Graphiken. Voreinstellung ist Null (keine Time Out Überwachung).

Druckauftragskonfiguration

Bei der Verwaltung der Druckdienste werden gewisse Druckumleitungseinstellungen immer wiederkehren. Zur Vereinfachung der Arbeit ist es daher möglich, diese Einstellungen zu sogenannten Druckauftragskonfigurationen zusammenzufassen, die dann von **NPRINT** und **CAPTURE** mit der Option *J=* verwendet werden können. Es gibt zwei Arten von Druckauftragskonfigurationen. Anwenderspezifische und solche, die von allen Anwendern eines Kontextes verwendet werden können.

Ausführung: Druckauftragskonfiguration erstellen und bearbeiten

■ Erzeugen kann man diese Konfigurationen entweder mit dem **Net-Ware-Administrator** oder dem DOS-Dienstprogramm **PRINT-CON.EXE**.

■ Gemeinsam genutzte Konfigurationen sind Eigenschaften der Objekte **ORGANISATION** oder **ORGANISATORISCHE EINHEIT**.

■ Anwenderspezifische Auftragskonfigurationen sind Eigenschaften der Benutzer-Objekte.

■ Mit dem **NetWare Administrator** erzeugt man sie über **OBJEKT/DETAILS** und die Schaltfläche **DRUCKAUFTRAGSKONFIGURATION**.

◆ In diesem Dialog kann man dann neue Konfigurationen anlegen und bestehende ändern oder löschen.

◆ Die dabei zu machenden Einstellungen entsprechen in weiten Teilen den unter **CAPTURE** beschriebenen Optionen (→ **CAPTURE**).

◆ Für weitere Informationen drücken Sie bitte die Schaltfläche **HILFE**.

◆ Eine der so erzeugten Druckauftragskonfigurationen kann man zum Standard erklären, der immer dann verwendet wird, wenn keine andere explizit angegeben wird.

8.5

■ Nach dem Aufruf von **PRINTCON** erhält man ein Auswahlmenü, in dem man zunächst einmal das Objekt auswählen kann, für das die Konfiguration gelten soll. Also entweder **ORGANISATION**, **ORGANISATORISCHE EINHEIT** oder **BENUTZER**.

◆ Mit **DRUCKAUFTRAGSKONFIGURATION BEARBEITEN** kann man dann wieder neue Konfigurationen erstellen und bestehende verändern oder löschen.

◆ Als letzten Hauptauswahlpunkt hat man dann wieder die Möglichkeit, eine Konfiguration zum Standard zu erklären.

8.5.2 Drucken unter MS Windows

Schnittstellenumleitungen, die durch **CAPTURE** erzeugt worden sind, können auch unter MS Windows verwendet werden. Die **CAPTURE**-Anweisungen müssen vor dem Aufruf von Windows ausgeführt werden. Der Druckeranschluß muß dann noch mit Hilfe der Druckereinstellungen in der Systemsteuerung lokal auf die Schnittstelle gelegt werden, die mit **CAPTURE** umgeleitet worden ist.

Bei der Installation des NetWare Arbeitsplatzes kann man jedoch auch eine Windows-Unterstützung mitinstallieren. Mit deren Hilfe ist die Druckerumleitung unter Windows wesentlich komfortabler.

Ausführung: Netzwerk-Druckerumleitung unter Windows
einrichten und bearbeiten

1. Wählt man bei den Druckereinstellungen der Systemsteuerung **VERBINDEN** und dann **NETZWERK**, öffnet sich ein Dialog zur Umleitung der Schnittstelle. Denselben Dialog kann man auch im Programm **NWUSER** anwählen.

2. Das Fenster zeigt zwei Hauptbereiche. Im linken Teil werden die verfügbaren Schnittstellen angezeigt. Im rechten alle Drucker- und Warteschlangenobjekte.

3. Mit der Maus kann man jetzt die gewünschte Schnittstelle markieren. Auf der rechten Seite markiert man dann den Drucker oder die Warteschlange, auf den die Schnittstelle umgeleitet werden soll. Dabei kann man auch den gesamten NDS-Baum durchsuchen.

4. Klickt man jetzt auf die Schaltfläche **UMLEITUNG,** ist die Schnittstelle schon umgeleitet. Ein kleines Kästchen links neben der Schnittstelle symbolisiert das.

5. Auf die gleiche Art kann man diese Umleitung auch wieder aufheben, nur daß man dann die Schaltfläche **UMLEITUNG BEENDEN** anklicken muß.

6. Mit Hilfe der Schaltfläche **LPT-EINSTELLUNG...** kann man dann ähnliche Einstellungen vornehmen wie bei den Optionen von **CAPTURE** beschrieben. Zur genaueren Erklärung der Einstellmöglichkeiten **HILFE** anklicken.

7. Die jetzt gemachten Einstellungen sind allerdings nur für diese Windows-Sitzung gültig. Will man diese Einstellungen auch beim nächsten Start von Windows beibehalten, so muß man die Schaltfläche **PERMANENT** betätigen. Neben der Schnittstelle wird jetzt anstelle des Kästchens ein Druckersymbol angezeigt.

8. Diese hier getroffenen Einstellungen überschreiben etwaige zuvor mit **CAPTURE** erzeugte Umleitungen.

■ Neben der komfortablen Anwahl gewünschter Drucker oder Schnittstellen bietet diese Vorgehensweise noch einen weiteren Vorteil gegenüber **CAPTURE**: will man eine Änderung vornehmen, so muß man Windows nicht verlassen, die Änderungen mit **CAPTURE** vornehmen und Windows erneut starten, sondern kann die Einstellungen innerhalb der Windows-Sitzung ändern.

9 NETSYNC

NETSYNC – Integration von NetWare-3-Servern in ein NetWare-4-Netzwerk. Existieren in einem Netzwerk sowohl NetWare-3- wie auch NetWare-4-Server, ist die Verwaltung dieser beiden Systeme recht problematisch. Für die Verwaltung der NetWare-3-Server bedarf es Bindery-basierender Tools, wie **SYSCON**, **PCONSOLE**, **FILER** und anderer Programme, die Verwaltung der NetWare-4-Server erfolgt über die NDS-basierenden Programme **NETADMIN**, **PCONSOLE** und **FILER**. Zudem existieren für jeden Anwender unterschiedliche Paßwörter auf den einzelnen Servern.

Um diese Probleme in den Griff zu bekommen, wurde von Novell das Programm **NETSYNC** entwickelt. **NETSYNC** dient dazu, die Bindery auf den einzelnen NetWare-3-Servern für Benutzer, Gruppen und Druckerwarteschlangen zu synchronisieren. Das bedeutet, gleiche Paßwörter auf den NetWare-Servern zur Verfügung zu stellen und eine netzwerkweite Anmeldung (Login) zu ermöglichen, bei der sich ein User nur noch in einem NDS-Baum anmeldet.

Wenn man **NETSYNC** installiert, sind jedoch einige Fragen zu beantworten wie z. B.:

- Welche Objekte werden synchronisiert?
- Welche Eigenschaften der einzelnen Objekte werden übernommen?
- Wo wird die Synchronisierung abgelegt (Bindery-Kontext)?
- Wieviele NetWare-3-Server können von einem NetWare-4-Server verwaltet werden?

Diese Fragen sollen im folgenden Abschnitt geklärt werden.

9.1 Installationsvoraussetzungen

NETSYNC besteht aus 2 Teilen:
- ◆ Einem NetWare-4-basierenden Teil.
- ◆ Sowie einem NetWare-3.x-basierenden Teil.

  NetWare-2.x-Server werden nicht unterstützt. **NETSYNC** wird nur auf den Servern installiert, auf den Arbeitsstationen sind keine Änderungen vorzunehmen.

- ■ Installationsvoraussetzungen NetWare 4:
  - ◆ NetWare 4.1 (NetWare 4.01 oder NetWare 4.02 funktionieren nicht).
  - ◆ Bindery-Emulation muß aktiviert sein.
- ■ Installationsvoraussetzungen NetWare 3:
  - ◆ Server-Version größer oder gleich 3.1, mit mindestens 8 Mbyte Hauptspeicher.

    Bitte beachten Sie, daß die Serverauslastung auf beiden Servern während der Installation auf 100% ansteigen kann, ein Login oder Dateikopieraktionen zu diesem Zeitpunkt also sehr kritisch sind.

9.2 Installationsvorgang

Zur Installation von **NETSYNC** ist es erforderlich, daß die **NET-SYNC.NLMs** gleichzeitig auf dem NetWare-3- wie auch auf dem Net-Ware-4-Server geladen sind. Desweiteren sollten Sie beachten, daß Sie niemals mehrere NetWare-3-Server gleichzeitig synchronisieren.

Ausführung: NETSYNC starten

1. Die Installation wird durch Laden des Moduls **NETSYNC4.NLM** an der Fileserver-Konsole gestartet:

   LOAD NETSYNC4

   Danach erscheint ein Bildschirm mit folgenden Menüpunkten:

- ■ AKTIVES PROTOKOLL EINSEHEN
- ■ PROTOKOLLDATEIOPTIONEN
  - ◆ PROTOKOLLDATEI AKTIVIEREN
  - ◆ AKTUELLE PROTOKOLLDATEI LÖSCHEN
  - ◆ ALLE EREIGNISSE IN PROTOKOLLDATEI ANZEIGEN
  - ◆ MAXIMALE GRÖSSE EINER PROTOKOLLDATEI
- ■ SERVERLISTE BEARBEITEN
- ■ KONFIGURATIONSOPTIONEN
  - ◆ NETSYNC KONFIGURATIONSDATEN LÖSCHEN
  - ◆ VERZÖGERUNGSINTERVALL DES ÜBERWACHUNGSPROGRAMMES
  - ◆ AKTUALISIERUNGEN DES ANMELDESKRIPTS ANS POSTVERZEICH-NIS SYNCHRON
- ■ NETSYNC ENTLADEN

Ausführung: Protokolldatei anlegen

Wenn Sie im Menüpunkt **PROTOKOLLDATEI AKTIVIEREN** *JA* einstellen, schreibt **NETSYNC** sämtliche Informationen (Objekt-IDs, Fehlermeldungen) in eine Protokolldatei, die auch später noch eingesehen werden kann. Die Protokolldatei liefert Ihnen Informationen darüber, ob und welche Probleme es beim Zusammenführen zwischen Binde-ry und NDS gegeben hat, oder wann die Synchronisierung zwischen den beiden Systemen stattgefunden hat.

Ausführung: Serverliste bearbeiten

Besondere Bedeutung besitzt die primäre Serverliste. In dieser Liste werden die Server festgelegt, die in die Bindery-Synchronisation mit einbezogen werden sollen.

1. Nach Aufruf des entsprechenden Menüpunktes erhalten Sie einen Bildschirm, auf dem Sie einen NetWare-3-Server mit ⏎ auswählen können, der in die Synchronisation einbezogen werden soll:

1	7
2	8
3	9
4	10
5	11
6	12

2. Nun müssen Sie den Namen des NetWare-3-Servers eingeben. Es erscheint folgender Bildschirm:

```
            Autorisierte Server Informationen
3.1x Server-Dateiname                          ANC_312
NetSync Paßwort                                *****
Dateien auf NetWare-3.x-Server installieren JA
NetWare Bindery in 4.1 übernehmen              JA
```

Wenn Sie ein **NETSYNC**-Paßwort eingeben, werden Sie beim Starten von **NETSYNC3.NLM** auf dem NetWare-3-Server zur Eingabe dieses Paßwortes aufgefordert.

Ausführung: Übernahme der Bindery

1. Wenn Sie angeben, daß die NetWare-Bindery in die NDS übernommen werden soll, werden Benutzer-, Gruppen- und Drucker-, sowie Druckwarteschlangeninformationen in die NDS übernommen. Diese Informationen werden in der Organisationseinheit, die auf dem NetWare-4-Server als Bindery-Kontext eingestellt ist, abgelegt.

9.2

2. Wählen Sie an dieser Stelle **Nein**, werden die auf dem NetWare-3-Server vorhandenen Benutzer nicht in die NDS übernommen, der NetWare-3-Server erhält später lediglich neue Informationen, wenn auf einem anderen Server oder auf dem verwaltenden NetWare-4-Server ein User oder Druckerobjekt neu eingetragen wurde. Diese erscheinen später dann auch in der Bindery des NetWare-3-Servers.

3. Geben Sie an, daß die **NETSYNC**-Dateien auf dem NetWare-Server installiert werden sollen, werden alle benötigten Dateien auf den NetWare-Server-3.x kopiert.

Ausführung: Kopieren der NETSYNC Dateien auf den NetWare-3.x-Server

1. Geben Sie bei der Installation auf dem NetWare-4-Server an, daß die **NETSYNC**-Dateien auf den NetWare-3-Server kopiert werden sollen, ersetzt der NetWare-4-Server auf Seiten des NetWare-3-Servers folgende Dateien:

Verzeichnis *SYS:SYSTEM*

CLIB.NLM
STREAMS.NLM
NWPSRV3x.NLM
NWSNUT.NLM
AFTER311.NLM
A3112.NLM
PBURST.NLM
NPRINTER.NLM
NWPSR3X.EXE

Verzeichnis *SYS:PUBLIC*

NPRINT.EXE
NPRINTER.EXE
PRINTDEF.EXE
PCONSOLE.EXE
PRINTCON.EXE
PSC.EXE
PRINTCON.EXE
CAPTURE.EXE

◆ Dabei müssen Sie berücksichtigen, daß die neuen Utilities eine Verzeichnisstruktur im NetWare-4.x-Format erwarten, das heißt, die Programme erwarten Ihre Messagedateien in den Verzeichnissen *SYS:PUBLIC\NLS\%NWLANGUAGE%* bzw. *SYS:LOGIN\NLS\%NWLANGUAGE%*. Zudem wird vorausgesetzt, daß auf Seiten der Arbeitsstation die VLM-Shell geladen wurde.

■ Ein Fehler der Installationsroutine liegt darin, daß diese auf Seiten des NetWare-3-Servers lediglich die englischsprachigen Verzeichnisse anlegt und Dateien kopiert, nicht jedoch die deutschsprachigen.

■ Ist auf Ihrer Arbeitsstation also als **NWLANGUAGE DEUTSCH** eingestellt, bedeutet dies, daß Sie die entsprechenden Verzeichnisse manuell erstellen und die entsprechenden Dateien vom NetWare-4-Server nachinstallieren müssen.

■ Haben Sie diesen Bildschirm durch Drücken der ⎋-Taste beendet, werden Sie gefragt, ob die Anweisung zum Laden von **NET-SYNC4.NLM** automatisch in die Datei *AUTOEXEC.NCF* eingefügt werden soll.

9.2.1 Nachträgliche Konfiguration

Ausführung: Nachträglicher Download der NDS-Dateien zum NetWare-3-Server

Für diese Funktion ist kein Menüpunkt im **NETSYNC**-Menü vorgesehen, da dies automatisch passiert, wenn Sie das **NETSYNC3.NLM** auf dem NetWare-3-Server entladen und wieder neu laden.

Ausführung: Nachträgliche Übernahme der Bindery in die NDS-Datenbank

1. Soll die Bindery eines NetWare-3-Servers nachträglich in die NDS übernommen werden, so genügt es, auf dem **NETSYNC**-Bildschirm den gewünschten NetWare-3.x-Server auszuwählen, und dann ⏎ zu drücken.

2. Es erscheint dann das Menü:

```
         Autorisierte Server-Informationen
3.1x Datei-Server-Name              ANC_311
3.1x Bindery in 4.1 kopieren        JA/NEIN
```

Wenn Sie den Eintrag *3.1x Bindery in 4.1 kopieren* auf *JA* einstellen, erfolgt der Upload der Bindery, sobald Sie die ⌷Esc⌷-Taste gedrückt haben.

9.3 Bindery-Kontext

Bei der Synchronisierung werden alle Bindery-Objekte in den Container übernommen, der auf Seiten des NetWare-4-Servers als Bindery-Kontext eingestellt ist (**SET BINDERY KONTEXT =**).

Ist auf Seiten des Servers also z. B. der Bindery-Kontext:

.ou=hq.O=anc

eingestellt, wird ein Benutzerobjekt erzeugt:

.cn=tn.ou=hq.o=anc

Hinweise:

■ Das **NETSYNC4.NLM** läßt sich nicht starten, wenn die Bindery-Emulation nicht eingeschaltet ist.

■ **Vorsicht:** Wenn Sie den Bindery-Kontext mit Hilfe des Kommandos **SET BINDERY** *Kontext* ändern, danach **NETSYNC4.NLM** entladen und neu laden, ist die Synchronisation aufgehoben und Sie erhalten eine leere Serverliste. Zudem erfolgt keine automatische Synchronisation der NetWare-3-Server.

9.4 Funktionalität von NETSYNC

Übersicht:

- Netzwerkweiter LOGIN
- Übernahme der Bindery
- Abgleich der Binderies der einzelnen Server

Einschränkungen

- Änderungen an der Bindery eines Servers, die später mit Hilfe von **SYSCON** oder anderen Programmen an der Bindery eines Servers vorgenommen werden, werden nicht automatisch in die NDS übernommen. Soll eine Bindery, die mit Hilfe eines Bindery-basierenden Programms (z. B. **SYSCON**) geändert wurde, verwendet werden, muß diese Bindery komplett neu in den NDS-Baum heruntergeladen werden. Dies führt dann zu Problemen, wenn das Objekt auf dem NetWare-Server bereits existiert, da bestehende Objekte nicht überschrieben werden.
- Existieren auf mehreren Servern Objekte mit dem gleichen Namen, werden immer nur die Eigenschaften des zuerst übertragenen Objekts berücksichtigt, da ein bestehendes NetWare-4-Objekt nicht modifiziert wird. Beim Versuch, ein Objekt mit gleichem Namen zu erzeugen, erhalten Sie im Fehlerprotokoll die Fehlermeldung 0xEBFD - Objekt bereits vorhanden.
- Trustee-Rechte können auf den bestehenden NetWare-3-Servern nicht geändert werden, da Bindery-Objekte von einem NetWare-4-Server aus nicht verwaltet werden können.

9.4

9.5 Objekt-Synchronisation

Übersicht: Bindery-Einträge, die übernommen werden

- Benutzer
- Gruppen
- Trustees
- Druckserver
- Drucker
- Duckerwarteschlange

Umgekehrt werden natürlich auch die NetWare-4-Einträge in die Net-Ware-3-Bindery übertragen. Zu beachten ist, daß bei einer Übernahme auch sämtliche Eigenschaften (Name, Nachname, Trusteerechte Anmeldeskripte, Login-Restrictions...) eines Bindery-Objekts in die NDS übernommen werden. Die zusätzlichen Felder innerhalb eines NDS-Datensatzes bleiben leer.

Hinweise:

- Konnten unter NetWare 3.1x Zugriffsrechte über die Gruppe *Everyone* vergeben werden, so genügt es unter NetWare 4, dem Containerobjekt, in dem sich ein User befindet, Zugriffsrechte zu geben. Diese Rechte werden dann automatisch an die User weitergegeben, die innerhalb dieses Kontextes eingetragen sind.
- Trusteezuordnungen beziehen sich nur auf den Server, in dem das Objekt ursprünglich definiert war. Andere Trusteezuordnungen müssen per Hand nachgetragen werden.
- Beim Druckserverobjekt besteht die Möglichkeit, den bestehenden 3.x-Druckerserver weiter bestehen zu lassen oder aber in einen NetWare-4-Druckerserver umzuwandeln. Da ein NetWare-4-Druckerserver bis zu 256 Drucker verwalten kann (NetWare 3 nur 8 Drucker), braucht nur noch ein Druckerserver auf dem NetWare-4-Server installiert zu werden.
- Bei der Migration eines NetWare-3-Druckers auf NetWare 4 ist zu beachten, daß die Zuordnung zwischen Druckerserver und Druckern, wie unter NetWare 3 vorhanden, aufgehoben wird, da diese innerhalb der NDS als völlig eigenständige Objekte behandelt werden.

Hier muß also erneut eine Zuordnung zwischen Druckerobjekt und Druckserverobjekt hergestellt werden.

9.5.1 Informationen, die nicht synchronisiert werden

- NetWare-3-Supervisor:
  - ◆ Der Supervisor-Account bleibt auf jedem NetWare-3-Server erhalten.
- NetWare-4-Admin:
  - ◆ Das Admin-Konto auf einem NetWare-4-Server wird nicht an den NetWare-3-Server übertragen, sondern existiert nur auf dem NetWare-4-Server.
- Druckwarteschlangen, die unter NetWare 4 erstellt wurden:
  - ◆ Druckwarteschlangen, die unter NetWare 4 erstellt wurden, werden nicht auf den NetWare-3-Server übertragen, da die Verwaltung ohnehin auf dem NetWare-4-Server erfolgt.
- Abrechnungsinformationen:
  - ◆ Abrechnungsinformationen sind server-spezifisch und werden daher nicht mit übernommen. Die Accountinginformationen werden also nicht über die einzelnen NetWare-4-Server hinweg akkumuliert, sondern werden nach wie vor auf jedem Server getrennt verwaltet.
- Datei- und Verzeichnisrecht:
  - ◆ Die bestehenden Zugriffsrechte auf unterschiedlichen NetWare-3-Servern bleiben serverspezifisch erhalten und werden nicht angepaßt. Dadurch wird verhindert, daß ein Benutzer über die Synchronisation andere Zugriffsrechte wie die urspünglich vergebenen erhält.
  - ◆ Für NetWare-4-User müssen die Rechte auf den Volumes der NetWare-3-Server neu vergeben werden, sofern das Volume nicht bereits vorher integriert wurde und die entsprechenden Zugriffsrechte vergeben wurden.
- System Login Skript
- Objekte, die Sonderzeichen enthalten:
  - ◆ In der Bindery dürfen bestimmte Sonderzeichen nicht enthalten sein (z. B. [,], /, \, ? ...).

9.6 Netsync-Module

Ausführung: Starten von Netsync auf dem NETWARE-3-
Server

Zum Starten von **NETSYNC** auf dem NetWare-3-Server müssen die beiden Dateien **REMAPID.NLM** und **NETSYNC3.NLM** geladen werden:

LOAD REMAPID
LOAD NETSYNC3

Das Modul **REMAPID.NLM** dient der Synchronisation der Paßwörter auf den einzelnen Servern. Ist das Modul **REMAPID.NLM** beim Starten von **NETSYNC3** nicht bereits geladen, wird dieses Modul automatisch mitgeladen. Nach dem Laden erhalten Sie den schon dargestellten **NETSYNC3**-Bildschirm.

Ausführung: Starten von Netsync auf dem NETWARE-4-
Server

1. Zum Starten von **NETSYNC** auf dem NetWare-4-Server wird das Modul **NETSYNC4.NLM** geladen.
2. Es erscheint dann ein Bildschirm, wie Sie Ihn schon von der Installation her kennen. Zusätzlich erscheint eine Statusspalte an erster Stelle, die Aufschluß über den Zustand der Synchronisation gibt:

```
*  1 ANC_312      7
   2              8
   3              9
   4             10
   5             11
   6             12
```

3. Folgende Symbole können an dieser Stelle auftauchen:
   ◆ *****: NetWare-3-Server aktiv, **NETSYNC3** ist aktiv.

- ◆ **@**: Der angegebene NetWare-3-Server empfängt momentan Bindery-Informationen, die von einem NetWare-4-Server heruntergeladen wurden.
- ◆ **!**: Der angegebene NetWare-3-Server kopiert Dateien aus seiner Bindery auf den NetWare-4-Host.

9.7 Verwaltung

Die Verwaltung eines NetWare-basierenden Netzwerks muß immer über den NetWare-4-Server erfolgen, da wie bereits gesagt, **NET-SYNC** lediglich in eine Richtung, nämlich von NetWare 4 nach NetWare 3 synchronisiert. Das bedeutet, daß zur Verwaltung nur noch Net-Ware-4-Tools (**NETADMIN**, **NWADMIN**) eingesetzt werden dürfen. Beide Programme setzen voraus, daß die NetWare-4-Shell (VLM-Client) installiert wurde.

Verwaltung mehrerer Gruppen von NetWare-3-Servern

Da ein NetWare-4-Server nur maximal bis zu 12 NetWare-3-Server verwalten kann, stellt sich die Frage, wie es in einem Netzwerk mit beispielsweise 24 Servern zu realisieren ist, daß ein Benutzer gleichzeitig Zugriff auf alle Server bekommen kann.

■ Zum einen muß in diesem Fall ein weiterer NetWare-4-Server mit **NETSYNC** ausgestattet werden, der die weiteren NetWare-3-Server verwaltet. Der Trick ist, daß bei dem zweiten NetWare-4-Server der gleiche Bindery-Kontext eingestellt wird wie auf dem ersten Server. Aufgrund der Synchronisation der NDS-Datenbank zwischen den beiden NetWare-4-Servern, erhalten die Benutzer der Gruppe von NetWare-3.x-Servern, die auf dem zweiten Server eingetragen sind, über den Umweg des ersten NetWare-4-Servers den Zugriff auf die erste Gruppe von NetWare-3.x-Servern.

■ Ist es andererseits erwünscht, daß einzelne Gruppen von NetWare-3-Servern getrennt behandelt werden, genügt es, unterschiedliche Bindery-Kontexte auf den NetWare-4-Servern einzustellen, da die Benutzer und andere Objekte dann in anderen NDS-Containern angelegt werden, und auf diese Art und Weise voneinander getrennt sind.

Synchronisation mehrerer Server

Bei der Synchronisation von Objekten in die Bindery ist zu beachten, daß keine Namensduplikate erlaubt sind. Vor der Installation von **NETSYNC** müssen NetWare-3-Server entsprechend überprüft werden. Für die Integration der Objekte und Objektnamen ist die Reihenfolge der Synchronisation(en) ausschlaggebend. Eine resultierende Bindery auf einem NetWare-4-Server setzt sich in diesem Sinne aus den einzelnen Binderys der synchronisierten NetWare-3-Servern zusammen.

10 Troubleshooting

10.1 Vorbeugende Maßnahmen – Backup

Jedes Backup-Programm, das unter NetWare 4.1 eingesetzt werden soll, muß auf jeden Fall in der Lage sein, die NDS-Datenbank nicht nur beim Server-Backup, sondern auch als getrennte Datei zu sichern. Dabei kommt es darauf an, daß bei einer Rücksicherung die Objekt- und Trustee-IDs in genau der Reihenfolge wieder angelegt werden, wie sie ursprünglich angelegt wurden. Das heißt, Sie dürfen zwischenzeitlich keine bestehenden Objekte löschen und neu anlegen, da dadurch die Trustee- und Objekt-IDs nicht mehr übereinstimmen. Zur Erläuterung: Jedes Objekt innerhalb der Objekt-Datenbank besitzt eine einzigartige Objekt-ID, die vom System automatisch vergeben wird und unabhängig vom Namen oder Typ des Objekts ist.

Ist dieser Fall trotzdem eingetreten, so empfiehlt es sich, den kompletten Baum vor der Rücksicherung zu löschen. Dadurch wird sichergestellt, daß alle Objekt-IDs neu vergeben werden.

Übliche Maßnahmen, wie z. B. die Verwendung mehrerer Sicherungssätze, sollten auf jeden Fall selbstverständlich sein.

10.2 Das Sicherungsprogramm SBACKUP

Im Lieferumfang von NetWare 4.1 ist standardmäßig das Datensicherungsprogramm **SBACKUP** enthalten. Dieses Programm ist nicht allzu komfortabel, bietet aber die Möglichkeit, die NDS-Datenbank mitzusichern. Dazu muß in **SBACKUP** die Option **Backup-/Restore-Session with/without files** aktiviert sein.

Voraussetzungen für **SBACKUP**:

Da eine Sicherung auf eine lokale Festplatte nicht unterstützt wird, ist zwangsläufig ein Treiber zur Unterstützung eines Bandlaufwerks notwendig.

U. a. werden die folgenden Laufwerke unterstützt:

- ◆ Archive Anaconda
- ◆ ArDAT Phyton
- ◆ Cypher T 826
- ◆ Cypher T 860
- ◆ Exabyte 8500
- ◆ HP 35450-00100
- ◆ HP 35470-00100
- ◆ HP 35480-00100
- ◆ Tandberg TDC 3800
- ◆ Tandberg TDC 4100
- ◆ Tandberg TDC 4200
- ◆ Wangdat 1300
- ◆ Wangdat 3200
- ◆ Wangtec 5525 es
- ◆ Wangtec 6130

Zusätzlich zu diesen offiziell unterstützten Laufwerken können auch andere Laufwerke verwendet werden, sofern der Hersteller einen entsprechenden Treiber zur Verfügung stellt oder das verwendete Laufwerk kompatibel zu einem der oben aufgelisteten ist.

Hinweise:

■ NDS-Partitons- und Replikations-Informationen können generell nicht mitgesichert werden. Der Netzwerkverwalter muß diese Informationen also schriftlich oder mit Bildschirmausdrucken dokumentieren.

- Komprimierte Dateien können nur dann gesichert werden, wenn die Backup-Software den SMS-Standard von Novell unterstützt. Das gleiche gilt für Informationen (z. B. lange Dateinamen), die innerhalb eines zusätzlichen Name-Space (übersetzt etwa: Raum für zusätzliche Informationen) außerhalb des DOS-Name-Space gespeichert sind.

- NetWare 4.1 bietet volle Unterstützung der TSA-Architektur von Novell. Diese Architektur ermöglicht es, die Festplatteninhalte aller Arbeitsstationen über ein zentrales Bandlaufwerk im Server mitzusichern. Es ist ebenfalls möglich, die Serverplatteninhalte auf ein Bandlaufwerk in einem Arbeitsplatz mitzusichern. Von dieser letzten Möglichkeit ist aber abzuraten, da diese Art der Serversicherung eine hohe Netzwerkbelastung mit sich bringt und die Sicherung entsprechend langsam abläuft. Der TSA-Agent muß nur an dem Server, bzw. Arbeitsplatz geladen werden, an dem sich auch das Bandlaufwerk befindet. Sollte die NDS-Datenbank in mehrere Partitionen aufgeteilt sein, die auf mehreren Servern liegen, muß der TSA-Client trotzdem nur an einem Server geladen werden.

10.2

10.3 Arbeiten mit SBACKUP

Die Arbeit mit **SBACKUP** wird von der Konsole des Fileservers aus durchgeführt.

Ausführung: SBACKUP installieren

1. An der Fileserver-Konsole oder über **RCONSOLE** das Modul **SBACKUP** laden:

   load SBACKUP.NLM

   Zur Ausführung von **SBACKUP** müssen vorher zusätzlich die Treiber für die Backup-Zusätze geladen sein. Zur Sicherung der Daten und Informationen von Servern und Clients im Netzwerk, müssen vor dem Laden von **SBACKUP** die entsprechenden Target Service Agents (TSA) an der Fileserver-Konsole geladen werden.
   Beispiele:

   load *GERÄTETREIBER.NLM*
   load *TSAxy.NLM*

   Target Service Agents **SBACKUP** unter NetWare 4:
   - TSA220.NLM: TSA für NetWare-2.2-Server.
   - TSA311.NLM: TSA für NetWare-3.11-Server.
   - TSA312.NLM: TSA für NetWare-3.12-Server.
   - TSA400.NLM: TSA für NetWare-4.0x-Server.
   - TSA410.NLM: TSA für NetWare-4.1x-Server.
   - TSANDS.NLM: TSA, der für das Backup der NDS notwendig ist.
   - TSAPROXY.NLM: TSA für Dateisysteme außerhalb der Novell Eterage Management Services (SMS).
   - TSAOS2.NLM: TSA für das Backup von OS/2-Clients.
   - TSADOS.NLM: TSA für das Backup von DOS-Clients, der zusätzlich das Laden des dazugehörigen Agents unter DOS erfordert.
   - TSAQMS.NLM: DOS-Agent für das Backup der entsprechenden NetWare-Administration.

10.3

Ausführung: SBACKUP starten und konfigurieren

1. An der Fileserver-Konsole in den Menü-Bildschirm des geladenen Moduls **SBACKUP** wechseln. Der Bildschirm bietet die folgenden Optionen, die mit ⏎ aktiviert werden:

   ◆ **BACKUP:** Startet das Backup am Fileserver mit **SBACKUP**.

   ◆ **RESTORE:** Startet das Restore von Daten auf dem Fileserver.

   ◆ **LOG/ERROR FILE ADMINISTRATION:** Log- und Fehlerproto-kolldateien, die die Informationen zu durchgeführten Backups enthalten.

   ◆ **STORAGE DEVICE ADMINISTRATION:** Verwaltet die vom Be-nutzer installierten Speichergeräte-Einheiten und -Treiber.

   ◆ **CHANGE TARGET TO BACKUP FROM OR RESTORE TO:** Ändert die Konfiguration des Backup bzw. Restore zwischen Fileser-ver und Speichergeräte-Einheit.

10.4 Fehleranalyse

Um Fehler innerhalb der NDS-Datenbank zu ermitteln, bietet Novell die Möglichkeit, sämtliche, die NDS betreffenden Datenpakete am Fileserver anzeigen zu lassen oder aber in einer Log-Datei mitzuprotokollieren.

Ausführung: NDS-Protokollierung einrichten

1. Soll diese Protokollierung eingeschaltet werden, ist der Befehl **SET TTF = ON** an der Fileserverkonsole einzugeben. Der Dateiname, in den protokolliert werden soll, wird über das SET-Kommando **SET NDS TRACE** *<dateiname>* eingestellt. Wenn Sie den Dateinamen nicht angeben, werden die Informationen in die Datei **SYS:SYSTEM\DSTRACE.DBG** geschrieben.

2. Die Einstellung erfolgt über das SET-Kommando **SET DSTRACE=***n* *(n=0-2^{32})*. Dieser Wert ist eine 32-stellige Binärzahl, wobei jede dieser 32 Stellen eine andere Option für **DSTRACE** ein- oder ausschaltet. Ein üblicher Wert für *n* ist *7*. Dadurch werden die letzten 3 Bit der Maske gesetzt. Generell bedeutet ein höherer Wert mehr Anzeigen durch **DSTRACE**, die Eingabe **DSTRACE=***0* schaltet die Protokollierung aus.

DSTRACE-Syntax:

Generell muß unterschieden werden, ob durch die Eingabe die bestehende Einstellung überschrieben, oder ob nur einzelne Werte gesetzt werden sollen. Die Eingabe SET DSTRACE=AUDIT setzt das Flag für **AUDIT** und löscht gleichzeitig alle restlichen Bit, wohingegen die Eingabe SET DSTRACE=+AUDIT auch das Flag für **AUDIT** setzt, gleichzeitig aber alle anderen Bits unverändert läßt.

Gültige Flags von DSTRACE:

■ *VCLIENT*: Liefert Informationen über Datenpakete, die von einem Client kommen.

■ *TIME VECTOR*: Liefert Synchronisationsinformationen. Jedes Root-Objekt einer Partition enthält die verborgene Eigenschaft *synchronisiert auf*, die eine Zeitinformation enthält. Der Synchronisierungszustand läßt sich aus der Differenz der Zeitvektoren ermitteln.

- **STREAMS**: Liefert Informationen über Dateien, die von der NDS verwaltet werden, aber außerhalb der NDS-Datenbank in eigenen Dateien gespeichert werden.
- **SKULKER**: Der Skulker-Prozeß in einem Server steuert die Synchronisation und startet und überwacht alle Prozesse, die für die Objektsynchronisation verantwortlich sind (→ auch Limber-, Backlink-, Janitor-Prozeß).
- **SCHEMA**: Überwacht Änderungen innerhalb des Schemas der NDS-Datenbank.
- **SAP**: Liefert Informationen über die SAP-Datenpakete (Service Advertising Protokoll), die vom Server empfangen und versendet werden.
- **RESNAME**: Liefert Informationen hinsichtlich der Namensauflösung (Kanonalisierung) von relativen Namen in vollständig qualifizierte NDS-Namen.
- **RECMAN**: Zeigt die Datensätze an, die in die NDS-Datenbank geschrieben werden. Kann sehr nützlich sein, wenn Probleme hinsichtlich unterschiedlicher Zeichensätze, »Codepages«, erkannt werden.
- **PART**: Liefert Informationen über den Fortgang von Partitionierungsaktionen.
- **ON**: Der Schalter bewirkt das Einschalten der zuletzt aktivierten Tracefunktionen, wenn der Bildschirm bereits aktiv ist. Andernfalls liefert dieser Schalter eine Filterkombination, die Ihnen lediglich schwere Fehler innerhalb der NDS anzeigt.
  - ◆ Dieser Schalter kennt nicht die **+/-** Syntax wie die anderen Tracefunktionen, man kann den Filter nur einschalten oder mittels **OFF** wieder abschalten.
- **OFF**: Abschalten des Trace.
- **NO DEBUG**: Deaktiviert die Kernel-internen Funktionen, die aufgerufen werden, wenn der Filter **BUG** eingeschaltet wurde. Zudem erfolgen keine Ausgaben am Bildschirm mehr.

- **MISC**: Von Novell nicht dokumentiert.
- **MERGE**: Protokolliert Datenverkehr beim »Merge« (Zusammenführung) zweier NDS-Bäume.
- **LOCKS**: Liefert Informationen über den Zugriff auf die NDS-Datenbank (Record Locking).
- **LIMBER**: Der Limber-Prozeß überprüft Netzwerkadressen und die Erreichbarkeit der anderen Serverobjekte innerhalb des NDS-Baumes.
- **JANITOR**: Überwachung der Tätigkeiten des Janitor (Hausmeister)-Prozesses. Der Janitor sorgt für das Aufräumen innerhalb der NDS, das heißt z. B. das physikalische Löschen von (logisch) gelöschten Datensätzen.
- **INSPECTOR**: Überprüft NDS-Datenbank auf interne Konsistenzen.
- **INIT**: Fängt Initialisierungsmeldungen ab.
- **FRAGGER**: Anzeigen der NCP-Datenpakete.
- **ERRORS**: Anzeige der Fehlermeldungen der NDS-Prozesse.
- **EMU**: Anzeige von Informationen über Bindery-basierende Objekte.
- **DSA**: Anzeige der NDS-Anfragen, die von Clients an den Server gestellt werden.
- **DEBUG**: Aufruf der internen Debug-Funktionen des Kernels.
- **COLLISION**: Anzeige der Zeitkollisionspakete, die bei der Zeitsynchronisation auftreten.
- **BACKLINK**: Ein Backlink ist ein Zeiger auf ein Objekt, welches nicht in der lokalen NDS-Datenbank gespeichert ist. Eine Ausgabe dieses Filters erfolgt immer dann, wenn auf ein Objekt mit der Eigenschaft **BACKLINK** zugegriffen wird.
- **AUTHEN**: Liefert Autorisierungsinformationen.
- **AUDIT**: Macht nur Sinn im Zusammenhang mit **AUDITCON**. Liefert Fehlermeldungen, die aufgrund falscher oder fehlender Dateinamen entstehen können.
- **AUDITCON**: Liefert Fehlermeldungen, die aufgrund falscher oder fehlender Dateinamen entstehen können.
- **ALL**: Dieser Schalter aktiviert alle Filter, die eingeschaltet werden können. Der Schalter kann nur durch den Schalter *OFF* deaktiviert werden.

10.5 Reparieren der NDS-Datenbank mit DSREPAIR

Novells Werkzeug zur Analyse und Behebung von NDS-Problemen ist das Programm **DSREPAIR**.

Ausführung: DSREPAIR starten

1. An der Fileserver-Konsole oder über **RCONSOLE DSREPAIR** laden:

   load DSREPAIR

   DSREPAIR kennt zwei Parameter, die beim Laden mit übergeben werden können:

   ◆ *-L* Name der LOG-Datei, in der die Ergebnisse der einzelnen Operationen festgehalten werden.

   ◆ *-U* Unattended Mode (»Unbeaufsichtigter Modus«) **DSREPAIR** führt automatisch eine unbeaufsichtigte Reparatur durch.

   Nach dem Laden von **DSREPAIR** erhalten Sie folgenden Bildschirm:

   ```
   Verfügbare Optionen
   Unbeaufsichtigte vollständige Reparatur
   Zeitsynchronisierung
   Reproduktionssynchronisierung
   Reparaturprotokolldatei anzeigen/bearbeiten
   Menü fortgeschrittene Optionen
   Verlassen
   ```

2. Rufen Sie den Menüpunkt **UNBEAUFSICHTIGTE VOLLSTÄNDIGE REPARATUR** auf, wird die NDS-Datenbank im ersten Schritt für Zugriffe von anderen Rechnern gesperrt und die NDS-Datenbank dann auf formale und inhaltliche Richtigkeit geprüft. Hierbei werden unter anderem folgende Dinge überprüft:

   ◆ **Zeitstempel:** Gibt es Objekte, die ein Datum besitzen, das in der Zukunft oder Vergangenheit liegt?

   ◆ **Trustee-IDs:** Gibt es Objekte, die mit einer ungültigen Trustee-ID versehen sind?

10.5

◆ Gibt es Dateien auf der Festplatte, die eine Trustee-ID besitzen, die in der NDS-Datenbank nicht vorhanden ist?

◆ **Indexverletzungen:** Gibt es Objekte mit gleichen Indizes? Das kann vorkommen, wenn der Server, auf dem die Masterpartition liegt, heruntergefahren war und trotzdem bei einer Schreib-/Lesereproduktion ein Objekt hinzugefügt wurde, obwohl die Schreib-/Lesereproduktion noch nicht mit der Masterreproduktion synchronisiert war.

◆ **Reproduktionskonsistenzen:** Vergleich der NDS Kopien hinsichtlich Benutzerzuordnungen, Trusteezuordnungen und Reproduktionszuordnungen.

◆ **Partitionszuordnungen:** Sind die einzelnen Partitionszuordnungen innerhalb des Netzwerks konsistent?

3. Sollte **DSREPAIR** Inkonsistenzen feststellen, werden die betroffenen Objekte entweder modifiziert oder aber aus der NDS-Datenbank gelöscht. Die entsprechenden NDS-Informationen finden sich im LOG-File *SYS:SYSTEM/DSREPAIR.LOG*. Der Name der Datei kann durch den Parameter *-L* beim Starten von **DSREPAIR** modifiziert werden.

4. ZEITSYNCHRONISIERUNG: Rufen Sie den Menüpunkt ZEITSYN-CHRONISIERUNG auf, ermittelt der Server anhand der SAP-Pakete mit dem Typ 207, welche Zeitserver, Zeitservertypen und Zeiten im aktuellen NDS-Baum existieren. Daraus werden die aktuellen Zeitinformationen ermittelt und es wird der entsprechende Eintrag im LOG-File angelegt.

◆ **Hinweis:** Sollte **DSREPAIR** Fehler feststellen, werden diese nicht automatisch korrigiert. Sie müssen die Korrektur manuell mit Hilfe des Befehls **SET** oder aber über das Modul **SERV-MAN.NLM** vornehmen.

5. MENÜ FORTGESCHRITTENE OPTIONEN: Unter diesem Menüpunkt können weitere Einstellungen innerhalb der NDS vorgenommen werden. Dieses sind unter anderem:

◆ **Konfiguration des NDS-Loginnamens:** Hier können Sie den Namen angeben, der von **DSREPAIR** als LOGIN-Name bei allen

10.5

weiteren NDS-Operationen verwendet wird. Zudem kann der Name der LOG-Datei, in der sämtliche Operationen protokolliert werden, eingestellt werden (Standard: *SYS:SYSTEM/DSREPAIR.LOG*). Als weitere Optionen sind das Löschen der LOG-Datei sowie der Dateimodus der LOG-Datei, also *Überschreiben* oder *Anfügen* festzulegen.

◆ **Reparatur der lokalen Datenbank:** Entspricht dem Menüpunkt UNBEAUFSICHTIGTE REPARATUR aus dem Menü zuvor. Im Unterschied zur unbeaufsichtigten Reparatur können Sie bei diesem Menüpunkt jedoch einstellen, welche Merkmale der NDS-Datenbank geprüft werden sollen.

  Dieser Datenbank bekannte Server
  Remote Server List
  Reproduktions- und Partitionsoperationen (siehe unten)

◆ **Check External References:** Führt die Reparatur einer externen Reproduktion aus. Es erfolgt an dieser Stelle eine Überprüfung, ob der Rechner, der in der NDS als Empfänger einer Reproduktion eingetragen ist, überhaupt vorhanden ist. Daneben erfolgt eine Konsistenzprüfung der eingetragenen Netzwerkadresse.

◆ **Anpassung der Sicherheitsäquivalenzen:** Eine Sicherheitsäquivalenz existiert nur dann, wenn das Objekt, auf das die Sicherheitsäquivalenzeigenschaft zeigt, auch in der NDS vorhanden ist. Im Normalfall wird beim Löschen des Objekts auch die Eigenschaft *Sicherheitsäquivalenz* entfernt. Sollte dies aus irgendeinem Grund nicht passiert, und die Verweise nach wie vor vorhanden sein, so werden die Referenzen auf das gelöschte Objekt an dieser Stelle entfernt.

◆ **Globale Schemaaktualisierung:** Ein Schema im Verständnis der NDS umfaßt zum einen die Verbindungen der Partitionen untereinander, zum anderen die innerhalb der NDS, bekannten Objekte. Neben den Objektklassen, die von Novell für die Synchronisation angelegt werden, stellt das NDS-API (Application Programming Interface, also die Programmierschnittstelle) eine Funktion zur Verfügung, die es ermöglicht, neue Objektklassen anzulegen. Zum Beispiel *Groupwise* von Novell nutzt diese Funktion zum Erstellen eines eigenen Dokumententypes.

◆ Wird diese **Liste der Objektklassen** nicht an die anderen Server im Netzwerk weitergeleitet, so würden diese Objekte bei einer Überprüfung der NDS auf den anderen Servern als unbekannte Objekte identifiziert und aus der NDS-Datenbank entfernt werden. Um dies zu verhindern, bedarf es einer periodischen Schemaaktualisierung auf dem angegebenen Rechner.

◆ **Ansicht/Reparatur des LOG-Files**: Die LOG-Datei, in der sämtliche **DSREPAIR**-Operationen mitprotokolliert werden, wird in Form einer ASCII-Datei gespeichert und kann unter diesem Menüpunkt angeschaut werden.

◆ **Datenbankauszugsdatei erstellen:** Wird diese Option ausgewählt, erstellt DSREPAIR eine Imagedatei der NDS im Verzeichnis *SYS:SYSTEM*, die zu Analyse- und Debugging-Zwecken von Zusatzprogrammen wie z. B. **DSSTANDARD** verwendet werden kann, um die NDS ggf. zu reparieren.

◆ **Rückkehr zum Hauptmenü**

Beschreibung des Menüpunkts REPRODUKTIONS- UND PARTITIONSOPERATIONEN:

Aufgrund der Bedeutung der Partitionen und Reproduktionen für die Funktionsfähigkeit der NDS, stellt Novell eine Reihe von Optionen zur Verfügung, um Fehler an Reproduktionen und Partitionen zu erkennen bzw. zu beheben.

■ Nach Auswahl der zu bearbeitenden Partition und Replica können Sie zwischen folgenden Optionen wählen:

◆ **Liste der Replicas im Ring anschauen:** Liefert eine Liste aller Partitionen, die innerhalb eines NDS-Baums definiert sind, sowie den Typ und eine Statusinformation.

◆ **Synchronisationsstatus ermitteln:** Liefert Informationen darüber, welche Partitionen im Zustand *Sync* und welche *Out-of-Sync* sind.

- **Synchronisation der angegebenen Reproduktionen:** Prüft, ob die angegebenen Reproduktionen über die gleichen Informationen wie die Masterpartition verfügen.

- **Reparatur aller Reproduktionen:** Führt eine Validitätsprüfung für alle im lokalen Baum angegebenen Reproduktionen durch.

- **Reparatur einer ausgewählten Reproduktion:** Startet einen Reparaturprozeß auf einem anderen Server.

- **Sofortige Synchronisation aller ausgewählten Reproduktionen planen:** Da eine Synchronisation der NDS-Datenbank über alle Partitionen hinweg sehr zeitaufwendig und netzwerkbelastend ist, wird diese Operation nur dann ausgeführt, wenn alle vorherigen Partitionsoperationen abgeschlossen sind.

- **Zeitstempel reparieren und neue Epoche beginnen:** Eine neue Epoche beginnt immer dann, wenn die Zeit auf dem Single-Reference-Server umgestellt wird. Objekte, die in der vorherigen Epoche liegen, können dann jederzeit aus der NDS entfernt werden.

- **Partitionsoperation abbrechen:** Da Partitionsoperationen immer im Hintergrund ablaufen, gibt es normalerweise keine Möglichkeit, einen Synchronisationsvorgang abzubrechen. Über diese Option wird die Möglichkeit angeboten, einen Synchronisationsvorgang zu unterbrechen. Ob dies möglich ist, hängt von der Art der Operation ab. Zum Beispiel kann das Verschieben einer Partition nicht abgebrochen werden.

- **Diesen Server zum neuen Master für die angegebene Replica machen** wechselt den Typ der angegebenen Reproduktion. Wird eine Lese-/Scheib-Partition zu einer Masterpartition, so wird die bisherige Masterpartition automatisch zu einer Schreib-/Lese-Partition degradiert.

- **Abgleich einzelner Reproduktionen:** Maßgeblich bei dieser Operation ist die sogenannte Epoche. Eine Epoche ist ein Zeitstempel innerhalb der NDS und dient zum Festlegen eines Vergleichsdatums für das Erstellen und Ändern von Objekten. Ist bei einem Objekt eines der genannten Daten älter als der Epochenzeitstempel, wird dieses Objekt bei einem nachfolgenden Synchronisierungsvorgang nicht mehr berücksichtigt. Durch das geschickte Festlegen von Epochen kann der Administrator somit die Netzwerk- und NDS-Belastung in hohem Maße reduzieren. Desweiteren dient der Zeitstempel der Korrektur von Daten, die aus unterschiedlichen Bäumen zusammengeführt wurden. Wenn ein NDS-Baum z. B. am 1. Januar 1996 erstellt wurde, ist es nicht möglich, daß in ihm Objekte existieren, die ein Datum besitzen, daß vor diesem Datum liegt. Das kann jedoch passieren, wenn der Baum mit einem Baum zusammengeführt wird, dessen Erstellungsdatum beispielsweise der 1. Januar 1995 war. Normalerweise würden diese Objekte bei dem Aufruf von **DSREPAIR** als ungültige Objekte betrachtet, durch die Bestimmung einer neuen Epoche jedoch werden nur Objekte überprüft, die innerhalb der letzten Epoche angelegt oder modifiziert wurden.

◆ **Senden aller Objekte an alle Reproduktionen im Ring:** Dies ist die zeitaufwendigste NDS-Operation. Werden bei einer Synchronisation einzelner oder spezieller Reproduktionen nur die Unterschiede zwischen Master- und Schreib-/Lesereproduktionen abgeglichen, so wird bei dieser Operation eine Kopie der Masterpartition an alle Reproduktionen innerhalb des Reproduktionsrings gesendet.

10.6 DSMERGE

Das Programm DSMERGE ermöglicht die Zusammenführung zweier unterschiedlicher NDS-Bäume zu einem Baum. Hierbei werden Root- und Public-Objekt des ursprünglichen NDS-Baums gelöscht und die Organisationen des Ursprungsbaums unter dem Root-Objekt des Zielbaums eingehängt. Als Vorteile aus einer Zusammenführung ergeben sich z. B. für die Netzadministration der **Single Point of Administration,** die Möglichkeit des Single-Logins oder der durchgängige Zugriff auf die NDS-Baumstruktur im Netz.

10.6.1 Vorbereiten von DSMERGE

■ Besitzen die beiden zusammenzuführenden Bäume den gleichen Namen, muß mittels der Option DIESEN BAUM UMBENENNEN zuerst einer der beiden Bäume umbenannt werden, da gleiche NDS-Baumnamen innerhalb eines physikalischen Netzwerks nicht möglich sind. Besitzen zwei Organisationsobjekte im Ursprungs- und Zielbaum die gleichen Namen, bricht das Programm mit einer Fehlermeldung ab und fordert Sie auf, die Organisation im Ursprungsbaum umzubenennen.

■ Eine weitere Voraussetzung zum Zusammenführen zweier Bäume ist die Zeitsynchronisation. Hatten beide Bäume einen eigenen Zeitserver, darf es in Zukunft nur noch eine einzige Zeitquelle im Netzwerk geben. **DSMERGE** kann erst dann ausgeführt werden, wenn alle Server innerhalb des Netzwerks eine synchrone Zeit melden. Hierzu sollte vor dem Zusammenführen das Verfahren der Zeitsynchronisation von *automatische Konfiguration über SAP-Datenpakete* auf die *statische Konfiguration über einen Single-Reference-Zeitserver* mittels der Datei *TIMESYNC.CFG* umgestellt werden.

■ Wird **DSMERGE** ausgeführt, ändert sich ebenfalls das Schema der bestehenden Reproduktionen. Die Hauptreproduktion verbleibt nach wie vor auf dem Server, auf dem auch die Root-Partition des Ursprungsbaums installiert war, während die Master-Partition zu einer Schreib-/Lesereproduktion der neuen Masterpartition verändert wird.

Anmerkungen

■ **DSMERGE** kann unter Umständen sehr viel Zeit beanspruchen, daher sollten Sie **DSMERGE** nur dann starten, wenn keine Benutzer an das Netzwerk angemeldet sind.

■ Berücksichtigen Sie auch, daß die *NET.CFG*-Dateien auf den Arbeitsstationen im Netz umgestellt werden müssen, da der alte Baum nicht mehr verfügbar ist.

■ Novell empfiehlt unbedingt den Einsatz des Moduls **DS.NLM** mit der Versionsnummer 4.89, da in dieser Version alle bisher bekannten Fehler behoben sind und vor allem die Probleme behoben sind, die zuvor durch die 100%-ige Auslastung des Servers entstanden sind.

Ausführung: DSMERGE einsetzen

1. Über **RCONSOLE** oder direkt an der Fileserver-Konsole das Modul **DSMERGE.NLM** laden:

   load DSMERGE.NLM

   Das Menü von DSMERGE enthält die folgenden Optionen:

■ **CHECK SERVERS IN THIS TREE/CHECK TIME SYNCHRONISATION: DSMERGE** sucht vorhandene Konflikte zwischen Quell- und Ziel-Server-Baum, z. B. bei der Zeitsynchronisation (➜ weiter vorne).

■ **MERGE TWO TREES: DSMERGE** bereitet den Quell-Baum vor, erzeugt eine Replica des Ziel-Baums und integriert den Quell-Baum als Container-Objekt.

   ◆ Sowohl für den Quell- als auch für den Ziel-Baum sind die Angabe des Administrator-Namens und des dazugehörigen Paßworts notwendig.

■ **RENAME THIS TREE: DSMERGE** benennt einen Baum z. B. nach einer Zusammenführung um.

   ◆ **Achtung:** Diese Operation kann, vor allem in großen Netzwerken, extrem lange dauern.

   ◆ Jedes Zusammenführen durchläuft vier Phasen: **CHECK, PREPARATION, MERGE, COMPLETION**.

■ **EXIT: DSMERGE** wird beendet.

10.7 NDS-Fehlermeldungen

Die NDS-Fehlermeldungen werden immer entweder in hexadezimaler Form oder aber als negative Zahl zurückgemeldet. Die Bedeutung ergibt sich zumeist aus dem symbolischen Namen, unter dem dieser Fehler bei Novell geführt wird und der aus diesem Grund im folgenden mit aufgeführt wird:

601 (0xFDA7)	NO_SUCH_ENTRY NDS	Objekt nicht vorhanden.
602 (0xFDA6)	NO_SUCH_VALUE	Eigenschaft nicht definiert.
603 (0xFDA5)	NO_SUCH_ATTRIBUTE	Eigenschaft nicht vorhanden.
604 (0xFDA4)	NO_SUCH_CLASS	Objektklasse innerhalb der NDS nicht definiert.
605 (0xFDA3)	NO_SUCH_PARTITION	Angegebene Partition nicht vorhanden.
606 (0xFDA2)	PARTITION_ALREADY _EXISTS	Es existiert bereits eine Partition mit dem gleichen Namen.
607 (0xFDA1)	NO_SUCH_EFFECTIVE _CLASS	Objektklasse innerhalb der NDS nicht definiert.
608 (0xFDA0)	ILLEGAL_ATTRIBUTE	Unzulässige Eigenschaft
609 (0xFD9F)	MISSING_MANDATORY	Obligatorische Eigenschaft nicht definiert.
610 (0xFDF8)	ILLEGAL_DS_NAME	Objekt entspricht nicht den NDS Namenskonventionen.
611 (0xFDF7)	ILLEGAL_CONTAINMENT	Es wurde versucht, ein Objekt in einem falschen Kontext anzulegen(z. B. Organisationseinheitsobjekt direkt unter dem Root-Objekt).
612 (0xFDF6)	CANT_HAVE_MULTIPLE _VALUES	Es wurde versucht, einer Eigenschaft mehrere Werte zuzuordnen, für die entsprechende Eigenschaft ist jedoch nur die Eingabe eines einzelnen Werts zulässig.
613 (0xFD9B)	SYNTAX_VIOLATION	Eigenschaftswert entspricht nicht den Syntaxregeln der NDS.

614 (0xFD9A)	DUPLICATE_VALUE	Eigenschaftswert existiert bereits (tritt nur bei Eigenschaften auf, die mehrere Eigenschaftswerte annehmen können (→ auch Eigenschaft).
615 (0xFD99)	ATTRIBUTE_ALREADY _EXISTS	Eigenschaft für das angegebene Objekt bereits vorhanden.
616 (0xFD98)	MAXIMUM_ENTRIES _EXISTS	Anzahl der Objekte im NDS-Baum erreicht (Ein NDS-Baum kann max. 16,777,200 Objekte enthalten).
617 (0xFD97)	DATABASE_FORMAT	NDS-Datenbank zerstört
618 (0xFD96)	INCONSISTENT _DATABASE	NDS-Datenbank inkonsistent.
619 (0xFD95)	IVALID_COMPARISON	Unzulässiger Vergleich von Eigenschaften, die nicht vom gleichen Typ sind.
620 (0xFD94)	COMPARISON_FAILED	Nicht dokumentiert.
621 (0xFD93)	TRANSACTIONS _DISABLED	TTS System auf dem Server abgeschaltet. NDS arbeitet nur, wenn TTS eingeschaltet ist.
622 (0xFD92)	INVALID_TRANSPORT	Nicht dokumentiert.
623 (0xFD91)	SYNTAX_INVALID_NAME	Nicht dokumentiert.
624 (0xFD90)	REPLICA_ALREADY _EXISTS	Server enthält bereits Reproduktion der angegebenen Partition (anderen Server auswählen).
625 (0xFD8F)	TRANSPORT_FAILURE	NDS-Synchronisation schlug fehl, weil der andere Server nicht erreichbar war.
626 (0xFD8E)	ALL_REFERRALS_FAILED	Eine der Partitionen nicht verfügbar.
627 (0xFD8D)	CANT_REMOVE_NAMING _VALUE	Nicht dokumentiert.
628 (0xFD8C)	OBJECT_CLASS _VIOLATION	Nicht dokumentiert.
629 (0xFD8B)	ENTRY_IS_NOT_LEAF	Versuch ein Behälterobjekt zu löschen, das noch weitere Blattobjekte enthält.
630 (0xFD8A)	DIFFERENT_TREE	Nicht dokumentiert.

10.7

631 (0xFD89)	ILLEGAL_REPLICA _TYPE	Versuch den Bindery-Kontext auf einen Server zu setzen, der lediglich eine READ-ONLY-Replica enthält.
632 (0xFD88)	SYSTEM_FAILURE	Interner Fehler, Novell kontaktieren.
633 (0xFD87)	INVALID_ENTRY_FOR _ROOT	Das Root-Objekt wurde beschädigt.
634 (0xFD86)	NO_REFERRALS	Objekt wurde nicht in der erwarteten Position innerhalb des NDS-Baums gefunden.
635 (0xFD85)	REMOTE_FAILURE	Versuch die Verbindung zu einem anderen Server aufzubauen, schlug fehl. Häufigste Ursache: Netzwerkfehler im LAN oder WAN.
636(0xFD84)	UNREACHABLE_SERVER	Siehe Fehler 635.
637 (0xFD83)	PREVIOUS_MOVE_IN _PROGRESS	NDS ist noch mit der Ausführung einer früheren Operation beschäftigt – abwarten.
638 (0xFD82)	NO_CHARACTER _MAPPING	Nicht dokumentiert.
639 (0xFD81)	INCOMPLETE: AUTHENTICATION	Nicht dokumentiert.
640 (0xFD80)	INVALID_CERTIFICATE	Nicht dokumentiert.
641 (0xFD7F)	INVALID_REQUEST	Ungültige NDS-Anforderung an einen anderen Server. Ergibt sich typischerweise dann, wenn unterschiedliche Versionen der NDS-NLMS verwendet werden.
642 (0xFD7E)	INVALID ITERATION	Nicht dokumentiert.
643 (0xFD7D)	SCHEMA_IS_NOT _REMOVEABLE	Versuch NDS-Objekt zu entfernen, schlug fehl.

644 (0xFD7C)	SCHEMA_IS_IN_USE	Versuch eine Objektklasse zu löschen, die noch anderen Objekten zugeordnet ist. Tritt typischerweise bei einem Upgrade von einer früheren Version auf, da NetWare 4.1 z.T. andere IDs für die Objektklassen verwendet als die älteren NetWare 4.x Versionen.
645 (0xFD7B)	CLASS_ALREADY _EXISTS	Objektklasse existiert bereits. Anderen Namen probieren.
646 (0xFD7A)	BAD_NAMING _ATTRIBUTES	Nicht dokumentiert, Novell kontaktieren.
647 (0xFD79)	NOT_ROOT_PARTITION	Operation kann nur auf der Root-Partition ausgeführt werden.
648 (0xFD78)	INSUFFICIENT_STACK	Den Softwarehersteller des NLMs kontaktieren, das diesen Fehler verursacht hat.
649 (0xFD77)	INSUFFICIENT_BUFFER	NetWare-Server verfügt nicht über genügend Speicher.
650 (0xFD76)	AMBIGUENT _CONTAINMENT	Fehler in Anwendungssoftware. Softwarehersteller kontaktieren.
651 (0xFD75)	AMBIGOUS_NAMING	Gleiches Problem wie Fehler 650.
652 (0xFD74)	DUPLICATE _MANDANTORY	Programmfehler, Softwarehersteller kontaktieren.
653 (0xFD73)	DUPLICATE_OPTIONAL	Programmfehler, Softwarehersteller kontaktieren.
654 (0xFD72)	PARTITION_BUSY	Es wurde versucht, eine Operation auf einer Partition bzw. Reproduktion auszuführen, die noch mit einer früheren Operation beschäftigt war.
655 (0xFD71)	MULTIPLE_REPLICAS	Nicht dokumentiert, Novell kontaktieren.
656 (0xFD70)	CRUCIAL_REPLICA	Nicht dokumentiert, Novell kontaktieren.
657 (0xFD6F)	SCHEMA_SYNC_IN _PROGRESS	Schemaoperation noch im Gange.

658 (0xFD6E)	SKULK_IN_PROGRESS	Synchronisierungsprozess zwischen zwei Replicas noch nicht abgeschlossen.
659 (0xFD6D)	TIME_NOT _SYNCHRONIZED	Zeitsynchronisation funktioniert nicht. Evtl. eine neue Epoche bestimmen.
660 (0xFD6C)	RECORD_IN_USE	Nicht dokumentiert.
661 (0xFD6B)	DS_VOLUME_NOT _MOUNTED	SYS-Volume nicht gemountet.
662 (0xFD6A)	DS_VOLUME_IO _FAILURE	I/O Error auf dem SYS-VOLUME des File-Servers.
663 (0xFD69)	DS_LOCKED	NDS-Datenbank gesperrt. Kann nach einem Upgrade von NetWare 4.01 auf NetWare 4.1 passieren.
664 (0xFD68)	OLD_EPOCH	Das Erstellungsdatum einer Reproduktion ist älter als das Erstellungsdatum der Masterpartition.
665 (0xFD67)	NEW_EPOCH	Zeit auf dem Zeitserver wurde zurückgestellt.
666 (0xFD66)	INCOMPATIBLE_DS _VERSION	Falsche Version von DS.NLM geladen.
667 (0xFD65)	PARTITION_ROOT	Unzulässiger Versuch, Operation auf einem Objekt auszuführen, das die Root einer weiteren Partition ist.
668 (0xFD64)	ENTRY_NOT_CONTAINER	Versuch, ein Non-containerobjekt zu löschen.
669 (0xFD63)	FAILED _AUTHENTICATION	NDS-Datenbank beschädigt. Betreffendes NDS-Objekt löschen und neu anlegen.
670 (0xFD62)	INVALID_CONTEXT	Angegebener Kontext nicht vorhanden. Kontext korrigieren.
671 (0xFD61)	NO_SUCH_PARENT	Angegebener Kontext nicht vorhanden. Kontext prüfen.
672 (0xFD60)	NO_ACCESS	Keine Rechte, um auf das entsprechende Objekt zuzugreifen.
673 (0xFD5F)	REPLICA_NOT_ON	Reproduktion wird gerade angelegt, bitte warten.

NDS-Fehlermeldungen

10.7

674 (0xFD5E)	INVALID_NAME_SERVICE	Nicht dokumentiert.
675 (0xFD5D)	INVALID_TASK	Nicht dokumentiert.
676 (0xFD5C)	INVALID_CONN_HANDLE	Nicht dokumentiert.
677 (0xFD5B)	INVALID_IDENTITY	Nicht dokumentiert.
678 (0xFD5A)	DUPLICATE_ACL	ACL für das Objekt bereits vorhanden. Objekt löschen und neu anlegen.
679 (0xFD59)	PARTITION_ALREADY _EXISTS	Partition existiert bereits. Anderen Namen angeben.
680 (0xFD58)	TRANSPORT_MODIFIED	Nicht dokumentiert, Novell kontaktieren.
681 (0xFD57)	ALIAS_OF_AN_ALIAS	Selbst erklärend.
682 (0xFD56)	AUDITING_FAILED	Nicht dokumentiert, Novell kontaktieren.
683 (0xFD55)	INVALID_API_VERSION	Falsche Version des NDS-API verwendet, Softwarehersteller informieren.
684 (0xFD54)	SECURE_NCP _VIOLATION	Nicht dokumentiert, Novell kontaktieren.
685 (0xFD53)	MOVE_IN_PROGRESS	Das zu modifizierende Objekt wird derzeit gerade verschoben. Warten, bis der Prozeß abgeschlossen ist.
686 (0xFD52)	NOT_LEAF_PARTION	Nicht dokumentiert, Novell kontaktieren.
687 (0xFD51)	CANNOT_ABORT	Partitionsoperation kann nicht abgebrochen werden.
688 (0xFD50)	CACHE_OVERFLOW	Nicht dokumentiert, Novell kontaktieren.
689 (0xFD4F)	INVALID_SUBORDINATE _COUNT	Falscher Subordinate-Count für das Objekt. Novell kontaktieren.
690 (0xFD4E)	INVALID_RDN	Falscher relativer NDS-Name. Novell kontaktieren.
691 (0xFD4D)	MOD_TIME_NOT _CURRENT	Zeitstempel innerhalb der NDS-Datenbank falsch. DSREPAIR starten.
692 (0xFD4C)	INCORRECT_BASE _CLASS	Falsche Objektklasse innerhalb der NDS. Lokale Datenbank mit Hilfe von DSREPAIR reparieren.

10.7

693 (0xFD4B)	MISSING_REFERENCE	Nicht dokumentiert, Novell kontaktieren.
694 (0xFD4A)	LOST_ENTRY	Nicht dokumentiert, Novell kontaktieren.
695 (0xFD49)	AGENT_ALREADY _REGISTERED	Nicht dokumentiert, Novell kontaktieren.
696 (0xFD48)	DS_LOADER_BUSY	Nicht dokumentiert, Novell kontaktieren.
697 (0xFD46)	REPLICA_IN_SKULK	Synchronisationsprozeß noch aktiv.
698 (0xFD45)	FATAL	Nicht behebbarer Fehler in NDS aufgetreten.

Stichwortverzeichnis

%NWLANGUAGE% 309
10 Base 2 23
10 Base 5 23
10 Base T 23
2XUPGRDE 41

A

ABORT REMIRROR 184
Abrechnungsinformationen
    314
Absolute Adressierung 92
Adressierung relative 92
Adressierung, Absolute 92
AFP-Serverobjekt 86
Aktueller Kontext 92
Alias 224
    – Objekte 86
Alleine-Reproduktion 112
Angepaßte Installation 123
Anmeldebeschränkung 221
Anmeldeskript 83, 87, 266
    – bearbeiten 269
    – Behälter 267
    – Benutzer 267
    – Kommandos 272
    – persönliches 89
    – Profil 267
    – Standard 267
    – Syntax 271
Arbeitsspeicher 17
ATTRIB 228

Attributtypen 85
AUDITCON 39
AUTOEXEC.BAT 47, 51
AUTOEXEC.NCF 123, 142,
    143, 150, 180, 309

B

Backup 319
Banner-Typ 285
Behälterobjekt 82
Benutzer 220, 313
Benutzerobjekt 89
    – ADMIN 140
    – Supervisor 140
Benutzerschablone 222,
    247
BIND 176
Bindery 309
    – Einträge 313
    – Emulation 305
    – Kontext 107, 311, 317
    – Modus 107
    – Objekt 90
Blattobjekt 82, 83
Blattobjekttypen 85
Block Suballocation 42
Blockgröße ändern 135
Boot Image Datei 74
BOOTCONF.SYS 74, 75
Bussystem 17

C

CAPTURE 298, 299
CD MOUNT 118
CDROM 38
CD-ROM als NetWare-Datenträger 166
Client 40
– Server-Netzwerke 13
Computer-Objekte 87
CONFIG.SYS 47, 49
Containerobjekt 82, 313
CSMA/CD 24
CX 39, 92, 98

D

Dateiattribute 228
Dateikompression 42, 133, 135
Dateinamensformat 126
Dateirechte 238
Dateisystem 42, 226
– Parameter 196
Datei-Zwischenspeicherungs-Parameter 194
Datenmigration 137
Datenträger 231
Datenträgername ändern 134
Datenträgerobjekt 89, 140
Datenträgerplatzbeschränkung 221
Datenträgerwartung 157
DELETED.SAV 230
Directory Caching 32, 33
Directory Hashing 32, 33

Disk Duplexing 31
Disk Mirroring 31
DISMOUNT 158
DOMAIN 38, 186
DOSGEN 74
DOWN 173
Drag & Drop 253
Druckauftragskonfiguration 301
Druckeinrichtung 290
Drucken unter DOS 298
– unter MS Windows 302
Drucker 279, 284, 313
Druckerobjekt 88, 314
Druckerwarteschlange 88, 279, 281
Druckerwarteschlangenobjekt 88
Druck-Server 287
Druckserver 313
– Objekt 88, 313
DS.NLM 334
DSMERGE 37, 38, 189, 333
DSREPAIR 38, 104, 105, 111, 114, 187, 327, 330, 332
DSREPAIR.LOG 328
DSTRACE.DBG 324
Duckerwarteschlange 313

E

EDIT 181
EIDE 18

Eigenschaftsoperatoren bei
   NLIST 96
Eigenschaftsrechte 236
Eindringlingserkennung 219
Elevator Seeking 32, 33
EMM386.EXE 49
Epoche 331
Epochenzeitstempel 331
Ethernet 21
Everyone 313

F
FAT 30, 135
Fehlerbearbeitungsparame-
   ter 207
Fern-Server 154
Festplatten 19
   – Controller 18
   – Parameter 200
File Caching 32, 33
FILER 40, 304
FILER.EXE 227, 259
Flags von DSTRACE 324

G
Gruppen 223, 313
Gruppenobjekte 87

H
Hauptreproduktion 105, 112
HIMEM.SYS 49
HOT FIX 30
Hot Fix 131

I
IMPORTSTEUERUNG 106
INSTALL 117, 157
INSTALL.NLM 118, 125, 144
Interne IPX-Netzwerknummer
   117
IPXCON 38
IPXODI.COM 48

K
Kabellänge 27
KEYB 38
Kommunikationsparameter
   191
Kompression 136
Kontext 77
   – wechseln 92
Kontobeschränkung 221

L
Land 84, 217
Land-(Country-)Objekt 83
Language 185
Large Internet Packets 43
Lastdrive 50
Leafobjekt 82
LINK DRIVER 58
LINK SUPPORT 60
LIST DEVICES 184
Lizenzieren der Software 137
LOAD 174
   – CDROM 118
   – NETSYNC3 315
   – NWPA 118

– REMAPID 315
LOGIN 40
LOGIN.EXE 266
Login-Script 83, 87
LSL.COM 48

M

MAC.NAM 141
Mapping 232
Masterpartition 331
Masterreproduktion 328
MAUs 27
MEMMAKER 51
MIGRATE 41
Migration 42
MIRROR STATUS 184
Modem 153
MOUNT 158

N

Name Context 99
Name relativer 98
Name-Space 141, 321
 – Unterstützung 161
NCP 88
 – Parameter 203
NCUPDATE.EXE 213, 265
NDIR 40
NDS 36
 – installieren 122, 139
 – Netware Directory Ser-
 vices 36
 – Baum 82, 91, 102
 – Datenbank 105

– Fehlermeldung 335
– Kontext 91
– Partitons-Information
 321
– Pfadangabe 97
– Replikations-Information
 321
NET$DOS.SYS 74
NET.CFG 47, 57, 99, 334
NETADMIN 39, 100, 101,
 106
NETADMIN.EXE 210, 212,
 255
NETBIOS 61
NETSYNC 37, 304, 317
NETSYNC.NLM 306
NETSYNC3 38
NETSYNC3.NLM 307, 309
NETSYNC4 38
NETSYNC4.NLM 306, 309
Netsync-Module 315
NETUSER 39
NetWare-3-Supervisor 314
NETWARE-4-Server 315
NetWare-Administrator
 212, 242, 282
NetWare-Bindery 307
NetWare Core Protocol 88
NetWare-DOS-Requester 53,
 63
NetWare-Server-Objekt 88
NetWare-Verzeichnis-Ser-
 vices-Parameter 208
NetWare-Volume 89

Netzwerkkarten 19
Netzwerkstandard 20
NLIST 40, 92, 270
  – Kommando 102
NLS National Language Support 35
NMENU 40
NPRINT 298
NPRINTER 38, 295
Nur-Lese-Reproduktion 112
NWADMIN 40, 90, 106, 113
NWADMIN.EXE 210
NWLANGUAGE 309
NWUSER 78, 302

O
Objekt Bindery Warteschlange 90
Objekt Organisatorische Funktion 88
Objektbenennung 83
Objekte erzeugen von 211
  – löschen von 216
  – umbenennen von 215
  – unbekannte 90
  – verschieben von 213
Objekt-ID 319
Objektnamen 83
Objektrechte 235
Objekt-Synchronisation 313
Objektverwaltung 211
Organisation 84, 217
Organisationseinheit 84

Organisationseinheitsobjekt 83
Organisationsobjekt 83
Organisatorische Einheit 219
Organisatorische Funktion 224
OS2.NAM 141

P
Packet Burst 42
Partition 105, 111, 130
  – duplizieren 130, 131
  – spiegeln 130, 131
Partitions-Manager 102, 250, 262
PARTMGR 40, 214
PARTMGR.EXE 113, 214, 262
Paßwort 221
PCONSOLE 304
PCONSOLE.EXE 282, 283
Peer to Peer-Netzwerke 13
Persönliches Anmeldeskript 89
Preferred Tree 99
Primärer Zeitserver 104
PRINTCON.EXE 301
Profil 223
Profilobjekt 88
PROGMAN.INI 48
PROTOCOL 71
PROTOCOL IPX 71
PROTOCOL SPX 72
PSERVER 290

PSERVER.NLM 293
PUPGRADE 39

Q
Qualifier 85

R
RAM-Bedarf 145
RCONSOLE 147, 149
Rechte 235
Relative Adressierung 92
Relativer Name 98
REMAPID 39
REMAPID.NLM 315
Remirror 184
Remote Boot 73
REMOTE.NLM 147
Repeater 25
Reproduktionen 105,
    111, 330
Reproduktionsring 332
RESTART SERVER 185
Revisionsprotokoll 289
RIGHTS 40
RIGHTS.EXE 264
Root 84, 217
Root Kontext 92
Root-Objekt 82, 97
Root-Partition 104, 105,
    111, 112
RPL 39
RPLFIX.COM 74
RSPX.NLM 147
RTDM 39

S
SBACKUP 320
SCAN FOR NEW DEVICES 184
SCHDELAY 39
Schnellkonfiguration 291
Schreib-/Lesen-Reproduktion
    112, 328
SCSI 18
Segmentgröße eines Daten-
    trägers 133
Segmentlänge 23
Sektion FELDER 107
SEND 173
SERVER.EXE 127, 141
Serverliste 307
Serverobjekt 105, 140
Server-Tastatur 182
Server-Zeit 182
Server-Zeitzone 182
SERVMAN 39
SERVMAN.NLM 328
SET DSTRACE=n 324
SET NDS TRACE 324
Set-Parameter 191
SFT 30
    – I 30
    – II 31
    – III 31
Single-Reference-Server 331
SMS-Standard 321
Sonstige Parameter 205
Speicheranforderung 116
Speicherbedarf 145
Speicheroptimierung 49

Speicherparameter 193
Sperrenparameter 199
Stammpartition 111
Standarddruckerwarteschlange 88
STARTNET.BAT 47
STARTUP.NCF 123, 141, 142, 180
Supervisor 14
– Account 314
System Fault Tolerance 30
SYSTEM.INI 45, 48
Systemanmeldeskript 89

T

Taktfrequenz 17
Teilblockzuordnung 133, 136
TIMESYNC 39, 104
TIMESYNC.CFG 333
Token Ring 26
Transaktionsverfolgungsparameter 199
Trustee 235, 313
Trustee-IDs 319
TSA-Agent 321
TSA-Architektur 321
TSA-Client 321

U

UIMPORT 106
Unbekannte Objekte 90
UNLOAD 175
USER_TEMPLATE 89

USV Unterbrechungsfreie Stromversorgung 32

V

Vererbte Rechte 240
Verwalter-Paßwort 122
Verwaltung 317
Verzeichnisrechte 238
Verzeichniszuordnung 232
Verzeichniszuordnungsobjekte 87
Verzeichnis-Zwischenspeicherungs-Parameter 195
VLM.EXE 48, 53
VREPAIR 162

W

WIN.INI 45, 48
WSUPGRADE 40

X

X.500 Spezifikation 84

Z

Zeitbeschränkung 221
Zeitquelle 333
Zeitstempel 332
Zeitsynchronisation 333
Zeitsynchronisierung 139
Zeitsynchronisierungsparameter 201

Alphabetisches Befehlsverzeichnis

272

A
ABORT REMIRROR 37, 184
ADD NAME SPACE 161
ALLOW 40
ALTERNATE 58
ASPICD 167
ATTACH 40, 272
AUDITCON 39
AUTO 56
AUTO LARGE TABLE 63
AUTO RECONNECT 63
AUTO RETRY 63
AVERAGE NAME LENGHT 63

B
BIND 54
BIND RECONNECT 63
BINDFIX 38
BINDREST 38
BREAK 272
BUFFER 60

C
CACHE BUFFER SIZE 64
CACHE BUFFERS 64
CACHE WRITES 64
CAPTURE 299
CD CHANGE 171
CD DEVICE LIST 167
CD DIR 172
CD DISMOUNT 171
CD GROUP 172
CD MOUNT 167, 170
CD MOUNT NW410 118
CD PURGE 172
CD RENAME 171
CD VOLUME LIST 167
CDNASPI 167
CDROM 38, 167
CHANGE 171
CHECKSUM 64
CHKDIR 40
CHKVOL 40
CLS 272
COMSPEC 272
CONFIRM CRITICAL ERROR
    ACTION 64
CONN 54
CONNECTIONS 64

CONTEXT 272
CX 39, 92

D
DEVICE LIST 170
DIR 172
DISMOUNT 158, 171
DISPLAY 272
DMA 58
DOMAIN 38, 186
DOS NAME 65
DOS SET 272
DOS VERIFY 273
DOSGEN 74
DOWN 173
DRIVE 273
DSMERGE 37, 38, 189, 333
DSPACE 39
DSREPAIR 38, 187, 327
DSTRACE 324

E
EDIT 181
EOJ 65
EXCLUDE VLM 65
EXIT 273

F
FDISPLAY 273
FILER 227, 239, 259
FIO 55
FIRE 273
FIRST NETWORK DRIVE 65
FORCE FIRST NETWORK
    DRIVE 65
FRAME 59

G
GENERAL 55
GOTO 273
GRANT 40
GROUP 172

H
HANDLE NET ERRORS 65

I
INCLUDE 274
INITIALIZE SYSTEM 37
INSTALL 117, 124
INT64 71
INT7A 71
IPATCH 71
IPX PACKET SIZE LIMIT 71
IPX RETRY COUNT 72

IPX SOCKETS 72
IPXCON 38
IPXNCP 55, 66
IPXODI 48, 57
IRQ 59

K
KEYB 38, 182

L
LANGUAGE 37, 185
LARGE INTERNET PACKETS
    65
LASTLOGINTIME 275
LINK DRIVER 58
LINK STATIONS 59
LINK SUPPORT 60
LIP START SIZE 65
LIST DEVICES 184
LISTDIR 40
LOAD CDROM 118, 167
LOAD CONN TABLE LOW 66
LOAD INSTALL 118, 124
LOAD KEYB 182
LOAD LOW CONN 66
LOAD LOW IPXNCP 66
LOAD LOW REDIR 66
LOAD MAC.NAM 161
LOAD NAME-SPACE 161
LOAD NWP 161
LOAD NWPA 118
LOCAL PRINTERS 66
LOCK DELAY 66
LOCK RETRIES 66
LOGIN 40, 267
LONG MACHINE TYPE 66
LSL 48, 57

M
MAP 232, 275
MAX BOARDS 61
MAX FRAME SIZE 59
MAX STACKS 61
MAX TASKS 67
MEM 59
MEMPOOL 61
MESSAGE LEVEL 67
MESSAGE TIMEOUT 67
MINIMUM SPX RETRIES 72
MINIMUM TIME TO NET 67
MIRROR STATUS 37, 184
MOUNT 158, 170